Dirk Schmid

Religion und Christentum
in Fichtes Spätphilosophie
1810–1813

Theologische Bibliothek Töpelmann

Herausgegeben von
O. Bayer · W. Härle · H.-P. Müller

Band 71

Walter de Gruyter · Berlin · New York
1995

Dirk Schmid

Religion und Christentum in Fichtes Spätphilosophie 1810–1813

Walter de Gruyter · Berlin · New York

1995

♾ Gedruckt auf säurefreiem Papier,
das die US-ANSI-Norm über Haltbarkeit erfüllt.

Die Deutsche Bibliothek — CIP-Einheitsaufnahme

Schmid, Dirk:
Religion und Christentum in Fichtes Spätphilosophie 1810–1813 /
Dirk Schmid. – Berlin ; New York : de Gruyter, 1995
   (Theologische Bibliothek Töpelmann ; Bd. 71)
   Zugl.: Kiel, Univ., Diss., 1994
   ISBN 3-11-014758-0
NE: GT

ISSN 0934-2575

Printed in Germany
Druck: Werner Hildebrand, Berlin
Buchbinderische Verarbeitung: Lüderitz & Bauer-GmbH, Berlin

Vorwort

Die vorliegende Untersuchung wurde im Wintersemester 1993/94 von der Theologischen Fakultät der Christian-Albrechts-Universität zu Kiel als Dissertation angenommen. Sie erscheint hier in einer für den Druck überarbeiteten Fassung.

Der mit der Drucklegung erreichte Abschluß der Arbeit an dieser Untersuchung gibt mir Anlaß und Gelegenheit, die in mannigfaltiger Hinsicht empfundene Dankbarkeit nun, jedenfalls zu einem Teil, auch zum Ausdruck zu bringen: Dem Rektorat und der Theologischen Fakultät der Christian-Albrechts-Universität danke ich für die ehrenvolle Auszeichnung, die mir durch die Verleihung des Fakultätspreises zuteil geworden ist. Mein Dank gilt weiter Prof. Dr. Dr. Günter Meckenstock und Prof. Dr. Hartmut Kreß, die das Erstgutachten und das Korreferat für die Dissertation erstellt haben. Dem Verlag und den Herausgebern der Reihe danke ich für die Aufnahme meiner Studie in die Theologische Bibliothek Töpelmann. Die Nordelbische Evangelisch-Lutherische Kirche und die Vereinigte Evangelisch-Lutherische Kirche Deutschlands gewährten mir in großzügiger Weise Zuschüsse für die Druckkosten; dafür sage ich ihnen meinen Dank. Ferner möchte ich mich bei Frau stud. theol. Nicole Thiel bedanken, die mich freundlicherweise bei den Korrekturarbeiten zur Drucklegung unterstützt hat. Ein besonderer Dank gebührt der Studienstiftung des deutschen Volkes: Sie hat das Zustandekommen dieser Dissertation durch die Gewährung eines Promotionsstipendiums allererst ermöglicht und mir bereits in meinem Studium ihre vielfältige Förderung, Unterstützung und Ermutigung zukommen lassen; daran denke ich dankbar zurück. Den Profes. Dres. Günter Meckenstock, Eilert Herms (Mainz) und Traugott Koch (Hamburg) danke ich, daß sie mit ihren befürwortenden Gutachten und Stellungnahmen die Aufnahme meines Untersuchungsprojekts in die Promotionsförderung der Studienstiftung möglich gemacht haben. Diesen Dank nicht entsprechend auch an Prof. Dr. Hans-Joachim Birkner (†) richten zu können, schmerzt um so mehr, als er es war, der dem Theologiestudenten mittleren Semesters eine, wie er es nannte, 'vocatio externa' zur künftigen Projektierung einer Doktorarbeit zukommen ließ.

Last, not least gilt mein Dank noch einmal Günter Meckenstock: Er hat das Dissertationsvorhaben von Anfang an betreut und unterstützt, es kritisch und kompetent, vor allem aber: freundlich und freundschaftlich begleitet.

Fredenbeck / Kiel, im Frühjahr 1995   Dirk Schmid

Inhaltsverzeichnis

Zitationsverfahren und Verzeichnis der verwendeten Sigla

Sämtliche Arten der Hervorhebung in Zitaten werden im folgenden *kursiv* wiedergegeben. Innerhalb von Zitaten sind alle Ein- und Zufügungen, die vom Verfasser der vorliegenden Arbeit stammen, durch eckige Klammern, Auslassungen durch [...] kenntlich gemacht.

Sofern nicht aus dem Zusammenhang etwas anderes hervorgeht, beziehen sich sämtliche Zitatnachweise und Titelangaben ohne Angabe von Verfasser oder Herausgeber auf Texte Johann Gottlieb Fichtes. Zitatnachweise und Textverweise zu Fichte erscheinen in der Regel innerhalb des Haupttextes in runden Klammern.

Die Sekundärliteratur erscheint in den Anmerkungen, bei Erstzitation mit vollständiger Angabe von Autor, Titel, Ort und Jahr, bei weiterer Nennung unter Angabe von Autor, Kurztitel und in eckigen Klammern angefügter Anmerkungsziffer der Erstzitation. Die verwendeten Abkürzungen für wissenschaftliche Buchreihen und Zeitschriften entsprechen denen bei: S. Schwertner, Internationales Abkürzungsverzeichnis für Theologie und Grenzgebiete, 2. Aufl., Berlin / New York 1992.

Bei den Quellen wird entsprechend der Sekundärliteratur verfahren, sofern sie nicht wegen ihrer häufigeren Verwendung unter einem Sigle geführt werden. Ein Verzeichnis aller verwendeten Sigla bietet die folgende Liste. In ihr sind nur echte Sigla, die im Text der Untersuchung selbst keinerlei Auflösung finden, - also keine Kurztitel - aufgenommen worden.

A. Johann Gottlieb Fichte

Anweisung	Die Anweisung zum seligen Leben, hg. v. H. Verweyen, Hamburg 1983
D	Diarium vom 4. April bis zum 15. August 1813, in: G. Mekkenstock, Das Schema der Fünffachheit in J.G. Fichtes Schriften der Jahre 1804-1806, I.-Diss. Göttingen 1973, S.60-84
GA	Gesamtausgabe der Bayerischen Akademie der Wissenschaften, hg. v. R. Lauth, H. Jacob u. H. Gliwitzky, Stuttgart / Bad Canstatt 1962ff [Römische Zahlen bezeichnen die Reihe, die folgende, durch Schrägstrich abgesetzte arabische Ziffer den jeweiligen Band; z.B. GA IV/1, S.5.]
Principien	Die Principien der Gottes- Sitten- und Rechtslehre. Februar und März 1805, hg. v. R. Lauth, Hamburg 1986
SW I-VIII	Sämmtliche Werke, hg. v. I.H. Fichte, Bd. 1-8, Berlin 1845/46, fotomechanischer Nachdruck, Berlin 1971

SW IX-XI	Nachgelassene Werke, hg. v. I.H. Fichte, Bd. 1-3, Berlin 1834/35, fotomechanischer Nachdruck, Berlin 1971
Tr.Log.	Ueber das Verhältniß der Logik zur Philosophie oder Transcendentale Logik. Vorlesung vom Oktober bis Dezember 1812, hg. v. R. Lauth u. P. Schneider unter Mitarbeit von K. Hiller, Hamburg 1982
Versuch	Versuch einer Kritik aller Offenbarung (1792), hg. v. H. Verweyen, Hamburg 1983
Werke I-VI	Werke. Auswahl, hg. v. F. Medicus, Bd. 1-6, Leipzig 1908ff
WL^1 1804	Erste Wissenschaftslehre von 1804, aus dem Nachlaß hg. v. H. Gliwitzky, Stuttgart / Berlin / Köln / Mainz 1969
WL 1804	Die Wissenschaftslehre. Zweiter Vortrag im Jahre 1804 vom 16. April bis 8. Juni, gereinigte Fassung hg. v. R. Lauth u. J. Widmann unter Mitarbeit v. P. Schneider, Hamburg 1986
WL nova methodo	Die Wissenschaftslehre nova methodo. Kollegnachschrift K.Chr.Fr. Krause 1798/99, hg. v. E. Fuchs, Hamburg 1982

B. Immanuel Kant

KpV	Kritik der praktischen Vernunft (1788)
KrV A	Kritik der reinen Vernunft (1781)
KrV B	Kritik der reinen Vernunft, 2. Auflage (1787)
RGbV	Die Religion innerhalb der Grenzen der bloßen Vernunft, 2. Aufflage (1794)
Werke I-XII	Werkausgabe, hg. v. W. Weischedel, Bd. 1-12, 3. Auflage, Frankfurt a.M. 1982

C. Sonstige

FiG	J.G. Fichte im Gespräch. Berichte der Zeitgenossen, hg. v. E. Fuchs in Zusammenarbeit mit R. Lauth u. W. Schieche, Bd. 1-6 [in 7], Stuttgart / Bad Cannstatt 1978-1992
KGA	Friedrich Daniel Ernst Schleiermacher, Kritische Gesamtausgabe, hg. v. H.-J. Birkner u.a., Berlin 1980ff [Römische Zahlen bezeichnen die Abteilung, die folgende, durch Schrägstrich abgesetzte arabische Ziffer den jeweiligen Band; z.B. KGA I/3, S.45]

Einleitung

Die vorliegende Studie widmet sich der Theorie der Religion und des Christentums in Johann Gottlieb Fichtes Spätphilosophie der Jahre 1810-1813[1]. Die Begrenzung auf den hier angegebenen Zeitraum ergibt sich aus der Kombination zweier methodischer Gesichtspunkte. Sie ist *zum einen* zunächst rein chronologisch an Einschnitten in der Biographie Fichtes orientiert: Der zeitliche Terminus a quo ist mit Fichtes Berufung zum ordentlichen Professor für Philosophie an die neugegründete Universität zu Berlin im Jahre 1810[2] gegeben. Dieser neuen Lebenssituation geht zudem eine Zeit der Arbeitsunterbrechung voraus, die seit Juli 1808 durch eine schwere Erkrankung mit Lähmungserscheinungen und zeitweiliger Erblindung hervorgerufen ist; von dieser Krankheit erholt Fichte sich nur langsam und scheint erst im Winter 1809/1810 wieder intensiv und regelmäßig gearbeitet zu haben.[3] Die Berufung nach Berlin bietet Fichte dann den Rahmen, sich der Ausarbeitung, qualitativen Vertiefung und quantitativen Verbreitung seiner Philosophie in der relativ gesicherten Existenz institutionalisierter Lehrtätigkeit widmen zu können. Dieser neue Lebensabschnitt findet sein

---

[1] Zur Vereinfachung und Verkürzung verabreden wir folgende Sprachregelung: Sofern nicht ausdrücklich anders vermerkt, bezeichnen innerhalb der hier vorliegenden Untersuchung die Ausdrücke Spätphilosophie oder -phase o.ä. immer die hier thematisierte Zeitspanne der Jahre 1810-1813.

[2] In seiner Kabinettsorder vom 16. August 1809 genehmigt Friedrich Wilhelm III. offiziell die Gründung der Universität zu Berlin (vgl. R.Köpke, Die Gründung der königlichen Friedrich-Wilhelms-Universität zu Berlin, Berlin 1860, Neudruck Aalen 1981, S.194f). Am 23. Mai 1810 beantragt Wilhelm von Humboldt beim König die Besetzung des philosophischen Lehrstuhls durch Fichte (vgl. Köpke, a.a.O., S.205-209, bes. S.208); Friedrich Wilhelm stimmt diesem Antrag in seiner Kabinettsorder vom 30. Mai des Jahres zu (vgl. Köpke, a.a.O., S.74; FiG, Bd. 4, S.249). Darüber hinaus ernennt er Fichte per Kabinettsorder am 28. September zum Dekan der philosophischen Fakultät (vgl. Köpke, a.a.O., S.221); diese Ernennung wird Fichte offiziell am 2. Oktober mitgeteilt (vgl. M. Lenz, Geschichte der königlichen Friedrich-Wilhelms-Universität zu Berlin, Bd. 1, Halle a.d.S. 1910, S.287). Am 22. Oktober 1810 nimmt Fichte seine Vorlesungstätigkeit als ordentlicher Professor mit der ersten Stunde eines Einführungskollegs in die Philosophie auf (vgl. FiG, Bd. 4, S.268f).

[3] Vgl. W.G. Jacobs, J.G. Fichte, rowohlts monographien Bd. 336, Reinbek 1984, S.110f.

Ende mit Fichtes frühem Tod am 29. Januar 1814.[4] Da die vorliegende Arbeit nun *zum anderen* mit der methodischen Grundentscheidung operiert, nur die bereits veröffentlichten Texte Fichtes zur Interpretation heranzuziehen, ergibt sich als Terminus ad quem des zu behandelnden Zeitraums das Jahr 1813.[5]

Der Hinweis auf die methodischen Gesichtspunkte, die zu der vorgenommenen zeitlichen Beschränkung des Untersuchungsgegenstandes führen, ist deshalb von Bedeutung, weil sich auf diesem Wege das Mißverständnis vermeiden läßt, als solle hier die Abgrenzung auf eine Spätphilosophie der Jahre 1810-1813 mit dem Anspruch verbunden werden, nachweisen zu können, daß diese anvisierte Spätphilosophie auch ihrem sachlichen Gehalt nach eine eigenständige und d.h. anderen Schaffensphasen gegenüber aus *thematischen* Gründen klar und deutlich absetzbare Periode der Philosophie Fichtes darstelle. Ein solcher Anspruch liegt der Untersuchung fern; vielmehr zeigt sie an verschiedenen Stellen, daß eine an philosophischen Sachgesichtspunkten orientierte Einordnung der Spätphilosophie in die Gesamtentwicklung Fichtes differenziert, nämlich nach einzelnen Themenfeldern unterschieden, vorzunehmen ist.[6]

Untersuchungen zu Fichtes letzter Berliner Phase seines philosophischen Schaffens sind immer noch selten.[7] Für diesen Sachverhalt mag es verschie-

---

[4] Aus der historischen Außenperspektive wird man auch vom Tod als einem biographischen Einschnitt sprechen können.

[5] Den zeitlich letzten Text, der bereits veröffentlicht ist und den wir entsprechend zur Interpretation heranziehen, stellen die "Einleitungsvorlesungen in die Wissenschaftslehre" vom Herbst 1813 dar (vgl. SW IX 1-102). An späteren Texten, die thematisch von Interesse sein könnten, finden sich im Nachlaß, soweit mir bekannt ist, lediglich ein "Diarium vom 25. Oktober bis 16. Januar 1814" zu Fragen der WL sowie Nachschriften zu fünf Vorlesungsstunden über die Wissenschaftslehre vom Januar 1814. Das erste Manuskript befindet sich im Fichte-Nachlaß der Deutschen Staatsbibliothek Berlin unter der Nr. V/ 3, das zweite in der Bibliothek Marburg / Lahn unter dem Sigel Ms. Germ. quart. 1964 (Blätter 1-22).

[6] S.u. S.23-25. 189-209 (bes. 206ff).

[7] Die einzige Arbeit, die alle wesentlichen Schriften der Jahre 1810-1813 zur Interpretation heranzieht, stammt von Julius Drechsler (Fichtes Lehre vom Bild, Stuttgart 1955, bes. S.177ff). Weitere Literatur zu einzelnen Texten oder Themen der Spätphilosophie findet sich an den entsprechenden Stellen der folgenden Untersuchung. - Zur Fichte-Literatur insgesamt vgl. H.M. Baumgartner / W.G. Jacobs, J.G. Fichte-Bibliographie, Stuttgart / Bad Cannstatt 1968; und S. Doyé, J.G. Fichte-Bibliographie (1968-1992/93), in Zusammenarbeit mit N. Abe u.a., Fichte-Studien-Supplementa Bd.3, Amsterdam 1993.

dene Gründe geben. Zum einen dürfte Fichtes Wirkungsgeschichte schon
zu seinen Lebzeiten in einem unvergleichlich stärkeren Maße an dem Fichte
der Jenaer Zeit orientiert gewesen sein. Sodann hat sich das forschungsgeschichtliche Interesse, wo es sich auf die Weiterentwicklung der Fichteschen
Philosophie nach dem Atheismustreit gerichtet hat, verständlicherweise zunächst vornehmlich derjenigen Phase zugewandt, in der diese Weiterentwicklung primär dokumentiert und zugleich zu einem gewissen Abschluß
gekommen ist. Es ist dies Fichtes erste, durch ein kurzes Intermezzo in Erlangen unterbrochene Berliner Zeit von seiner "Bestimmung des Menschen"
aus dem Jahr 1800 bis hin zu seinen großen Vorlesungszyklen über WL[8]
von 1804/05 und die sich daran sachlich wie zeitlich anschließenden soge-
nannten popularphilosophischen Vorträge zu Religion, Geschichte und
Zeitgeschichte bis zu den "Reden an die deutsche Nation" von 1808. Die
wissenschaftliche Arbeit an dieser Schaffensperiode Fichtes trifft dabei insofern auf gegenüber der Spätzeit unvergleichlich günstigere Bedingungen, als
sie sich auf eine ganze Reihe bereits von Fichte selbst in den Druck gegebener oder zumindest offenkundig für den Druck bestimmter und entsprechend vorbereiteter Texte beziehen kann. Hingegen besteht das für die Interpretation der Spätphilosophie ab 1810 relevante Textcorpus fast ausschließlich aus - von Fichtes Sohn publizierten - reinen Vorlesungsmanu-
skripten.[9] Auch dies mag dazu beitragen, die Bereitschaft, sich auf das Wag-
nis wissenschaftlicher Beschäftigung mit diesen Texten einzulassen, nicht gerade zu erhöhen. Schließlich hat sich die neuere Fichte-Forschung, die seit
den sechziger Jahren unseres Jahrhunderts im Gefolge der neuen Akademie-
Gesamtausgabe einen unverkennbaren Aufschwung genommen hat, ganz offensichtlich und verständlicherweise zu einem nicht unerheblichen Teil in
den Windschatten des chronologischen Erscheinens der Akademiebände be-
geben. Von daher steht zu erwarten, daß auch die Spätphilosophie ihrer
eher stiefkindlichen Behandlung durch die Forschung enthoben werden
wird, wenn erst die Texte dieser Zeit ab 1810 in einer angemessenen kritischen Gestalt im Rahmen der Akademieausgabe vorliegen werden. Für eine
jede gegenwärtige Untersuchung zur Spätphilosophie Fichtes bedeutet dieser
editorische Sachverhalt aber zugleich, daß sie unter einem philologisch-exe-

---

[8] WL ist hier und im folgenden immer die Abkürzung für Wissenschaftslehre.
[9] Zu den Ausnahmen s.u. S.56 und Anm. 37. 117.

getischen Vorbehalt steht: Was sich durch die kritische Neuausgabe der Texte der Spätzeit an inhaltlichen Einsichten erschließen wird, bleibt abzuwarten. Daß sich dabei allerdings über die mögliche Klärung einzelner textkritischer und interpretatorischer Detailprobleme[10] und über eine quantitative Bereicherung und Präzisierung unseres Fichtebildes hinaus auch solche tiefgreifend neuen Einsichten ergeben werden, die die Hauptthesen der hier vorliegenden Untersuchung revisionsbedürftig machten, halte ich für nicht sehr wahrscheinlich.[11]

Eine Ausnahme von der relativ geringen Beachtung, die Fichtes Philosophie seiner letzten Berliner Jahre bislang gefunden hat, bildet der Themenkomplex, auf dessen Interpretation letzten Endes auch die vorliegende Studie abzielt: die *Theorie des Christentums*, die Fichte im Zusammenhang seiner Geschichtsphilosophie im Sommer 1813 konzipiert hat[12]. Sie hat bereits seit geraumer Zeit das Interesse vornehmlich theologischer Forschung

---

[10] Vgl. z.B. u. Anm. 60. 90. 123.

[11] Was die bislang noch gar nicht edierten Texte anbelangt, so steht eine Bereicherung des Interpretationsmaterials zur Theorie des Christentums von vornherein gar nicht zu erwarten, handelt es sich doch, soweit ich den Nachlaß überblicke, vorwiegend um Ausführungen Fichtes zur WL und zu seinem Programm von Philosophie im allgemeinen (vgl. vor allem im Fichte-Nachlaß der Deutschen Staatsbibliothek Berlin Nr. III/ 10b; Nr. IV/ 13; Nr. V/ 3). Daß die Edition dieser Materialien aber unser Bild von der WL umstürzen wird, ist wiederum unwahrscheinlich; dazu dürfte die WL der Spätphilosophie auch im gegenwärtigen Stand bereits zu breit dokumentiert sein (s.u. S.56 und Anm. 58-60). - Was aber die bereits (nämlich vorwiegend in den Sämmtlichen Werken) veröffentlichten und im Zuge der Akademieausgabe kritisch neu zu edierenden Texte betrifft, so kann man das Ausmaß und die sachliche Reichweite der zu erwartenden Änderungen des Textbestandes schon jetzt an einem Beispiel ermessen oder mindestens erahnen: Von Fichtes Vorlesungen zur Transzendentalen Logik vom Herbst 1812 liegt bereits eine kritische, am authentischen Handschriftenmaterial orientierte Studienausgabe vor (vgl. Tr.Log.), die einen Vergleich mit dem von Fichtes Sohn verantworteten Text erlaubt (vgl. SW IX 103-400). Auch wenn dieses Beispiel natürlich nicht ohne weiteres auf andere Textmaterialien übertragbar ist, so stimmt mich das vergleichende Studium der vorliegenden Ausgaben doch zuversichtlich, daß auch beim gegenwärtigen Stand der Editionslage ein weitgehend zutreffendes und zuverlässiges Interpretationsbild der Spätphilosophie Fichtes zu erlangen ist. Damit soll die sachliche Berechtigung der kritischen Neuedition nicht bestritten werden: Die philologisch präzise Textkonstitution hat ihren Sinn in sich selbst; sie braucht aber nicht mit zu hohen Erwartungen in den Sachfragen der inhaltlichen Interpretation verbunden zu werden.

[12] Zu den Quellen s.u. Anm. 117.

erregt.[13] Gleichwohl stellt ihre detaillierte Interpretation in mehrfacher Hinsicht nach wie vor ein Desiderat dar, das mit der folgenden Untersuchung jedenfalls zu einem Teil erfüllt werden soll.

Daß sich das Forschungsinteresse in einem so auffällig starkem Maße und in einer von der sonstigen wissenschaftlichen Bearbeitung der Spätphilosophie signifikant abweichenden Weise gerade der *Christentumsthematik* angenommen hat, erklärt sich daraus, daß diese Theorie des Christentums bei Fichte selbst die augenfälligste Besonderheit seiner Spätphilosophie gegenüber seinem philosophischen Gesamtwerk ausmacht: Sie hat in den gesamten vorangehenden Denkbemühungen Fichtes keine adäquate Entsprechung. Dies gilt *erstens* im Hinblick auf die Ausführlichkeit überhaupt, in der Fichte dem Christentum seine Aufmerksamkeit schenkt, wie auf den thematischen Umfang dessen am Christentum, was Gegenstand der Erörterung Fichtes wird. Dies umfaßt von Gotteslehre und Anthropologie über Christologie und Soteriologie bis hin zur Eschatologie Beiträge zu allen wesentlichen christlichen Begriffen und Lehrstücken: Fichtes Erörterungen zum Christentum tragen in materialer Hinsicht den Charakter einer kurzgefaßten Dogmatik. Dieser letztgenannte Sachverhalt ist, soweit ich sehe, weitgehend unbemerkt geblieben; entsprechend hat auch die sich aus ihm ergebende Aufgabe einer Interpretation dieser Fichteschen Dogmatik - und zwar sowohl der in ihr enthaltenen Fassungen der einzelnen Lehrstücke und Begriffe als auch des ihr im ganzen zugrundeliegenden Prinzips - bislang nur in Ansätzen eine Bearbeitung gefunden.[14]

---

[13] Vgl. A. Lasson, Johann Gottlieb Fichte im Verhältnis zu Kirche und Staat, Neudruck der Ausgabe Berlin 1863, Aalen 1968, S.108ff; F. Gogarten, Fichte als religiöser Denker, Jena 1914, bes. S.5. 80ff.; R. Paulus, Die Bedeutung der Person Jesu bei Fichte, in: Schwäbische Heimatgabe für Th. Häring zum 70. Geburtstag, hg. v. H. Völker, Heilbronn a.N. 1918, S.83-100; E. Hirsch, Christentum und Geschichte in Fichtes Philosophie, Tübingen 1920, S.19ff, bes. S.47ff; H.W. Schütte, Lagarde und Fichte. Die verborgenen spekulativen Voraussetzungen des Christentumsverständnisses Paul de Lagardes, Gütersloh 1965, S.105ff; G. Meckenstock, Das Schema der Fünffachheit in J.G. Fichtes Schriften der Jahre 1804-1806, I.-Diss. Göttingen 1973, S.59ff; H.-J. Müller, Subjektivität als symbolisches und schematisches Bild des Absoluten. Theorie der Subjektivität und Religionsphilosophie in der Wissenschaftslehre Fichtes, Monographien zur philosophischen Forschung Bd. 199, Königstein/Ts. 1980, S.402ff.

[14] Solche Ansätze finden sich bei Lasson, Kirche und Staat [Anm. 13]; zur Sündenlehre bei Meckenstock, Fünffachheit [Anm. 13], S.65f; zu Trinitäts- und Versöhnungslehre bei E. Hirsch, Geschichte der neuern evangelischen Theologie, im Zusammenhang mit den allgemeinen Bewegungen des europäischen Denkens, Bd. 1-5, fotomechanischer

Die gegenüber der vorangehenden Entwicklungsgeschichte Fichtes singulä-
re und ausgezeichnete Weise, in der das Christentum innerhalb der Spätphilosophie thematisiert wird, bezieht sich aber *zweitens* auch und vor allem
auf die prinzipielle sachliche Bedeutung, die das Christentum für das philosophische Gesamtanliegen Fichtes in seiner Spätphilosophie gewinnt.
Diese sachliche Bedeutung erstreckt sich in einem engeren Sinne darauf, daß
das Christentum schlechterdings konstitutiv für Fichtes Geschichtsphilosophie ist[15]: Fichtes Theorie des Christentums steht innerhalb einer geschichtsphilosophischen Konzeption, die wesentlich am Christentum als
epochemachendem Geschichtsprinzip orientiert ist. Fichtes Geschichtsphilosophie ist christologisch konzipiert.[16] In einem weiteren Sinne besitzt
das Christentum eine prinzipielle Bedeutung für Fichtes Philosophie überhaupt. Denn mit dem Christentum thematisiert Fichte die unhintergehbare
geschichtliche Voraussetzung seiner eigenen Philosophie. Da dies innerhalb
seiner Geschichtsphilosophie so geschieht, daß dabei die Notwendigkeit
dieser Voraussetzung expliziert wird, gelangt das Christentum in den Rang
einer Fichtes eigene Philosophie im ganzen prinzipiell ermöglichenden Bedingung. Das aber heißt nichts anderes, als daß Fichte das Christentum als
Offenbarung begrifflich zur Geltung bringt.

Damit dürfte zugleich auch verständlich sein, wieso Fichtes Theorie des
Christentums bislang vornehmlich Gegenstand gerade *theologischer* Interpre-
tationsbemühungen geworden ist und warum sie auch Thema der vorliegenden systematisch-theologischen Untersuchung ist: Mit ihren Ausführungen zur materialen Dogmatik des Christentums und der geschichtsphilosophischen Explikation des Offenbarungsgedankens stellt diese Theorie selbst
ein Stück systematischer Theologie dar.

Abdruck der 1964 in 3. Aufl. in Gütersloh erschienenen Ausgabe, Münster 1984, Bd.
IV, S.387-393.

[15] Dieser Bedeutungsaspekt für die Geschichtsphilosophie steht bestimmend im Vordergrund der bisherigen Forschung zur Christentumsthematik bei Fichte, ohne allerdings
schon erschöpfend und präzise herausgearbeitet worden zu sein. Vgl. die in Anm. 13
u. 14 genannten Arbeiten; weitere Literatur zur Bedeutung des Christentums für die
Geschichtsphilosophie im Rahmen ihrer Entwicklung bei Fichte findet sich u. Anm.
172.

[16] Vgl. G. Meckenstock, Religion und Geschichte bei Johann Gottlieb Fichte, in: Gott
im Selbstbewußtsein der Moderne. Zum neuzeitlichen Begriff der Religion, hg. v. U.
Barth u. W. Gräb, Gütersloh 1993, S.50-61, hier: S.59f.

Angesichts der Gewichtigkeit, die das Christentum sowohl in quantitativer Hinsicht wie im Hinblick auf seine prinzipielle Bedeutung in Fichtes Spätphilosophie hat, kann es als durchaus sachgemäß gelten, wenn Maria Johanna Fichte am 20. Oktober des Jahres 1814, etwa neun Monate nach dem Tod ihres Gatten, der befreundeten Charlotte von Schiller schreibt:

> "So war der Haubtzwek von meines seligen Manns Philo[sophie]: die Menschen, welche durch das vortrükkende Zeitalter, allen kindlichen Glauben verlohren haben, durch seine Philoso: zur helle, einsicht und wahren Überzeugung des Christenthums zu bringen."[17]

Diese Gesamtdeutung der Philosophie Fichtes aus der Feder seiner eigenen Witwe - mag sie auch nicht gänzlich frei von Verklärung des Verstorbenen und subjektiver Färbung durch das christlich-fromme Gemüt ihrer Autorin sein - bringt zudem zwei Gesichtspunkte zum Ausdruck, die für das Verständnis der Christentumstheorie Fichtes wesentlich sind. *Zum einen*: Fichte ist davon überzeugt, daß zwischen seiner Philosophie und dem Christentum eine inhaltliche Übereinstimmung besteht. Mit dieser Grundüberzeugung verbindet sich zugleich der Anspruch Fichtes, daß seine Philosophie in der Lage ist, das Christentum hinsichtlich seiner Wahrheit sachgemäß zu interpretieren und zu begründen und so den christlichen Glauben in die Gestalt vernünftiger Einsicht überführen zu können. Beides, Fichtes Grundüberzeugung wie der damit verbundene Anspruch, beruht wiederum auf der doppelten These, daß auf der einen Seite seine eigene Philosophie die angemessene Verwirklichung vernünftiger Einsicht in der Gestalt begrifflich-theoretischer Wissenschaft darstellt und daß auf der anderen Seite das Christentum einer vernünftig-einsichtigen Interpretation und Begründung überhaupt fähig ist, weil es seinerseits die angemessene Verwirklichung wahren Bewußtseins in der Gestalt von Religion darstellt.

Zum anderen: In der von Fichte beanspruchten Leistungsfähigkeit seiner Philosophie spiegelt sich zugleich der Anspruch einer spezifischen, durch die geistig-kulturelle Situation hervorgerufenen Leistungsbedürftigkeit wider, den die zitierte Äußerung ebenfalls in erhellender Weise benennt: Das fortrückende Zeitalter führt den Verlust unmittelbar-naiven Glaubens herauf und macht die Überführung in die Form vernünftiger Einsicht unumgänglich. Damit ist der geistesgeschichtliche Rahmen, in dem Fichtes Theo-

---

[17] FiG, Bd. 5, S.142.

rie des Christentums steht, anvisiert: Sie ist Theorie des Christentums im
Kontext einer durch das neuzeitliche Bewußtsein bestimmten besonderen
Begründungs- und Legitimierungsanforderung.

Dieser Begründungs- und Legitimierungsbedürftigkeit trägt Fichtes Theorie des Christentums in besonderer und umfassender Weise dadurch Rechnung, daß sie im Rahmen seiner gesamten Spätphilosophie eingebunden ist
in eine allgemeine *Theorie von Religion*, die den Religionsbegriff so entfaltet, daß er die Bestimmung seines Umfangs und Inhalts gerade mit und in
der *Begründung* von Religion erfährt. Diese Begründungstheorie läßt sich
dabei philosophie- und theologiehistorisch als Durchführung eines subjekti-
vitätstheoretisch-ethischen Begründungsparadigmas begreifen. Dessen Ausbildung erfolgt unter den Bedingungen einer spezifisch neuzeitlichen Herausforderung für die philosophisch-theologische Theoriebildung. Diese Herausforderung besteht in der Heraufkunft eines sich auf alle kulturellen Lebensbereiche erstreckenden Bewußtseins freier Selbstbestimmung am Maßstab vernünftiger Einsicht. Dieser kulturelle Umbruch, für den im weiteren
Sinne der Begriff der Aufklärung steht, bringt zwar mannigfache Umfor-
mungen und partielle Reduktionen der christlich-religiösen Überzeugung
wie der ihr entsprechenden theologischen Lehre mit sich; er führt aber im
großen und ganzen nicht zu einer Absage an die Inhalte des christlich-
religiösen Bewußtseins und die klassischen Themen von Theologie und Religionsphilosophie. Vielmehr reagiert die philosophisch-theologische Theoriebildung auf die kulturelle Herausforderung - sofern sie sich ihr nicht von
vornherein verschließt - mit der Entwicklung vernünftiger Konzepte zugleich kritischer wie konstruktiver Religionsbegründung.

Unter diesen religionstheoretischen Konzepten erweist sich dasjenige als
wirkungsgeschichtlich besonders folgenreich, das bei Kant seine erste systematisch durchgeführte Gestalt und bei Fichte seine wohl konsequente Entfaltung findet. Es hat seine Besonderheit zum einen darin, daß es innerhalb
des großangelegten Rahmens einer umfassenden subjektivitätstheoretischen
Wissensbegründung durch kritische Selbstreflexion des Wissens eingebettet
ist. Für dieses Unternehmen steht programmatisch der Begriff Transzendentalphilosophie. Zum anderen nimmt dieses religionstheoretische Konzept insofern eine Sonderstellung ein, als es sich in seinen religionsbegründenden
Leistungen genau auf dasjenige Phänomen als Ausgangspunkt und Prinzip
bezieht, das das neuzeitlich-kulturelle Milieu konstituiert: die Selbstbestim-

mung. Selbstbestimmung wird dabei nicht als unverbindliche Freiheit verstanden, sondern als Selbstgesetzgebung, Autonomie. Das aber bedeutet, daß die Selbstbestimmung am Maßstab vernünftiger Einsicht überhaupt und über die Unterscheidung von erkennend-theoretischem und handelnd-praktischem Bedeutungsaspekt hinweg als grundsätzlich *sittliches Phänomen der Verbindlichkeit für Freiheit* ausgelegt wird. Innerhalb des wissensbegründenden Gesamtkonzepts kritischer Vernunftwissenschaft findet dies seinen entsprechenden Ausdruck in der Formulierung des Primats der praktischen Vernunft.

Indem so das sittliche Phänomen der Verbindlichkeit für Freiheit in das Zentrum philosophischen Interesses rückt, kommt allererst in voller Klarheit zum Vorschein, worin eigentlich sein spezifisches Wesen besteht. Das sittliche Phänomen als solches, seine Eigenart und ontologischen und gnoseologischen Voraussetzungen und Implikationen treten allererst in ihrer Reinheit zutage. Genau diese Erhellung des Sittlichen bildet dann den Ort der Religionsbegründung, indem gezeigt wird, daß sich Religion bzw. die dem religiösen Bewußtsein wesentlichen Inhalte als zu den Implikaten des sittlichen Phänomens selbst gehörig ausweisen lassen. Diese religionsbegründende Leistung ruht dabei auf einer Wahrnehmung des Sittlichen, die diesem selbst bereits eine unmittelbare und immanente Religiosität verleiht. Im Hinblick darauf hat Gerhard Ebeling in Bezug auf Kant von einer religiösen Entschränkung der sittlichen Verpflichtung gesprochen.[18] Sie besteht darin, daß die sittliche Forderung in ihrer ganzen Radikalität erfaßt wird. Ihre Unbedingtheit wird entdeckt.[19] Die sittliche Verpflichtung bekommt als solche eine religiöse Dimension: Sie impliziert als unbedingte Verpflichtung eine Beziehung zum Unbedingten. Das Sittliche wird religiös entschränkt.

Der philosophisch-theologischen Theoriebildung erwachsen aus eben dieser Reflexion des sittlichen Phänomens Notwendigkeit und Möglichkeit zu, die Wahrheit des christlich-religiösen Bewußtseins zu begründen. Die Möglichkeit dazu gründet in der der sittlichen Verpflichtung selbst eigenen

---

[18] Vgl. G. Ebeling, Die Evidenz des Ethischen und die Theologie, in: ders., Wort und Glaube, Bd. 2, Tübingen 1969, S.1-41, hier: S.5.

[19] Vorneuzeitlich wird die sittliche Forderung innerhalb des theologischen Diskurses in der Tat nicht streng als unbedingt gedacht. Sie gilt vielmehr unter der Bedingung, dem Gebot *Gottes* zu entsprechen.

religiösen Dimension. Die Notwendigkeit dazu besteht eigentlich schon darin, daß mit dem neuzeitlichen Verständnis des Sittlichen der Anspruch
einer *unbedingten* allgemeingültigen Gewißheit verbunden ist. Die Nötigung, sich auf diese Gewißheit als Begründungs- und Verifikationsprinzip
einzulassen, kann freilich umgangen werden, solange geistesgeschichtlich
scheinbar noch Alternativen bestehen. Sie wird aber in dem Augenblick unumgänglich, als sowohl die Lehre von der sacra scriptura als unicum princi-
pium cognoscendi als auch die traditionelle theologia naturalis einer negativen Kritik verfallen. Das ist, jedenfalls für den deutschen protestantischen
Raum, mit der neologischen Theologie des achtzehnten Jahrhunderts und
mit Kants Destruktion der klassischen Metaphysik der Fall. Ihrer beiden
traditionellen Stützen beraubt, findet sich die philosophisch-theologische
Theoriebildung auf das Fundament der sittlichen Gewißheit zurückgewor-
fen. Der prinzipientheologische Rekurs auf die Sittlichkeit wird zu einem
der beherrschenden Begründungsparadigmen neuzeitlicher Theologie und
Religionsphilosophie.[20]

In genau diesem problemgeschichtlichen Kontext steht auch Fichtes Theorie der Religion im Rahmen seiner Spätphilosophie. Sie bewegt sich selbst
bereits im Horizont jener Erfassung des sittlichen Phänomens und stellt zugleich einen der exponierten Beiträge zu dieser Erfassung dar. Die besondere Exponiertheit dieses Beitrags besteht darin, daß Fichte in einer die Ansätze Kants radikalisierenden Weise die sittliche Gewißheit von Autonomie
zum Begründungs- und Verifikationsprinzip des Wissens überhaupt macht.
In der vernünftigen Selbstbestimmung kommt für Fichte das Wesen der
Vernunft selbst, des absoluten Wissens, im und für das Bewußtsein zur Erscheinung. Emanuel Hirsch hat daher zurecht Fichtes Philosophie, im Anschluß an dessen eigene Formulierungen, als "System des reinen Moralis-
mus" bezeichnet.[21] In dieser Philosophie findet das neuzeitliche Bewußtsein seinen, wenn man so will: *den*, systematisch durchgeführten und konse-
quenten begrifflichen Ausdruck seines Selbstverständnisses.

---

[20] Zu erinnern wäre, außer an Kant und Fichte natürlich, an Wegscheider, Kierkegaard,
Albrecht Ritschl oder Wilhelm Herrmann, um nur wenige prominente Namen zu nennen. Vgl. auch D. Korsch, Glaubensgewißheit und Selbstbewußtsein. Vier systematische Varianten über Evangelium und Gesetz, Beiträge zur historischen Theologie Bd.
76, Tübingen 1989.

[21] Hirsch, Theologie [Anm. 14], Bd. IV, S.342.

Der exemplarische Fall der Erscheinung der Vernunft im Bewußtsein sittlicher Selbstbestimmung wird zum materialen Dreh- und Angelpunkt für Fichtes transzendentalphilosophisches Gesamtprogramm, die ganze Sphäre des Wissens hinsichtlich ihrer Einheit als Vernunft und hinsichtlich ihrer inneren Differenzierungen unter Rückgriff auf die durch transzendentale Reflexion gewonnenen apriorischen begrifflichen Strukturen des Wissens als Momente der Subjektivität der Vernunft verständlich zu machen. In der Durchführung dieses Programms findet dann auch die Religion ihre entsprechende Begründung durch die begreifend-durchdringende Einsicht in die Konstitution des religiösen Bewußtseins und seiner wesentlichen Inhalte in der vernünftigen Subjektivität. Diese Einsicht in die Konstitution von Religion ist ihrerseits noch einmal eingebettet in eine Theorie der Subjektivität, die den Aufbau aller konstitutiven Momente von Subjektivität genetisch so rekonstruiert, daß er als Selbstaufbau aller Bedingungen verständlich wird, unter denen die Vernunft, das absolute Wissen, *als* Wissen des Absoluten, Gottes, gewußt werden kann. Indem Religion so als Phänomen, Erscheinung, sich manifestierender Vernunft durchsichtig gemacht wird, findet das religiöse Bewußtsein seine genetische Begründung im Rahmen einer transzendentalen Theorie des Absoluten, die Lehre vom absoluten Wissen (Vernunftlehre) und Gotteslehre (Theo-Logie) zugleich ist.

Die Interpretation dieses konzeptionellen Gesamtrahmens, dem das Kern- und Fundamentalstück der Philosophie Fichtes, seine WL, gewidmet ist, ist für das Verstehen seiner Theorie des Christentums unerläßlich.[22] Dies gilt schon für die primäre Ebene des unmittelbaren Lektürevorgangs: Man kann diejenigen Texte, die Fichtes Theorie des Christentums enthalten, nicht lesen und verstehen, ohne Kenntnis seines philosophischen Gesamtkonzepts. Dieser sich jedem Leseversuch als unmittelbar evident ausweisende Sachverhalt wird zudem durch die Tatsache belegt, daß Fichte selbst diejenige Vorlesung, die den Haupttext für seine Theorie des Christentums abgibt

---

[22] Die relativ geringe Beachtung und Erschließung der gesamten Spätphilosophie Fichtes durch die Forschung führt dazu, daß seine Theorie des Christentums weitgehend von ihrem zeitlichen und sachlichen Kontext in den Schriften der Spätzeit isoliert thematisiert wird. Wo sich die Forschung der Bedeutung des konzeptionellen Gesamtrahmens für das Verständnis der Christentumsthematik bewußt ist, behilft sie sich in der Regel damit, frühere Schriften Fichtes, vor allem die Durchführungen der WL von 1801/02 und 1804, zur Rekonstruktion dieses Gesamtrahmens heranzuziehen.

- die sogenannte "Staatslehre" von 1813 -, mit einer skizzenhaften Darstellung seiner Philosophie überhaupt eröffnet (vgl. SW IV 369-400).

Erst recht gilt das Angewiesensein auf ein angemessenes Verstehen der Fichteschen Philosophie im ganzen für die Ebene der eigentlichen (und eigenen) Interpretation, die den Autor besser zu verstehen hofft, als er sich selbst[23]: Erst mit der Interpretation des konzeptionellen philosophischen Gesamtrahmens wird der Grundstein gelegt für die Haupt- und Grundthese der vorliegenden Untersuchung. Diese These besagt: Fichtes Theorie des Christentums läßt sich so interpretieren, daß in ihr *das Christentum als die geschichtliche Verwirklichung des Begriffs von Religion* thematisiert wird. Liest man die Christentumsthematik bei Fichte unter diesem Aspekt des Verhältnisses von Begriff und Wirklichkeit, findet man sich in die Lage versetzt, die implizit zugrundeliegenden theoretischen Motive für die Thematisierung der geschichtlichen Wirklichkeit zu Tage zu fördern. Die Rekonstruktion des philosophischen Gesamtkonzepts erlaubt es erst, die systematische Verortung und Bedeutung der Geschichtsphilosophie im allgemeinen wie der Theorie des Christentums im besonderen präzise herauszuarbeiten.

Darin liegt das vornehmliche und eigentliche Interesse dieser Studie. Sie zielt nicht in erster Linie auf eine materiale Bereicherung unseres Bildes der Spätphilosophie Fichtes ab, sondern auf deren intensivere systematische Durchdringung. Dies betrifft eben vor allem die innere Verknüpfung von Religionsbegriff und Christentumsthematik und die dieser Verknüpfung zugrundeliegenden theoretischen Motive im Begriff der WL.[24] Weder die

---

[23]   Zur Herkunft dieser Formulierung hermeneutischer Programmatik vgl. Kant, KrV A 314 / KrV B 370, Werke III S.322; sowie: Athenäum. Eine Zeitschrift von A.W. Schlegel und F. Schlegel, Bd.1, Berlin 1798, S.299.

[24]   Mit dem Unternehmen, die in Begriff und Selbstverständnis der WL liegenden theoretischen Motive zu erhellen, die Fichtes Beschäftigung mit dem geschichtlichen Phänomen des Christentums zugrundeliegen, soll im übrigen nicht bestritten werden, daß es für diesen Sachverhalt (nämlich: Fichtes Thematisierung des Christentums) auch *nichttheoretische* Motive gibt. Vielmehr halte ich es für durchaus plausibel, daß Fichtes Hinwendung zur historischen Analyse der die kulturelle Gegenwart bestimmenden geschichtlichen und zeitgeschichtlichen Faktoren mit dem Erlebnis des Scheiterns unmittelbarer Durchsetzungskraft seiner Philosophie im Zusammenhang steht. Fichte verbindet mit der Konzeption seiner WL hohe Ansprüche und Erwartungen. Er ist davon überzeugt, mit der WL alle Probleme der Philosophie als Wissenschaft im Prinzip gelöst zu haben und von dieser Vollendungsgestalt philosophischer Wissenschaft aus Entwürfe für die umfassende vernünftige Gestaltung aller Lebensbereiche liefern zu kön-

Verknüpfung selbst noch der Zusammenhang mit der Konzeption der WL sind von Fichte selbst vorgenommen bzw. in hinreichender Weise explizit deutlich gemacht worden. In diesem Sinne versucht die Dissertation, Fichte besser zu verstehen als er sich selbst, indem sie einen Beitrag zur Präzisierung der systematischen Konzeption seiner Spätphilosophie zu leisten versucht.

Aus der hier vorgetragenen thematischen Exposition ergibt sich dann zwanglos der grobe Aufbau der folgenden Untersuchung: Ein erster Teil widmet sich Fichtes Begriff der Religion im Rahmen seiner transzendentalen Religionstheorie; in einem zweiten Teil gilt es dann, Fichtes Verständnis des Christentums zur Darstellung zu bringen, und zwar so, daß deutlich wird erstens, daß es sich um das dem Begriff von Religion entsprechende geschichtliche Phänomen handelt, und zweitens, warum diese geschichtliche Realisation des Begriffs für Fichte überhaupt von Interesse ist.

---

nen (vgl. z.B. GA III/ 5, S.222f; SW XI 230. 233f; Hirsch, Christentum und Geschichte [Anm. 13], S.54 Anm. 3; G. Meckenstock, Vernünftige Einheit. Eine Untersuchung zur Wissenschaftslehre Fichtes, Frankfurt a.M. / Bern / New York 1983, S.235; ders., Fünffachheit [Anm. 13], S.51). Die schmerzvolle Erfahrung der mangelnden gesellschaftlichen Durchsetzbarkeit solcher von der WL her begründeten Entwürfe und die Enttäuschung über die tatsächliche politische Entwicklung etwa seit der Mitte des ersten Jahrzehnts des neuen Jahrhunderts (vgl. Meckenstock, Religion und Geschichte [Anm. 16], bes. S.50f. 57. 59) dürften dazu geführt haben, daß Fichte sich dem philosophischen Begreifen der Geschichte zuwendet, und zwar unter dem doppelten Interesse, zum einen dieses Scheitern selbst noch einmal zu verstehen durch eine Analyse des Zeitgeistes und eine kulturphilosophische Verortung seiner WL, zum anderen aber Ausschau zu halten nach solchen wirkungsvollen und geschichtsmächtigen Kulturphänomenen, die sich selbst bereits als Realisationen des Vernünftigen begreifen lassen und in denen sich die WL ihren Zielen und Motiven entsprechend wiedererkennen kann. In diesem Zusammenhang entdeckt Fichte das Christentum als Geschichtsmacht, deren Wirklichkeitsverständnis dem der WL in Fichtes Sicht weitgehend kompatibel ist.

A. Die transzendentale Theorie der Religion

I. Hinführung und Überblick

Die transzendentale Theorie der Religion läßt sich nach Aufgabe, Gegenstand und ihrem spezifischen Gegenstandsbezug nur innerhalb des philosophischen Gesamtanliegens Fichtes begreifen. Dieses philosophische Gesamtanliegen, das Programm, kommt in nuce schon in der Bezeichnung zum Ausdruck, die Fichte seiner Philosophie zu geben pflegt: WL. Philosophie ist Lehre, Theorie, des gesamten Wissens und als solche ihrerseits ein Wissen, also: Wissen des Wissens (vgl. z.B. SW X 317). Die höchste Einsicht eines solchen Selbstverständnisses von Philosophie muß folglich lauten: Das Wissen sei das Höchste, von dem gewußt werden könne. Wer aber das bekenne, der sei transzendentaler Idealist; transzendentaler Idealismus und WL, so Fichte, bedeuten ein und dasselbe (vgl. SW X 4).

Fichte verbindet mit diesem transzendental-idealistischen Gesamtprogramm seiner WL hohe Ansprüche. Die WL ist nach dem Selbstverständnis ihres Autors und Urhebers nicht die Bezeichnung seiner Schriften (vgl. SW IV 374), sondern die einzig angemessene Gestalt der Philosophie. Ihre Angemessenheit beruhe in formaler Hinsicht darauf, wissenschaftlich "in der eigentlichen Bedeutung" zu sein (SW IX 151 = Tr.Log. S.45; vgl. SW X 4). 'Philosophisch' oder 'wissenschaftlich' bezeichnen beide bei Fichte in prägnanter Bedeutung nichts anderes als den Modus des Philosophierens der WL (vgl. SW IX 105 = Tr.Log. S.1; SW IV 374). Der Charakter der Wissenschaftlichkeit der WL besteht für Fichte darin, apriorische, genetische und systematische Theorie zu sein.[25] Wo Fichte über den formalen Modus der Wissenschaftlichkeit hinaus die Angemessenheit der WL als ganzer charakterisieren will, spricht er von ihr als *Idealismus* (vgl. SW IX 309 = Tr.Log. S.176), *Transzendentalphilosophie* (vgl. SW IX 195. 314 = Tr.Log. S.84. 181 u.ö.) oder - so am häufigsten - als *transzendentaler Idealismus* (vgl. SW IV 374; SW IX 38. 131 = Tr.Log. S.26; SW IX 566. 569; SW X 4; u.ö.). Alle drei Bezeichnungen dienen als Gesamtcharakterisierungen der WL; und

---

[25] Zur Begründung und Erläuterung dieser Merkmale der Wissenschaftlichkeit der WL s.u. S.93-98.

zwar näherhin so, daß sie zum einen als philosophiehistorische Identifikationsbegriffe fungieren, die eine Selbsteinordnung der WL in die historische Mannigfaltigkeit philosophischer Konzeptionen darstellen. Solche identifizierenden Selbstbezeichnungen sind für das Verständnis der Philosophie Fichtes - vermutlich schon zu seinen Lebzeiten - wichtig und erhellend, weil Fichte sich ansonsten weitgehend einer Kunstsprache aus eigenen Wortschöpfungen und Begriffsbildungen bedient. Zum anderen bringen die genannten Bezeichnungen gerade den Wahrheitsanspruch der WL im Gegenüber zu anderen Gesamtentwürfen von Philosophie polemisch zum Ausdruck. Dabei gründet sich dieser Wahrheitsanspruch vor allem darauf, daß die WL als transzendentaler Idealismus ständig auf das Wissen als das alles umschließende höchste Wißbare alles Gewußten reflektiert, also wesentlich selbstreflexiv verfährt.

Als philosophiehistorische Identifizierungsbegriffe markieren die Selbstbezeichnungen *positive* Anknüpfungspunkte partiell bei Leibniz (vgl. SW IX 112. 322 = Tr.Log. S.9. 188) und Plato (vgl. SW XI 42f), vor allem aber bei Kant, von dem die Begriffe transzendentaler Idealismus und Transzendentalphilosophie übernommen sind (vgl. SW IX 3. 11. 59 u.ö.). Zugleich aber - und selbst noch im Falle Kants - sind solche Anknüpfungen bei Fichte stets verbunden mit einem Überbietungsanspruch. In *negativer* Hinsicht beziehen sich Fichtes Gesamtcharakterisierungen der WL vor allem auf Spinoza (vgl. SW X 3; u.ö.), Schellings Naturphilosophie (vgl. SW IV 374; SW IX 11; SW X 324f. 397ff u.ö.), den Dogmatismus (vgl. SW IX 309. 314 = Tr.Log. S.176. 181 u.ö.) und die Ding- oder Seinslehre (vgl. SW IV 373; SW IX 564; SW X 3f. 326ff). Dabei lassen sich diese negativen Bezugspunkte zu einer einzigen systematischen Antithese bündeln, deren Gemeinsamkeit im Gegenüber zum transzendentalen Idealismus darin besteht, daß der Begriff des (wissensunabhängigen) absoluten Ding- oder Sein-an-sichs in Fichtes Perspektive konstitutiv für die genannten Positionen ist. Gerade gegenüber einer solchen Seinslehre bringen die Begriffe (transzendentaler) Idealismus bzw. Transzendentalphilosophie den Wahrheitsanspruch der WL polemisch zum Ausdruck.[26]

---

[26]   Im Hintergrund der folgenden Ausführungen zum transzendentalen Idealismus der WL stehen Arbeiten Friedrich Brunstäds zu Begriff und systematischer Rekonstruktion des (kritischen) Idealismus. Brunstäd hat seine Idealismus-Interpretation verschiedentlich, mit nur leichten Variationen und unterschiedlichen Applikationen, vorgetragen: vgl.

Die These der WL besagt, daß anstelle von Dingen und Sein in der Konzeption einer Seinslehre für den Idealismus "Bilder" und "Bewusstseyn" seien (vgl. SW IV 372). Diese These ist allerdings nicht im Sinne eines reinen Phänomenalismus gemeint, wonach die Außenwelt nur im menschlichen Bewußtsein existiere. Dies sei vielmehr ein "platte[s] Mißverständniß des Idealismus" der WL (SW IX 493):

> "Wenn darum der Idealismus sagt: [...] die ganze objektive Welt sei nur Gebildetes zu einem Bilde; so meinen jene, wir redeten von diesen, sogar ihnen als Bilder bemerklichen Bildern der Einbildungskraft, und der Sinn sei der: wir bildeten uns Sonne, Mond und Sterne bloß ein, dächten uns nur alles so; und da haben sie denn das Lachen über uns wohlfeil. Das aber ist unsere Meinung gar nicht [...]. Allerdings sind Sonne, Mond und Sterne nur Bilder, aber keineswegs Bilder der Einbildungskraft, sondern ursprünglich Bilder der Erscheinung, die nicht von dem empirischen Ich abhängen [...]." (SW IX 493f)

Das Programm: Bilder und Bewußtsein statt Dinge und Sein darf also nicht empirisch mißverstanden werden. Der transzendentale Idealismus sei gerade zugleich empirischer Realismus (vgl. SW IX 59. 100. 364 = Tr.Log. S.227). Daß Dinge an sich, d.h. unabhängig vom individuellen Bewußtsein, sind, sei für den natürlichen Verstand durchaus wahr; erst wo das Ding-an-sich in einem vom natürlichen individuellen Bewußtsein gar nicht gemeinten Sinne zum Begriff eines philosophischen Verstehens empirisch erfahrener Dinge wird, werde es zu einem Irrtum (vgl. SW IX 100). Die idealistische These richtet sich also gar nicht gegen einen Realismus empirischer Erfahrung, sondern gegen einen Realismus, der als metaphysische *Theorie* empirischer Erfahrung gemeint ist. Der Idealismus ist folglich selbst eine metaphysische oder besser: transzendentale Theorie.

Die Wahrheitsfrage zwischen Realismus (Dogmatismus) und Idealismus - beide verstanden nicht als Erfahrungswissen, sondern als philosophische Theorien des Erfahrungswissens - entscheidet sich für Fichte an zwei Problemen, die für den Realismus bzw. eine Seinslehre unlösbar sind. Beide Probleme hängen am metaphysisch verstandenen Begriff des Ding-an-sichs.

---

u.a. Die Idee der Religion. Prinzipien der Religionsphilosophie, Halle a.d.S. 1922, bes. S.71-137; Artikel: Idealismus I. Begrifflich, in: RGG² Bd. III, Sp.46-51; Zur Gewißheitsfrage, in: Neue kirchliche Zeitschrift 36, 1925, S.6-28; Reformation und Idealismus, München 1925; die beiden letztgenannten Titel finden sich wiederabgedruckt in: Gesammelte Aufsätze und Schriften, hg. v. E. Gerstenmaier u. C.G. Schweitzer, Berlin 1957. Brunstäds Arbeiten gehören zum Besten, was sich zur systematischen Interpretation des Idealismus finden läßt.

Erstens wird das Absolute um seine Absolutheit gebracht, wenn man zum Verstehen der Erfahrung auf an sich seiende Dinge rekurrieren muß. Denn das Verhältnis des Absoluten zu Dingen-an-sich kann offensichtlich nur als Seinsmitteilung des Absoluten an die Dinge-an-sich verstanden werden. Das Modell der Seinsmitteilung aber zerstört die absolute Einheit oder absolute Identität des Absoluten.[27] *Zweitens* ist für den Realismus das Erkenntnisproblem unlösbar:

> "Die Dinge sind durch ihr Seyn vollendet; woher denn also ihre Bilder?
> Woher ein *Wissen* derselben?" (SW IV 371; vgl. ähnlich SW IX 99f)

Die Beziehung eines Außen auf das innere Sein an-sich-seiender, absoluter Dinge sei vom Begriff des Sein- bzw. Ding-an-sichs ausgeschlossen (vgl. SW IX 43-51). Indem der Realismus mit der metaphysischen Annahme des Sein-an-sichs gerade die Verfaßtheit des Erfahrungswissens, für das die Beziehung auf ein dem Bewußtsein gegenüber selbständiges, insofern: absolutes Sein konstitutiv ist, theoretisch klären will, diese theoretische Erklärung aber aporetisch bleibt, ja gerade das zu Erklärende unmöglich macht, erweist der metaphysische Realismus sich als selbstwidersprüchlich.

Beide Probleme einer erkenntnistheoretischen Durchdringung des Erfahrungswissens beansprucht Fichte mit seinem transzendentalen Idealismus gelöst zu haben. Dabei fallen für Fichte die Lösungen beider Probleme in der Kritik des Ding-an-sich-Begriffs als Prinzips und Grundvoraussetzung zusammen. Das An-sich-Sein der Dinge ist es ja, was ineins das eine Absolute wie die Erkenntnis in Fichtes Perspektive unmöglich macht. Verwickelt man sich beim Ansatzpunkt des An-sich in unlösbare Aporien, ist es sinnvoll, den Spieß umzudrehen und stattdessen vom Bewußtsein, Wissen, Begreifen auszugehen. Darin besteht Kants kopernikanische Wende[28], und darin bestehe der Idealismus der WL:

> "Wir setzen als das absolute voraus das Sehen, Wissen, Auge, das da sieht
> und nicht ermangeln kann zu sehen. Hieraus nun ergiebt sich das Sein, die
> Welt, - im Auge nämlich, als Gesehenes." (SW IX 100)

Ist beim Ausgang vom Sein-an-sich die Beziehung eines Wissens auf das An-sich unmöglich, bietet es sich an, umgekehrt diese Beziehung selbst zum Ausgangspunkt zu machen. Das ist Kants Entdeckung der gegenüber dem

---

[27] Dies führt Fichte in einer Kritik an der Schöpfungsvorstellung und an Spinozas Theorie des Absoluten näher aus: S.u. S.63-66.

[28] Vgl. Kant, KrV B XVf, Werke III S.25.

Dogmatismus ursprünglicheren und im Dogmatismus ungeklärt, eigentlich ungestellt gebliebenen Frage nach der Genese und den Bedingungen von Gegenständlichkeit, Beziehung auf einen Gegenstand und Objektivität überhaupt.[29]

Entscheidend für das Gelingen und die Plausibilität des idealistischen Lösungsversuchs ist dann aber zweierlei: *erstens*, daß Wissen in sich selbst Beziehung auf das An-sich ist. Denn bleibt vom An-sich-Sein aus der Zusammenhang von Wissen und Sein unverständlich, dann läßt sich beim umgekehrten Ausgang vom Wissen der Zusammenhang von Wissen und Sein nur verständlich machen, wenn das Wissen in seinem Grund selbst dieser Zusammenhang ist. Das Erkenntnisproblem wäre gelöst. Diese Voraussetzung wird von Fichte in seiner Theorie des absoluten Wissens, der Vernunft, gedacht: Es ist Wissen, das in sich unmittelbar Realität, Sein, ist. Entscheidend ist *zweitens*, daß alle Mannigfaltigkeit - ohne Rückgriff auf mannigfaltige an sich seiende Dinge und also an sich seiender Mannigfaltigkeit - sich aus der Einheit des einen absoluten Wissens als dessen implikative Modifikationen verständlich machen läßt. Das Absolutheitsproblem wäre gelöst. In einer genetischen Deduktion der Formen des Sichverstehens des absoluten Wissens (der absoluten Erscheinung) aus dem Begriff der absoluten Erscheinung selbst versucht Fichte, dieses Problem zu lösen.

Daß das Erkenntnis- wie das Absolutheitsproblem für Fichte lösbar ist, hängt entscheidend an dem *transzendentalphilosophischen* Grundzug seines Idealismus. Der Idealismus der WL reflektiert ständig auf das Wissen selbst und erkennt darin die schöpferische, modifizierende Produktivität der Wissensform (vgl. SW X 363). Eigentlicher Gegenstand der WL ist die Form der Erscheinung (vgl. SW IX 567; SW X 339; u.ö.). Das entspricht Kants klassischer Formulierung des Begriffs von Transzendentalphilosophie:

"Ich nenne alle Erkenntnis *transzendental*, die sich nicht so wohl mit Gegenständen, sondern mit unserer Erkenntnisart von Gegenständen, so fern diese a priori möglich sein soll, überhaupt beschäftigt. Ein System solcher Begriffe würde *Transzendental-Philosophie* heißen."[30]

---

[29] Vgl. Kant, KrV A 107ff, Werke III S.168f; dazu auch Brunstäd, Idee der Religion [Anm. 29], S.93-98; ders., Idealismus [Anm. 26], Sp.48f.

[30] Kant, KrV B 25, Werke III S.63.

Für die Theorie des Absoluten bedeutet die transzendentale Unterscheidung von Realgehalt und Wissensform die Möglichkeit, die Einheit des Absoluten zu denken, ohne das Werden als bloßen Schein leugnen zu müssen:

> "Die Erscheinung *wird* nicht, sondern sie ist aus Gott; sie ist, so wie Gott selbst ist in sich. Das Werden liegt nur im Sichverstehen der Erscheinung, darin aber auch absolut, und darum nicht in etwas Anderem. Dies absolute Werden ist eben nichts Anderes, als dieses Sicherscheinen. Es mag dem dogmatischen Hange des Menschen schwer werden, diese genetische Form durchaus nur als Form der Erscheinung zu denken: gleichwohl beruht die rechte Erkenntniß des transzendentalen Idealismus auf dieser Einsicht, und keiner kommt hinein, dem das nicht klar geworden. Das Werden ist die nothwendige Form des Sicherscheinens, und liegt nur darin." (SW IX 447)

Wird die Differenz von Sein und Erscheinungs-, Wissens- oder Begriffsform nicht beachtet, wird das absolute Sein mit der Konkreszenz seines Gehaltes und der Form seiner Erscheinung identifiziert. Das so identifizierte Absolute kann nicht mehr von dem Werden einer Mannigfaltigkeit von Wissensformen unterschieden werden. Es wäre selbst einem Werden und Wandel unterworfen und widerspräche damit dem Begriff des Absoluten (vgl. SW IX 447. 173 = Tr.Log. S.65). Umgekehrt gestattet eben der transzendentalphilosophische Grundzug des Idealismus der WL, das Absolute angemessen zu denken, indem er die Identifizierung von Begriffsform und Absolutem verhindert. Da Fichte andererseits die Mannigfaltigkeit von Formen des Begreifens als notwendig aus dem Begriff des absoluten Wissens ableiten zu können beansprucht, sind Werden, Wandel und Mannigfaltigkeit keineswegs bloßer Schein, sondern notwendige Formen der Erscheinung des Absoluten im Wissen. In diesem Zusammenhang kann Fichte sich die spinozistische Formel ἓν καὶ πᾶν zu eigen machen (vgl. SW X 331. 336f): Eines *ist*: das Absolute. Alles andere ist ein und dasselbe in der Form des Wissens: die Erscheinung des Absoluten. Diese entläßt aus sich notwendig, nämlich ihrem Begriff entsprechend, eine gegliederte Totalität: das πᾶν. Das alles ist nichts anderes als das Eine: Erscheinung des Absoluten. Die transzendentale Differenz von Sein und Erscheinung wiederum verhindert, daß das Eine an sich selbst mannigfaltig ist: Der Begriff des Absoluten wird gehalten.

Fichtes Lösungen des Erkenntnisproblems wie des Problems des Absoluten erweisen sich als strukturell identisch: Mannigfaltigkeit wird auf Einheit zurückgeführt und dann wieder aus dieser Einheit abgeleitet. Der Einheitspunkt ist in beiden Fällen die absolute Erscheinung, das absolute Wissen.

Darin dürfte Fichtes Wahrheitsanspruch gegenüber aller nicht-transzenden-tal-idealistischen Philosophie ihren letzten Anhalt haben: im Begriff der Er-scheinung des Absoluten einen Einheitspunkt zu besitzen, der das Absolute in seiner Absolutheit unberührt läßt und aus dem sich alles andere - von der Vorstellung an sich seiender empirischer Realität, der Sinnenwelt, bis hin zur transzendental-idealistischen Philosophie, der WL selbst - als Im-plikationen dieses Begriffs der absoluten Erscheinung ableiten läßt, nämlich als Bedingungen der Möglichkeit, daß das Absolute als solches erscheint.

An dieser Stelle schlägt auch der systematische Überbietungsanspruch ge-genüber Kant durch: Kant besitzt nach Fichtes Interpretation keinen sol-chen absoluten Einheitspunkt. Höchstes Prinzip seiner Philosophie sei die Sittlichkeit. In der Sittlichkeit müsse die Freiheit als "das wahre, erste und ursprüngliche Sein" vorausgesetzt werden (SW XI 34). Unerklärlich bleibe dabei aber, woher denn "das von der Freiheit ganz verschiedene und ihr durchaus entgegengesetzte Element der Gesetzmäßigkeit, des Soll" komme (SW XI 34). Das Soll und die Freiheit bedingen einander als ratio cognos-cendi und ratio essendi.[31] Gerade deshalb kann in ihnen nicht das Absolu-te gesucht werden. Das Soll ist vielmehr schon die Gestalt, in der das Abso-lute im Gegenüber zur Freiheit erscheint. Kant bleibt bei einer Dualität ste-hen, ohne sie auf eine ihr zugrundeliegende Einheit zurückführen zu kön-nen. Eine Philosophie, deren höchstes Prinzip die Sittlichkeit sei, sei des-halb noch nicht zu Ende gekommen (vgl. SW XI 4f). Dazu bedarf es eben einer "Erscheinungslehre" des Absoluten (SW IX 564), einer transzendental-philosophischen Theorie des Wissens: WL, die als solche zugleich Theorie des Absoluten: Gotteslehre ist (vgl. SW XI 25. 30).

In der Fichte-Forschung ist der Zusammenhang von Gotteslehre und transzendentalem Idealismus verschiedentlich im Sinne einer Alternative aus-gelegt worden, gekoppelt mit der Vorstellung verschiedener, wie auch im-mer im einzelnen datierbarer und zählbarer, Perioden in Fichtes philoso-phischer Entwicklung. Der Forschungsgeschichte zu Problem und Frage möglicher Periodisierungen in Fichtes Philosophie kann hier nicht nachge-gangen werden.[32] In unserem gegenwärtigen Zusammenhang ist lediglich

---

[31] Vgl. Kant, KpV A 5, Werke VII S.108.

[32] Vgl. dazu F.A. Schmid, Die Philosophie Fichtes mit Rücksicht auf die Frage nach der 'veränderten Lehre', I.-Diss., Freiburg i.B. 1904; G. Gurwitsch, Fichtes System der konkreten Ethik, Tübingen 1924, S.1-4; Drechsler, Lehre vom Bild [Anm. 7], S.31-37;

diejenige forschungsgeschichtliche Position von Belang, die die Theorie des
Absoluten als unvereinbar mit dem transzendentalphilosophischen Programm ansieht und folglich mit mindestens zwei, einander nicht kompa-
tiblen, sachlich heterogenen Perioden rechnet: Der transzendentalphilosophischen Phase folge dann die Spätphilosophie, in der der eigentliche transzendentale Ansatz zugunsten einer Absolutheitsspekulation aufgegeben sei;
die Spätphilosophie stelle einen Rückfall zu einem erneuten Dogmatismus
dar.[33]

Eine Alternative zwischen Transzendentalphilosophie, WL, und Theorie
des Absoluten, Gotteslehre, erscheint in Fichtes Perspektive allerdings insofern als unsinnig, als für Fichte gerade um der Absolutheit des Absoluten,
also einer angemessenen Theorie des Absoluten willen, diese Theorie notwendig transzendentaler Idealismus sein müsse. Umgekehrt ist für das Gelingen des transzendentalen Idealismus von grundlegender Bedeutung, daß
das Wissen selbst auf seinem Grunde nichts ist als Dasein, Erscheinung des
Absoluten bzw. absolute Erscheinung. Für Fichte also gilt: Theorie des Absoluten ist angemessen nur als transzendentaler Idealismus, transzendentaler
Idealismus angemessen nur als Theorie des Absoluten durchführbar.

M. Brüggen, Fichtes Wissenschaftslehre. Das System in den seit 1801/02 entstandenen
Fassungen, Hamburg 1979, S.1-5. - Strittig ist in der Forschung zum einen die Zahl der
zu unterscheidenden Perioden (zwei oder drei, womöglich sogar vier) und die chrono-
logische Ansetzung der jeweiligen Umbrüche zwischen den einzelnen Perioden, zum
andern vor allem, wie der Sachverhalt von Perioden zu beurteilen sei: ob als heteroge-
ne Neuansätze oder als Stufen einer in sich homogenen Entwicklung.

[33] Die These vom Rückfall der Spätphilosophie Fichtes in einen transzendenten Dogmatismus hat insbesondere Schmid, Philosophie Fichtes [Anm. 32] vertreten. Jüngst hat P.
Rohs (Johann Gottlieb Fichte, München 1991, S.149-156, bes. S.151f) eine modifizierte
Fassung dieser These vorgetragen, wonach sich der Überbietungswettkampf um den
angemessenen Begriff des Absoluten zwischen Schelling, Hegel und Fichte auf dessen
Spätphilosophie in nachteiliger, nämlich die genuin kantisch-transzendentalphilosophi-
schen Fragestellungen verdeckender Weise ausgewirkt habe. Dagegen ist mindestens zu
sagen: Selbst wenn die Theorie des Absoluten in der Spätphilosophie Fichtes von
außen, also durch Schellings oder Hegels Absolutheitsspekulation, verursacht sein sollte, so zeigt doch die Kant-Kritik Fichtes von 1812 (vgl. SW XI 4f u. 34), daß Fichte seine Theorie des Absoluten - mindestens nachträglich - als Lösung ungelöster kantischer
Probleme explizieren kann. Dann ist aber auch nicht ausgeschlossen, daß sich Fichtes
Theorie des Absoluten überhaupt dem Zuendedenken genuin kantisch-transzendental-
philosophischer Fragestellungen verdankt. Den Verdacht, seine Theorie des Absoluten
verdanke sich der Verursachung von außen, nämlich insbesondere durch Schelling, hat
sich Fichte im übrigen schon zu seinen Lebzeiten zugezogen: Vgl. die Äußerungen August Twestens in FiG, Bd. 4, S.307. 312. 318.

Der gegen diesen Zusammenhang erhobene Dogmatismusvorwurf gegen Fichtes Spätphilosophie ist veranlaßt dadurch, daß Fichte selbst in seiner Theorie des Absoluten Gott als das absolute Sein denkt. Da die Kritik am dogmatistischen (realistischen) Begriff des Sein-an-sichs gerade konstitutiv für den transzendentalen Idealismus der WL ist, scheint die Gotteslehre diesem Konstitutivum zuwiderzulaufen. Die Theorie des Absoluten widerspricht scheinbar dem transzendental-idealistischen Gesamtkonzept. Scheinbar ist dieser Widerspruch aber insofern, als Fichtes Reflexion auf die Bedingungen der Möglichkeit des *Begriffs* des absoluten Seins zu dem Ergebnis führt, daß auch die Aussage eines absoluten Seins nur innerhalb der Einheit der begrifflichen Vermittlung des Wissens sich vollziehe. In einer genetischen Theorie des Gottesbegriffs holt die WL ihren eigenen Ausgangspunkt beim absoluten Sein ein. Das Wissen bleibt so auch in Fichtes Theorie des Absoluten das Höchste, von dem gewußt werden könne. Der Dogmatismusvorwurf beruht auf dem Mißverständnis, das absolute Sein sei der konstituierende Zentralbegriff der späten WL Fichtes. Dieser konstituierende Zentralbegriff und Einheitspunkt aber ist die absolute Erscheinung, die Vernunft, das absolute Wissen. Für dieses Mißverständnis ist Fichte freilich selbst mitverantwortlich: Seine Fassungen der WL von 1810 und 1812 setzen, nach einer knappen Exposition eines Begriffs der WL, unvermittelt ein mit dem absoluten Sein (vgl. SW II 696; SW X 326ff), um dann erst den Begriff der Erscheinung, des absoluten Wissens zu gewinnen. Nur die unvollendete WL von 1813 nimmt ihren Ausgangspunkt von vornherein bei jener Einheit des absoluten Wissens selbst, die konstitutiv für das Begreifen des Absoluten ist und die in sich die unterscheidbaren Momente des Sicherschlossenseins des Erschlossenseins des Absoluten in seiner Erschlossenheit enthält (vgl. SW X 4ff, bes. 7f).

Das Sichselbsterschlossensein des absoluten Wissens ist der Disjunktionspunkt, aus dem sich innerhalb der Einheit des Wissens auf dem Wege einer erneuten Reflexion auf die in ihr liegenden Implikate diejenige gegliederte (also: in sich selbst mannigfaltige) Totalität des Wissens ergibt, die das gesamte Gebiet des materialen Wissens ausmacht. Für dieses materiale Wissen ist die Unterscheidung in das Bewußtsein und seinen Gegenstand (vgl. SW X 347-349) sowie die Ausdifferenzierung in einzelne Segmente des Wissens konstitutiv: Das Wissen konkretisiert sich als sinnliches, rechtliches, sittliches, religiöses und philosophisch-wissenschaftliches Bewußtsein und

den diesem Bewußtsein jeweils entsprechenden Gegenstandsbereichen Natur, Recht, Sittengesetz, Gott und das Wissen in seiner Ganzheit und Einheit (vgl. SW II 686f; SW X 489-491; SW IX 570-573). Da nun die WL das
Wissen des Wissens in seiner Gesamtheit ist, hat sie nicht nur die Ganzheit
und Einheit des Wissens als solche, sondern zugleich auch das gesamte materiale Wissen zu ihrem Gegenstand. Sie bildet m.a.W. ein System einzelner
philosophischer Teildisziplinen aus, in denen das ganze materiale Wissen
thematisch wird. Dazu gehört folglich neben Natur-, Rechts- und Sittenlehre auch die Religionslehre als die vierte Disziplin eines Systems der Wissenschaften (vgl. SW XI 8). Religion macht offensichtlich einen der konstitutiven Gegenstandsbereiche transzendentalphilosophischer Erkenntnis der WL
aus. Innerhalb der unterschiedlichen Gestalten materialen Wissens nimmt
die Religion dabei insofern eine besondere Stellung ein, als in ihr genau
diejenige inhaltliche Bestimmtheit gegenständlich erschlossen ist, die dem
unmittelbaren Selbstverständnis des absoluten Wissens selbst entspricht:
Gott oder das Absolute. Der Religionslehre kommt entsprechend in Fichtes
transzendentalem System der Wissenschaften die Position der obersten Disziplin zu, die über sich nur noch die WL selbst hat (vgl. SW XI 8).

Nun kommt das materiale Wissen mit seinen unterschiedlichen Gestalten
und Segmenten - und folglich auch die Religion - nur unter einer ganz bestimmten Perspektive in den Blick der transzendentalphilosophischen Erkenntnis der WL. Diese Perspektive wird bestimmt durch die beiden Fun-
damentalprobleme, die Fichte mit seiner WL zu lösen beansprucht: das Er-
kenntnis- und das Absolutheitsproblem. Konstitutiv für die unterschiedlichen Gestalten des materialen Wissens (also z.B. die Religion) ist die Beziehung des Bewußtseins auf einen von ihm selbst unterschiedenen und selbständigen Gegenstand und die jeweilige Bestimmtheit so des Gegenstandes
wie des von ihm bestimmten Bewußtseins. Gegenstand wird das materiale
Wissen in der WL dergestalt, daß sie es nach diesen für es konstitutiven allgemeinen Strukturen erkenntnistheoretisch durchdringt. Sie zeigt die Bedingung der Möglichkeit des formalen Gegenstandsbezuges überhaupt wie des
jeweils inhaltlich bestimmten Erschlossenseins des Gegenstandes auf und liefert eine genetische Theorie des faktischen materialen Wissens, ohne dabei
zur Erklärung des gegebenen materialen Wissens auf die selbstwidersprüchlichen Annahmen eines metaphysischen Realismus zurückgreifen zu müssen.
Dies leistet sie zum einen, indem sie den für das Bewußtsein konstitutiven

Bezug auf einen Gegenstand überhaupt, die Gegenständlichkeit, aus der Einheit des Wissens selbst einsichtig macht und begründet; zum anderen, indem sie den Bezug auf gerade *diesen* bestimmten Gegenstand, die Gegenstandsbestimmung, als notwendiges Implikat des Selbstverständnisses des absoluten Wissens, der Vernunft, ableitet. Damit erbringt die WL zugleich eine Begründungsleistung der im Gegenstandsbezug erschlossenen jeweiligen inhaltlichen Bestimmtheit des materialen Wissens.

Die Religion wird also in der WL Gegenstand hinsichtlich der allgemeinen Strukturen des Gegenstandsbezuges des religiösen Bewußtseins und der Gegenstandsbestimmung des Bewußten, Gottes. Und beides wird in der transzendentalen Theorie der WL so thematisch, daß die Genese aus der sich selbst erschlossenen Erschlossenheit des Absoluten (der sich selbst verstehenden Vernunft) begriffen wird. Das bedeutet: Gegenstand der transzendentalen Theorie der Religion ist im strengen Sinne nicht die Religion, sondern deren Begriff. Begriff meint dabei beides: die Erfassung von Umfang und Gehalt der Religion als einer bestimmten Gestalt materialen Wissens, also Begriff im Sinne von Definition, *einschließlich* seiner kritisch-vernünftigen Begründung, Begriff im Sinne eines genetischen Begreifens. Erst der Begriff in diesem umfassenden Sinne macht den Gegenstand einer *transzendentalen Theorie* von Religion aus.

Entgegen der wissenschaftssystematischen Programmatik, derzufolge die Religionstheorie konstitutives Element und höchste Teildisziplin einer sich zum System der Wissenschaften ausbildenden WL ist, fallen nun die tatsächlichen Ausführungen zur Religionsthematik in Fichtes Spätphilosophie quantitativ eher dürftig aus. Als eigene wissenschaftliche Disziplin hat Fichte die Religionslehre oder -philosophie niemals wirklich durchgeführt.[34] Blendet man zudem alle Zusammenhänge aus, in denen einzelne religionsgeschichtliche Phänomene - wie die Religion der Antike einschließlich des Judentums (vgl. SW IV 497ff), das Christentum (vgl. SW IV 521ff) oder der Islam (vgl. SW XI 75) - thematisch werden, lassen sich die Stellen sogar bequem zählen, an denen von 'Religion' bzw. 'Religiosität' innerhalb der Schriften der Spätphilosophie überhaupt die Rede ist (vgl. SW II 686; SW XI 161-164. 171; SW IX 398 = Tr.Log. S.258; SW IX 502). Immerhin läßt

---

[34] Dies gilt ebenso für die Naturlehre. Durchgeführt hingegen hat Fichte die Rechtslehre (vgl. SW X 493-652) und die Sittenlehre (vgl. SW XI 1-118).

sich diesen Belegstellen für Fichtes Verständnis von Religion zweierlei entnehmen: Religion hat es erstens mit der Idee oder dem Begriff des Übersinnlichen oder Gottes als des eigentlich Übersinnlichen als dem Gegenstand des religiösen Bewußtseins zu tun; und Religion ist zweitens handelnd an der Verwirklichung von 'Übersinnlichem' in der sinnlich-empirischen Wirklichkeit beteiligt. Repräsentativ für dieses Religionsverständnis ist die folgende Formulierung Fichtes:

> "Ein von dieser Erscheinung [nämlich: der Idee Gottes als des Grundes der übersinnlichen Welt] besessenes, und durch sie im Thun getriebenes Gemüth heißt ein religiöses Gemüth, und diese ganze Erscheinung heißt Religion." (SW XI 161)

Die quantitative Dürftigkeit der Aussagen zur Religionsthematik täuscht leicht darüber hinweg, daß Fichtes Spätphilosophie sehr wohl die in sich geschlossene Entfaltung eines Begriffs von Religion enthält. Daß Fichtes Aussagen zur Religion in der Tat Ausdruck eines kritisch-konstruktiven Begriffs von Religion sind, sie sich also im Rahmen einer transzendentalen Theorie von Religion bewegen, bleibt freilich verborgen, solange man es bei der Exegese der einzelnen Textbelege beläßt. Erforderlich ist vielmehr erstens deren Gewichtung nach ihrer jeweiligen Beschaffenheit und zweitens die Rekonstruktion ihres jeweiligen konzeptionellen Rahmens. Beides hängt miteinander zusammen: Die qualitative Gewichtung der Einzelaussagen bemißt sich danach, inwieweit ihr konzeptioneller Rahmen die Durchsicht auf die den Aussagen zugrundeliegenden Begründungszusammenhänge gestattet. Wo diese Durchsicht möglich wird, erhalten die Aussagen systematischen Charakter; wo nicht, sind sie nichts weiter als bruta facta, die als solche nur nacherzählt werden können.

Sichtet man unter diesem Aspekt noch einmal die einzelnen Textbelege, so kommt für die Rekonstruktion des Begriffs von Religion nur die Erörterung im Rahmen der "Thatsachen des Bewusstseyns" von 1810/11 in Frage (vgl. SW II 686).[35] In den Vorlesungen über die "Thatsachen des Bewusst-

---

[35] Systematischen Charakter in dem oben angegebenen Sinne tragen außerdem noch die Ausführungen in den "Fünf Vorlesungen über die Bestimmung des Gelehrten" von 1811 (vgl. SW XI 161-164). Diese Ausführungen gelten aber nicht primär der Entfaltung eines Begriffs von Religion, sondern der Frage nach der Bedeutung der gelehrtwissenschaftlichen Bildung für die Genese des Gottesbewußtseins. Sie gehören in den Kontext der geschichtsphilosophischen Fragestellung nach den kulturellen Bedingungen der Verwirklichung des Religionsbegriffs. S.u. S.205f.

seyns" von 1810/11 liegt der innerhalb der Spätphilosophie einmalige Fall
vor, daß Fichte im Zuge eines einheitlich konzipierten Erörterungszusam-
menhanges den Begriff von Religion entwickelt, indem er das Phänomen
begründet, den Begriff also als Einheit von Religionsbestimmung und -
begründung durchführt.[36] Diese Vorlesungen ziehen wir also zunächst für
die materiale Interpretation des Religionsbegriffs heran. (II.)

Die "Thatsachen des Bewusstseyns" sind von Fichte selbst als Vorbereitung auf das Kernstück seiner Philosophie, die WL, konzipiert. So führen
sie in sich selbst über sich selbst hinaus zu der Theorie des Absoluten und
seiner Erscheinung, die Fichte in seiner WL entfaltet und in der auch der
Begriff der Religion erst seine eigentliche Begründung und die transzendentale Theorie der Religion ihren Abschluß erhält. (III.) - Eine Zusammenfassung beschließt den ersten Teil unserer Untersuchung. (IV.)

---

[36] Völlig unberücksichtigt bleibt hier zunächst der Schluß der WL von 1812 (vgl. SW X
491), wo Fichte vom "Begriff *Gottes*" in der Bedeutung von 'Religion' spricht. Daß hier
die Religion gemeint ist, läßt sich nur aus dem Zusammenhang des bereits rekonstruierten Begriffs von Religion und der Einsicht in die systematische Bedeutung der Fünffachheit in der WL 1812 einsichtig machen.

II. Begründung und Begriff von Religion in den "Thatsachen des Bewusstseyns" von 1810/11

a) Das Programm einer transzendentalen Phänomenologie des religiösen Bewußtseins

Religion liegt zunächst, für Fichte wie für seinen Interpreten, vor als empirisches Faktum in Gestalt religiös bestimmten Bewußtseins. Ein solches material bestimmtes Bewußtsein läßt sich hinsichtlich seiner Inhalte, seiner Akte und seines impliziten oder expliziten Selbst- und Weltverständnisses beschreiben. Eine solche Beschreibung, nicht nur des religiösen, sondern des gesamten materialen Bewußtseins versucht Fichte in seinen Vorlesungen über die "Thatsachen des Bewusstseyns" zu leisten.[37] Sie liefern eine "historische Uebersicht des gegebenen faktischen Wissens" (SW IX 404).[38] Historisch bezeichnet dabei, vermutlich in Anlehnung an den griechischen Wortsinn, einen lediglich berichtenden Modus der Darstellung und ist Gegenbegriff zu einer wissenschaftlich-philosophischen Darstellung, die

---

[37] Diese Vorlesungen gehörten zum festen Bestandteil von Fichtes Lehrprogramm an der Universität in Berlin. In den Jahren 1810 bis 1813 hat Fichte insgesamt fünfmal über 'Tatsachen des Bewußtseyns' gelesen: 1810/11 (begonnen am 21.10.1810); 1811 (begonnen am 22.4.1811); 1811 (vom 21.10. bis 20.12.1811); 1813 (vom 4.1 bis 4.2.1813) und 1813 (vom 21.10. bis 20.12.1813); zu den Angaben vgl. E. Heller, Die Theorie der Interpersonalität im Spätwerk J.G. Fichtes - dargestellt in den "Thatsachen des Bewusstseyns" von 1810/11. Eine kritische Analyse, I.-Diss. München 1974, S.75. Veröffentlicht sind bislang lediglich die Vorlesung von 1810/11 (vgl. SW II 535-691) und die erste Vorlesung aus dem Jahre 1813 (vgl. SW IX 401-574). Die Vorlesung von 1810/11 ist noch von Fichte selbst zur Veröffentlichung vorbereitet und posthum bereits 1817 publiziert worden. - Zu Funktion und Bedeutung der 'Tatsachen'-Vorlesungen vgl. J. Widmann, Johann Gottlieb Fichte. Einführung in seine Philosophie, Berlin / New York 1982, S.43-45.

[38] Zur Interpretation des Programms der "Thatsachen"-Vorlesung von 1810/11 greifen wir auch auf die programmatischen Aussagen zu Beginn der Vorlesung von 1813 zurück (vgl. SW IX 403-407). Das ist deshalb statthaft, weil die Vorlesung von 1810/11 exakt diesem Programm entspricht. Hingegen sind gerade für die Vorlesung von 1813 das dort entworfene Programm und seine tatsächliche Durchführung nicht problemlos zur Deckung zu bringen.

an der genetischen Einsicht in den Grund der Notwendigkeit der Bestimmungen des Bewußtseins orientiert ist (vgl. SW IX 404).

> "Das Wesen aller Wissenschaft besteht darin, dass von irgend einem sinnlich Wahrgenommenen durch Denken zum übersinnlichen Grunde desselben aufgestiegen werde. Eben also verhält es sich mit der Philosophie. Sie geht aus von der Wahrnehmung des Wissens durch den inneren Sinn, und steigt auf zu dem Grunde desselben. In diesen Vorlesungen haben wir es mit dem ersten Stücke dieser Wissenschaft, mit dem Phänomene zu thun [...]." (SW II 541)

Die "Thatsachen"-Vorlesungen sollen das Wissen vollständig und aufmerksam beschreiben (vgl. SW IX 403). In dieser Beschreibung sichten und sichern sie das Phänomen, das dann in der WL Gegenstand eines genetischen Verstehens wird. Damit erfahren diese Vorlesungen unter *funktionalem* Aspekt eine doppelte Bestimmung: Zum einen fungieren sie innerhalb von Fichtes universitärem Lehrprogramm als "Einleitung und Vorbereitung auf die Wissenschaft selbst" (SW IX 405, Sperrung beseitigt); sie haben propädeutischen Charakter. Zum anderen dienen sie zugleich als materiale Entlastung der WL. Denn indem sie die Bestimmungen des Bewußtseins in ihren jeweiligen Eigentümlichkeiten bereits erfaßt haben, kann sich die WL in ungeteilter Aufmerksamkeit und unbeeinträchtigter Konzentration ihrer eigenen Aufgabe zuwenden, den genetischen Zusammenhang nachzuweisen, in dem die verschiedenen Bestimmungen des Bewußtseins stehen (vgl. SW IX 407).

Das Fehlen der Einsicht in den genetischen Zusammenhang der materialen Bestimmungen des Bewußtseins charakterisiert die "Thatsachen"-Vorlesungen hinsichtlich ihres *wissenschaftlichen* und *methodischen* Status. Insofern sie das Bewußtsein in seiner Faktizität voraussetzen und es lediglich beschreiben, sind sie "durchaus nicht *wissenschaftlich*, in der eigentlichen Bedeutung, sondern bloß empirisch" (SW IX 404). Sie verfahren so, daß sie das Phänomen "systematisch beobachten" (SW II 541). Im Beobachten liegt ihre Beschränkung als lediglich empirisches Verfahren. Der Modus *systematischer* Beobachtung freilich verlangt ein systematisierendes und organisierendes Prinzip. Als solches fungiert in den "Thatsachen des Bewusstseyns" von 1810/11 die transzendentale Fragestellung nach den Bedingungen der Möglichkeit des material bestimmten Bewußtseins. Insofern das faktische Bewußtsein das Phänomen empirischer Beobachtung und die Logik dieser Beobachtung durch die transzendentale Fragestellung bestimmt wird, kann man die "Thatsachen"-Vorlesungen insgesamt als transzendentale Phänomenologie verstehen.[39] Phänomenologie kennzeichnet ein methodisches Vorgehen, das die Phänomene des Bewußtseins in ihrer Gegebenheit sichtet, beobachtet und beschreibt; transzendental bezeichnet ein erkenntnisleitendes Prinzip, das die Phänomene daraufhin befragt, was erfüllt sein muß, damit sie für das Bewußtsein so erscheinen können, wie sie für das Bewußtsein sind.

Die Struktur der "Thatsachen des Bewusstseyns" von 1810/11 ist bestimmt durch die Kombination von analytischen und synthetischen Verfahrensschritten: Ein material bestimmtes Bewußtsein wird in den Blick genommen und einer Analyse seiner Teilmomente und impliziten Möglichkeitsbedingungen unterzogen; ein zweites material bestimmtes Bewußtsein wird herangezogen und mit dem ersten Bewußtsein synthetisiert; das ist deshalb möglich, weil sich mindestens eines der zuvor analysierten Bedingungsmomente als konstitutiv für das neuhinzugezogene Bewußtsein erweisen läßt; dieses Bewußtsein wird nun wiederum analysiert, um mit einem weiteren synthetisiert zu werden etc.. Auf diesem Wege ergibt sich die Einsicht in ein *Konstitutionsgefüge* der verschiedenen Bestimmungen des Bewußtseins: Für eine Bewußtseinstatsache A läßt sich eine Möglichkeitsbedingung angeben, die in einer Bewußtseinstatsache B realisiert ist. Die Bewußtseinstatsache B ist so die ratio essendi der Bewußtseinstatsache A, diese die ratio cognoscendi für jene. Das so aufgedeckte Verhältnis ist das wechselseitiger Begründung und reziproker Implikation. Ermöglicht wird diese Einsicht eben durch die transzendentale Fragestellung. Sie eröffnet den Durchblick auf einen Zusammenhang der Bewußtseinsbestimmungen, der für das jeweilige Bewußtsein selbst nicht erkennbar ist, sondern erst aufgedeckt werden muß durch "ein künstlich anzustellendes Experiment" (SW II 542) unter Anleitung des Transzendentalphilosophen (vgl. SW II 541f). In diesem transzendentalen Gedankenexperiment wird der Zusammenhang aber nicht erst produziert, sondern lediglich sichtbar gemacht. Die transzendentale Reflexion deckt die organische Einheit der Bewußtseinsbestimmungen selbst auf. Das faktische Wissen, die Tatsachen des Bewußt-

---

[39] Vgl. Heller, Interpersonalität [Anm. 37], S.76. Gegenbegriff zur transzendentalen Phänomenologie wäre die genetische Gnoseologie. Fichtes Sprachgebrauch ist im übrigen anders: Er bezeichnet die WL selbst als "Erscheinungslehre", also Phänomenologie, im Gegenüber zur "Seinslehre" (SW IX 564).

seins in ihrer Gesamtheit erweisen sich so selbst als organische Einheit, als ein *Leben* (vgl. SW II 688f; SW IX 410). Die transzendentale Phänomenologie des Bewußtseins sei deshalb "gleichsam eine Naturgeschichte der Entwickelung dieses Lebens" (SW II 689).

In dem Bemühen, die organische Einheit des Bewußtseins selbst aufzuzeigen, artikuliert sich das Vernunftinteresse nach Einheit von Phänomen und Begriff, Leben und Reflexion, aber auch nach Einheit als Widerspruchslosigkeit der einzelnen Bestimmungen des Bewußtseins. Das organische Verstehen der einzelnen Bewußtseinstatsachen verhindert nämlich zugleich deren Fixierung zur undurchdringlichen Faktizität: Was für das jeweilige Bewußtsein selbst als seine Bestimmung absolute Tatsache ist, wird einsichtig als Moment eines Bedingungsgeflechtes. Insofern muß man auch in den "Thatsachen"-Vorlesungen von einem genetischen Zusammenhang sprechen; er bleibt aber hypothetisch, weil immer die Evidenz des faktischen (sinnlichen oder sittlichen oder religiösen) Bewußtseins vorausgesetzt wird. Auf der Ebene des Bewußtseins selbst produzieren die Tatsachen aufgrund ihrer Absolutheit untereinander Widersprüche. Sie schließen einander aus: Das sinnliche Bewußtsein läßt keinen Raum für Freiheitsbewußtsein; alles ist durch die Sinnenwelt als absoluter Tatsache bestimmt. Freiheit als absolute Tatsache negiert das Bewußtsein sittlicher Verpflichtung. Die sittliche Selbstbeschränkung der Freiheit widerspricht der Religion, dem Phänomen eines in seinem Bewußtsein und Handeln Bestimmtseins durch den Gottesgedanken[40]; Autonomie und Theonomie sind antinomisch. Das Leben scheint einander widersprechende Phänomene hervorzubringen. Mit dem Aufweis des Konstitutionsgefüges der Phänomene wird der Schein beseitigt, das Bewußtsein als organische Einheit sichtbar gemacht und auf diesem Wege letztlich die Vernünftigkeit, Widerspruchslosigkeit, des Lebens wie seiner Phänomene aufgedeckt.

Dasjenige Phänomen, an dem innerhalb der Analyse- und Syntheseschritte der "Thatsachen"-Vorlesung von 1810/11 die Religion begründbar ist, ist die Sittlichkeit. Aus der Phänomenologie des sittlichen Welt- und Selbstverständnisses (Abschnitt b) läßt sich in einer transzendentalen Reflexion auf die Bedingung der Möglichkeit sittlichen Bewußtseins die spezifische Beson-

---

[40] S. auch u. S.50 und Anm. 54.

derheit des religiösen Bewußtseins als Realisation dieser Bedingung des sittlichen Bewußtseins einsichtig machen (Abschnitt c).

b) Die Sittlichkeit als terminus a quo der Religionsbegründung

1. Der vorsittliche Einheitsbegriff: Absolute Freiheit des Lebens. Fichtes Phäno-menologie der Sittlichkeit (vgl. SW II 657-679) setzt den Einheitsbegriff der zuvor bereits verhandelten Tatsachen des Bewußtseins voraus. Dies sind im wesentlichen Sinnenwelt oder Natur (vgl. vor allem SW II 615-628) und die Pluralität freier Individuen (vgl. SW II 600-615. 628-634). Einen Einheitsbe-griff beider Phänomene gewinnt Fichte darin, daß sie die Bedingungen für "ein Bewusstseyn des Lebens von [...] seiner Wirksamkeit" (SW II 643) sind (vgl. zum Ganzen SW II 634-656). Denn das Bewußtsein des Lebens von sei-ner Wirksamkeit setze erstens ein stehendes und unveränderliches Sein vor-aus, demgegenüber Wirkungen als solche überhaupt wahrnehmbar seien; dies ist für Fichte die Natur (vgl. SW II 644).[41] Das Bewußtsein des Lebens von seiner Wirksamkeit setze zweitens ein selbstbewußtes (reflexives) und freies Individuum voraus. Reflexivität ist nötig, damit das Individuum sich selbst als Grund von Begebenheiten innerhalb der Natur fassen und diese Begebenheiten damit als seine Wirkungen identifizieren kann (vgl. SW II 639. 646f). Natur und individuelles Selbstbewußtsein werden so von Fichte als bloße "Duplicität der Form" (SW II 653) des einen Lebens begriffen, die das Leben annehmen muß, um sich selbst in seiner Wirksamkeit anschauen zu können (vgl. SW II 655). Der Einheitsbegriff der Phänomene ist die Sichtbarkeit der "absolute[n] Freiheit und Selbstthätigkeit" des Lebens (SW II 656).

> "Was ist nun nach allem das bisher beschriebene Bewusstseyn? Ein Schau-spiel ist es von freier Thätigkeit und Kraftäusserung, bloss und lediglich, da-mit Kraft erscheine, und Freiheit als Freiheit sichtbar werde; welches Schau-spiel durchaus nichts weiter bedeutet, noch will, auch die in ihm erscheinen-de Freiheit nichts weiter will, als dass sie eben Freiheit sey." (SW II 655)

---

[41] Fichte leugnet damit nicht, daß es auch in der Natur Veränderung gibt, z.B. Wachstum und Entwicklung. Aber in allen Naturprozessen bleibt die Natur für Fichte die Sphäre des Unveränderlichen, weil alles in ihr nach unveränderlichen Gesetzen geschieht (vgl. SW II 644).

2. Der Einheitsbegriff des sittlichen Bewußtseins: Der sittliche Endzweck. Für das sittliche Bewußtsein ist die absolute Freiheit des Lebens nicht "um ihrer selbst willen", sondern "als Mittel und Instrument [...] des Sittengesetzes" da; das "Schauspiel der Freiheit" bekommt in der sittlichen Verpflichtung eine neue "Einheit, eine Bedeutung, ein Ziel"; das Leben wird zur "Anschaubarkeit des Sittengesetzes" (SW II 656), das Sittengesetz zum "Princip des Lebens" (SW II 657). Das Leben als absolute Freiheit büße damit seine Absolutheit ein.

> "Ist das Leben nicht um sein selbst willen da, so ist es auch nicht *durch* sich selbst da, d.h. es hat nicht in sich den Grund seines Daseyns, sondern es hat ihn in einem Andern [...]." (SW II 658)

Dieser Grund könne aber nicht "irgend ein Factum" sein, denn das Leben sei "selbst gedacht als Princip aller Facten", und zwar "als das alleinige Princip"; der Grund wird in der Sittlichkeit vielmehr verstanden als etwas, das nicht ist, sondern erst sein soll, also als Zweck, nämlich letztbegründender oder "Endzweck" (SW II 658).

> "Factisch, im Gebiete der Erscheinungen, *ist* er nicht, da *soll* er nur seyn und werden durch das Leben selbst. - Der Endzweck ist, wenn er ist, nur durch das Leben; wiederum, das Leben selbst in seinem eigenen Daseyn ist nur durch das Seyn des Endzwecks." (SW II 658)

Leben und Endzweck stehen also dergestalt in einem reziproken Implikationsverhältnis, daß das Leben die Bedingung der Realisierbarkeit des Endzwecks, der Endzweck der Grund der Realität des Lebens ist. Ungeklärt bleibt in Fichtes Ausführungen allerdings das Verhältnis von Sittengesetz und Endzweck. Fichte verwendet beide Begriffe in derselben Funktion als Bezeichnung für das vom sittlichen Bewußtsein aus gewonnene Prinzip des Lebens: Das Leben sei Anschaubarkeit des Sittengesetzes (vgl. SW II 656. 657) oder des Endzwecks (vgl. SW II 659). Man müßte aber fragen, ob nicht Sittengesetz und Endzweck dergestalt unterschieden werden müssen, daß das Sittengesetz die ratio cognoscendi des Endzwecks und dieser die ratio essendi des Sittengesetzes sei. Das Sittengesetz wäre dann zugleich das Mittel, der Endzweck das Ziel, das durch das Mittel realisiert werden soll.

Mit der Einsicht in die wechselseitige Implikation von Leben und sittlichem Endzweck gelingt es Fichte - entsprechend seinem Interesse, in der transzendentalen Phänomenologie die organische Einheit der Tatsachen des Bewußtseins hervortreten zu lassen -, zu zeigen, daß das sittliche Selbst- und Wirklichkeitsverständnis die Gesamtheit der vorsittlichen Phänomene impliziert. Das Leben läßt sich sowohl hinsichtlich seines Daß als auch seines Was, seines Daseins und Soseins, vom Begriff des sittlichen Endzwecks her begreiflich machen:

> "Wozu bedarf es der Endzweck, ein Leben ausser ihm zu erschaffen? [...] er bedarf etwas, *dessen* Endzweck er sey; er will realisirt werden, und bedarf dazu eines Werkzeugs; dieses, soviel wir bis jetzt sehen, giebt er sich selbst am Leben." (SW II 659)

Das *Dasein* des Lebens ist also notwendige formale Bedingung der Realisierbarkeit des Endzwecks. Dieselbe Notwendigkeit läßt sich aber auch für das *Sosein* des Lebens erweisen: Die Realisierbarkeit des Endzwecks setzt nicht ein irgendwie beschaffenes Leben voraus, sondern Leben, das sich seiner selbst als Wirksamkeit bewußt ist. Die Bedingungen dafür aber sind nach Fichte ja die Natur und das Selbstbewußtsein freier Individuen. Die Gesamtheit der vorsittlichen Phänomene läßt sich also in den sittlichen Einheitsbegriff des Endzwecks einholen (vgl. SW II 660f). Die beiden Formen des Lebens, Natur und individuelles Selbstbewußtsein, erhalten freilich in der Sittlichkeit eine ganz neue Bestimmung und erscheinen in einem ganz anderen Licht.

3. *Das sittliche Naturverständnis.* Für das sittliche Bewußtsein ist die Natur "absolut *zweckmässig*"; ihr Prinzip sei "schlechthin ein sittliches Princip", das sittliche Prinzip ein "absolutes Seyns- und bestimmendes Princip der Natur" (SW II 663). Das sittliche Prinzip bleibt allerdings in der Natur als solches verborgen. Denn die Natur sei zwar "Leben, Thätigkeit, und zwar absolute und schöpferische"[42], aber ohne Bewußtsein dieser Tätigkeit und "darum nicht frei im eigentlichen Sinne" (SW II 664). Die Natur werde also durch den Endzweck "unwiderstehlich bestimmt"; der Endzweck wirke "als Naturgesetz" (SW II 665). Die Natur unterliegt also einer "Heteronomie" (vgl. SW II 663), und zwar in dem doppelten Sinne, daß sie erstens überhaupt von einem Prinzip außerhalb ihrer selbst bestimmt wird und zweitens auf eine Weise bestimmt wird, die keinerlei Selbstverhältnis zu diesem Prinzip erlaubt.

Indem die Natur für das sittliche Bewußtsein ganz allgemein den Zweck hat, Mittel der Realisierbarkeit des Endzwecks zu sein, der Natur aber selbst die Möglichkeit zur Selbstbestimmung fehlt, kann der bestimmte und

---

[42] Vgl. aber Anm. 41.

besondere Zweck der Natur nur darin bestehen, solche individuellen Formen hervorzubringen, die der Selbstbestimmung fähig sind (vgl. SW II 663f). Damit erfüllt die Natur ihren Zweck:

> "Die Individuen also [...], zufolge ihrer sittlichen Bestimmungen, [...] sind das einzig Wahre und Wirkliche an der Natur, und mit ihrer Hervorbringung ist die allgemeine Natur geschlossen und zu Ende." (SW II 665)

4. *Das sittliche Selbstbewußtsein.* Anders als die Natur wird das freie Individuum durch den Endzweck nicht irresistent bestimmt. Der Endzweck wirkt nicht als ein Naturgesetz, sondern als Sittengesetz, als Gesetz an die Freiheit. Die Freiheit ist nicht bestimmt, aber bestimmbar durch den Endzweck. Bestimmbarkeit impliziert ein bewußtes Verhältnis des zu Bestimmenden zu sich selbst und zu dem Bestimmenden. Die Freiheit und das Gesetz, das sie bestimmen soll, müssen beide als solche für das Bewußtsein sichtbar sein. Beides zusammen ermöglicht ein Distanzierungs- und Freiheitsverhältnis zu dem bestimmenden sittlichen Prinzip, dem Endzweck. Die Bestimmung durch den Endzweck kann so zur *Selbstbestimmung* werden:

> "Kommt das sittliche Gesetz dazu, so entsteht eine Beschränkung jenes bestimmten Könnens, fürs Erste im blossen Begriff; es wird gedacht, dass die mögliche Freiheit des Handelns auf eine bestimmte engere Sphäre beschränkt werden solle. Zufolge dieses Begriffes soll nun das freie [...] Ich sich selbst beschränken durch freie That, und diese freie That soll als solche sichtbar seyn, denn das Gesetz, als bestimmend das Leben, soll sichtbar seyn." (SW II 670)

Selbstbestimmung impliziert notwendig als ihre ratio cognoscendi ein Moment der Fremdbestimmung. Sichtbar sei "die freie That nur an einem Widerstande" (SW II 670). Die der Selbstbestimmung widerständige Fremdbestimmung ist schon an der Bestimmung durch den naturgesetzlichen Zusammenhang gegeben, in dem das Individuum als leibliches Wesen (vgl. SW II 595-597) eingebunden ist. Der naturgesetzliche Zusammenhang bestimmt das Individuum auch in seinem realen Prinzipsein selbst, nämlich als "Trieb" bzw. "Naturtrieb" (SW II 670. 671). So ist die individuelle natürliche Freiheit *selbst* fremdbestimmt. Der Trieb als notwendiges Moment der Fremdbestimmung enthält zugleich einen Gegensatz zur Bestimmung durch den sittlichen Endzweck, damit die Selbstbestimmung als sittliche Bestimmbarkeit identifiziert werden kann. Der Trieb müsse "ein positiver Trieb, keinesweges blosse Indifferenz" sein, "zu handeln ohne sittliche Bestimmung" (SW II 670). Schließlich muß die so qualifizierte Fremdbestimmung auch noch bewußt sein, d.h. in das freie Selbstverhältnis des Individuums aufgenommen werden.

> "Zum Bewusstseyn erhoben, wird er [nämlich: der Trieb] erscheinen als ein natürliches, eben durch unser blosses sinnliches Daseyn uns gegebenes *Wollen* [...]." (SW II 671)

Gerade die Aufnahme in das Selbstbewußtsein ermöglicht die Distanzierung von dem Fremdbestimmenden und ist so Bedingung der Möglichkeit für die Bestimmbarkeit durch den sittlichen Endzweck. Die *Differenz* zwischen der fremdbestimmten Selbstbestimmbarkeit, dem natürlichen Wollen, und der Bestimmbarkeit durch den sittlichen Endzweck erscheint als ein Sollen. Der Endzweck wirkt als Gesetz an die Selbstbestimmbarkeit.

> "[...] darum erscheint das Gesetz [...] als ein Sollen, als ein das Wollen, als letzten Bestimmungsgrund, Negirendes. - Daher diese Form des Gesetzes, die darum auch *nur* für diesen Gegensatz gilt." (SW II 671)

Der *Übergang* von der Bestimmbarkeit zum tatsächlichen Bestimmtsein durch den sittlichen Endzweck muß einerseits ein Akt der Freiheit sein; die Freiheit kann sich nur selbst bestimmen. Andererseits ist die sittliche Bestimmung nicht das Produkt der individuellen Freiheit. Sie erfindet das Sittengesetz nicht, sondern entdeckt es. Die sittliche Einsicht mache eben "schlechthin sich selbst" und sei begleitet "von unmittelbarer Evidenz" (SW II 673). Die Freiheit des Individuums aber kann und muß die Bedingungen realisieren, unter denen diese Evidenz der sittlichen Bestimmung eintreten kann:

> "[...] das Bestimmte des sittlichen Bewusstseyns wird nicht durch die Freiheit des Denkens gemacht, sondern es macht sich schlechthin selbst. Die Freiheit thut dabei allerdings etwas, aber etwas Anderes: sie versetzt sich durch die Ertödtung des Triebes in die Bedingung, unter der es sich selbst machen kann." (SW II 673)

Durch dieses "Losreissen vom Naturgesetze, ohne sich noch bestimmt zu haben durch das Sittengesetz" (SW II 672), entstehe das "ausgeleerte Bewusstseyn" (SW II 673). In ihm schwebe die Freiheit zwischen dem natürlichen Wollen und sittlichen Sollen, zwischen Naturtrieb und sittlicher Bestimmung, von dem einen nicht mehr und dem anderen noch nicht bestimmt (vgl. SW II 680). Das Individuum bleibe in diesem Zustand immer noch frei gegenüber der sittlichen Bestimmung (vgl. SW II 672). Soll die Freiheit diese sittliche Bestimmung zu ihrer Selbstbestimmung machen, dann muß sich offensichtlich die durch die Negation des Naturtriebs hervorgetretene ebenso leere wie absolute Freiheit ihrerseits noch einmal negieren. Nur "durch die absolute Vernichtung und Aufhebung des Triebes sowohl, als der Freiheit" (SW II 674), und zwar durch die Freiheit selbst, sind die Bedingungen realisiert, unter denen die sittliche Bestimmung zur Einsicht für das Individuum werden kann. Der Akt der Selbstnegation bestehe dabei in dem "Entschluss, in aller Ewigkeit dem Sittengesetze [...] zu gehorchen" (SW II 674). Da aber die Freiheit nicht wirklich vernichtet werden könne, wird dieser Entschluß zur "fortdauernde[n] Vernichtung der doch immer möglich bleibenden realen Freiheit" (SW II 675). Mit der Vernichtung des Triebes und der Selbstvernichtung der Freiheit verliere dann auch der sittliche Endzweck die Gestalt eines sittlichen Gesetzes:

> "Nur dem Triebe gegenüber und für die Freiheit ist der Endzweck ein Sollen und ein Gebot; durchaus nicht für den Willen, denn dieser will ja nichts Anderes, denn ihn, und er selbst ist sein Wollen." (SW II 675)

Aus dem sittlichen Sollen wird ein sittliches Wollen. Der Endzweck wirke gar nicht mehr als Sittengesetz, sondern quasi wie ein Naturgesetz; denn die sittliche Bestimmung ist gewissermaßen zur (höheren) Natur des Individuums geworden: Es ist eben sittlich (vgl. SW II 675). Der Akt der Selbstidentifizierung mit der sittlichen Bestimmung bedeutet die Selbstaufhebung der Selbständigkeit und Absolutheit der Individualität:

> "Der Act der Erschaffung eines ewigen und heiligen Willens in sich ist der Act der Sicherschaffung des Individuums zur unmittelbaren Sichtbarkeit des Endzweckes, und so der sein eigenthümliches inneres Leben durchaus beschliessende Act. Von nun an lebt es selbst nicht mehr, sondern in ihm lebet, wie es eben seyn sollte, der Endzweck." (SW II 675)

Die Selbstaufhebung der Individualität bedeutet demnach offensichtlich dreierlei: erstens die Vernichtung der Individualität, nämlich in dem Sinne, daß das Individuum seine Identität nicht mehr in dem, was ihm von Natur aus zukommt, noch in der leeren und ziellosen Freiheit findet; zweitens die Emporhebung der individuellen zur sittlichen Identität, die darin ihre Würde, Bedeutung und Sinnhaftigkeit findet, dem sittlichen Endzweck entsprechen zu können; drittens die Bewahrung der individuellen Identität, die darin besteht, als Mittel und Werkzeug des sittlichen Endzwecks an dessen Sein zu partizipieren und so eine geradezu ewige Identität zu erhalten:

> "[...] die Individuen, durch das Seyn des Endzweckes schlechtweg, keinesweges durch irgend eine besondere Aeusserung desselben begründet, bleiben, bleiben dieselben; die individuelle Einheit geht hindurch durch die unendliche Reihe aller Welten: inwiefern nemlich diese Individuen in der *Wirklich-*

keit ihr Seyn durch den Endzweck bestimmt, d.h. den sittlichen Willen in sich erzeugt haben. Vermittelst dieses Willens, der das unmittelbare Seyn des Endzweckes in ihnen ist [...], überleben sie den Untergang aller Welten." (SW II 677)[43]

Die sittliche Identität wird von Fichte offensichtlich in großer Nähe zu einem religiösen Selbstverständnis beschrieben. Auffallend ist bereits die religiöse Färbung der sprachlichen Formulierung, wenn Fichte von einem "ewigen und heiligen Willen" redet (SW II 675); bei der Aussage, im sittlichen Individuum lebe nicht mehr es selbst, sondern in ihm lebe der sittliche Endzweck (vgl. SW II 675), ist der Anklang an Gal 2, 20 offenkundig: ζῶ δὲ οὐκέτι ἐγώ, ζῇ δὲ ἐν ἐμοὶ Χριστός. Diese Affinität der Sittlichkeit zur Religiosität ist kein Zufall. Sie wird verständlich in Fichtes Religionsbegründung, die er als transzendentale Reflexion auf die Möglichkeitsbedingung sittlichen Bewußtseins durchführt.

c) Sittlichkeit und Religion

1. Die Integration der Religion in das System der Bewußtseinstatsachen. Die Gesamtheit der Phänomene kann Fichte vom Begriff des sittlichen Endzwecks aus als Momente eines interdependenten Konstitutionsgefüges einsichtig machen: Das Leben in seinen beiden Formen, der Natur und dem individuellen Selbstbewußtsein, ist notwendige Bedingung der Realisierbar-

---

[43] Diese Begründung einer unzerstörbaren individuellen Identität durch die Partizipation am Sein des Endzwecks stellt eine Modifikation des Kantischen Unsterblichkeitspostulats dar (vgl. Kant, KpV 219-223, Werke VII S.252-254). Dessen Rezeption bei Fichte und die mannigfachen Veränderungen und Entwicklungen der Unsterblichkeits- bzw. Ewigkeitsthematik im Zusammenhang der Gesamtentwicklung der Philosophie Fichtes ist bisher noch nicht hinreichend untersucht worden. Vermutlich wirkt sich hier die weitgehende philosophische und systematisch-theologische Verlegenheit diesem Thema gegenüber lähmend auch auf die historiographische Beschäftigung mit ihm aus. Daß es sich hierbei um ein nicht unerhebliches Thema der Philosophie Fichtes handelt, zeigt bereits eine einfache Stellenübersicht, die ich hier, ohne Anspruch auf Vollständigkeit, in chronologischer Reihenfolge mit Angabe der Jahreszahlen der betreffenden Texte gebe: Versuch S.10f. 22. 77. 90. 96f. u.ö. (1792); SW V 41 (1793); GA IV/1, S.164ff (1795/96). 435ff (1797); GA II/4, S.324ff (1798/99); WL nova methodo S.6. 22 (1798/99); SW V 236ff (1799); SW II 281. 283. 288f. 292. 303. 319 (1800); WL 1804 S.90 = SW X 158 (1804); SW VII 120. 235. 241 (1804/05); Principien S.122 (1805); SW VI 389 (1805); Anweisung S.5ff. 39 = SW V 401ff. 428f (1806); SW VII 379 (1808); SW II 677 (1810/11); SW X 487 (1812); SW XI 56 (1812); SW IX 398 = Tr.Log. S.258 (1812).

keit des sittlichen Endzwecks; der Endzweck ist Grund der Realität des Lebens. Das Bewußtsein verbürgt als sittliches Bewußtsein selbst die Evidenz des Einheitsbegriffs eines sittlichen Endzwecks. Der transzendentalen Reflexion hingegen obliegt es, dessen einheitsstiftende Funktion als solche freizulegen. Diese Aufgabe erfüllt sie, indem sie den sittlichen Endzweck als Prinzip der vorsittlichen Phänomene ausweist, ihn also so auf diese Phänomene bezieht, daß an sie die Frage nach ihrem Prinzip angelegt wird. Diese Frage ließe sich nun auch an den vom sittlichen Bewußtsein aus gewonnenen Einheitsbegriff stellen:

> "[...] das Eine Leben der Freiheit ist im Grunde nichts Anderes, denn die Anschauungsform der Sittlichkeit. Es könnte seyn, dass wir auch bei diesem Sittengesetze wiederum zu fragen hätten: was ist denn dies, was soll es selbst, und woher hat es seinen Ursprung? und auch da wieder fänden: es ist auch nur Anschaubarkeit und Anschauungsform eines abermals höher liegenden Princips [...]." (SW II 656)

Diese hypothetische Infragestellung erhärtet Fichte im weiteren Verlauf seiner "Thatsachen"-Vorlesung zu der These, "das Princip des Sittengesetzes, oder des Endzwecks," sei die "Anschauung Gottes" und das Sittengesetz die "Aeusserung" dieser Anschauung (SW II 680).[44] Fichte zielt damit auf die Integration einer weiteren Tatsache in die Phänomenologie des Bewußtseins, nämlich der *Religion*. Mit ihr erst sei das "Leben des Wissens" vollendet und "sein höchster Gipfel" erreicht (SW II 686). Indem die Thematisierung der Anschauung *Gottes* als Prinzips des Sittengesetzes Fichte die Integration der Religion in die phänomenologische Erfassung des Bewußtseins ermöglicht, ist zugleich deutlich, daß für Fichte der Gottesgedanke konstitutiv für den Religionsbegriff ist (vgl. auch SW II 686). Das ist zunächst festzuhalten, weil es schon für die zeitgenössische Debatte keine pure Selbstverständlichkeit gewesen ist.[45]

---

[44] Die Zitate stehen an exponierter Stelle, nämlich in der Überschrift des letzten Kapitels der "Thatsachen des Bewusstseyns" von 1810/11.

[45] Man denke hierbei an Schleiermachers "Über die Religion. Reden an die Gebildeten unter ihren Verächtern" von 1799. Gegen Ende der zweiten Rede, die als ganze der Bestimmung des Wesens der Religion dient, bestimmt Schleiermacher das Verhältnis von Religion und Gottesgedanke dergestalt, daß er der Gleichung "kein Gott, keine Religion" eine Absage erteilt (vgl. F.D.E. Schleiermacher, Über die Religion. Reden an die Gebildeten unter ihren Verächtern, Berlin 1799, S.123-130. 132f, KGA I/ 2, S.242-247). Wie immer Schleiermachers Erörterungen im einzelnen zu interpretieren sind, klar ist, daß sie - mindestens auf *einer* Ebene - das Wesen von Religion ohne zentralen und konstitutiven Rückgriff auf den Gottesgedanken zu erfassen versuchen. Fichte dürfte

Die Integration der Religion in das Einheitsgefüge der Phänomene vollzieht Fichte in einer Analyse der Sittlichkeit. Diese Analyse fördert zutage, daß die Sittlichkeit genau dasjenige als Bedingung ihrer Möglichkeit impliziert, was in der Religion explizites Konstitutivum ist: Gottesbeziehung. Auf dem Wege dieses Nachweises ist die Religion mit der Gesamtheit der vorreligiösen Phänomene synthetisierbar.

2. *Das Bild Gottes als Möglichkeitsbedingung der Sittlichkeit.* Der sittliche Endzweck sei "das Seyn des bloss formalen Lebens" (SW II 681). Das formale Leben ist nach Fichtes früheren Erörterungen das Schauspiel der Freiheit, das seine Strukturen und Formen aus der bedingten Notwendigkeit der Sichtbarkeit der Freiheit erhält. Es sei also innere Selbstbestimmung und Selbsttätigkeit und als solche ein absolutes Werden (vgl. SW II 681). Der Begriff des Seins beinhaltet nach Fichte das, "was durchaus nicht wird und nie geworden ist, und von dem man eben schlechtweg nichts Anderes sagen kann, denn: es *ist*." (SW II 681). Ein 'Sein des formalen Lebens' bezeichnet demnach die Synthese von absolutem Sein und absolutem Werden.

> "Mit einem solchen [nämlich: absoluten Werden] wird ein Seyn vereinigt, heisst: dieses Seyn selbst ist in allem diesem unendlichen Werden, es *ist*, und wird nicht, wird nicht geändert, nimmt an dem Wandel durchaus nicht Antheil. Das Seyn in ihm ist darum das Eine und durchaus Einsbleibende im Wandel." (SW II 681)

Eine solche Einheit des Seins müsse nun notwendig gedacht werden, wenn das absolute Werden gedacht werden solle:

> "Das formale Leben ist ein absolutes Werden, haben wir gesagt. Wenn Sie nun ein solches absolutes Werden zu denken versuchen, so müssen Sie, um der Anschauung die absolut nothwendige Haltbarkeit zu geben, dieses Werden, sey es auch noch so kurze Zeit, dauern lassen; ausserdem zerfliesst es Ihnen ganz in Nichts, und Sie haben nichts gedacht." (SW II 681f)

---

die "Reden" gelesen haben. Dafür sprechen jedenfalls die persönliche Bekanntschaft mit Schleiermacher und die Aufmerksamkeit, die Fichte auch sonst den literarischen Produktionen des Kreises um Friedrich Schlegel gewidmet hat; außerdem lassen einige Formulierungen in Briefen Fichtes zumindest grobe Kenntnis der Position Schleiermachers erkennen (vgl. GA III/4, S.283f. 405). - Trotz der Anregung Schleiermachers ist es für die zeitgenössische Debatte natürlich *weitgehend* selbstverständlich gewesen, den Religionsbegriff vom Gottesbegriff her zu verstehen und bestimmen. Soweit ich sehe, setzt eine breitere religionstheoretische Diskussion darüber erst in der zweiten Hälfte des 19. Jh.s ein, verursacht vor allem durch das immense Anwachsen empirischer religionsgeschichtlicher und ethnologischer Daten und veranlaßt durch die Kontroverse um den Hīnayāna-Buddhismus.

Dieses Sein des formalen Lebens ist die "Bedingung der Anschaubarkeit des Lebens" (SW II 682):

> "Das allein Einheit und Dauer in das Leben bringende ist sein Seyn; und es geht hervor, dass ohne diese Voraussetzung das Leben überhaupt nicht angeschaut werden kann, noch als *das* Leben, als Ein Leben angeschaut werden kann." (SW II 682)

Das vorausgesetzte Sein des Lebens sei nun nichts anderes als der sittliche Endzweck. Denn das formale Leben als ein absolutes Werden sei anschaubar nur, insofern es das Werden eines Seins sei; nun sei aber eben das absolute Werden die unaufgebbare Form des Lebens; das Sein sei daher "in alle Unendlichkeit fort nur im Werden" (SW II 682); das Sein als solches komme erst zur Anschauung mit dem Ende und der Aufhebung des formalen Lebens selbst (vgl. SW II 682). Zugleich aber ist das Sein der Grund des Lebens. Ein Grund aber, der Grund eines absoluten Werdens ist und selbst erst mit dessen Ende erscheint, ist ein Zweck:

> "[...] das Seyn, als ein Wirkliches, ist Zweck und Absicht der Aeusserung [des Lebens], und zwar durchaus einziger, unbedingter und unendlicher, also Endzweck." (SW II 683)

Fichtes Formulierung, der Endzweck sei das Sein des formalen Lebens, muß pointiert gelesen werden, nämlich so, daß der Endzweck das Sein des *formalen* Lebens ist. Der Endzweck ist nicht identisch mit dem Sein als solchem, sondern mit dem Sein, wie es innerhalb und unter den Bedingungen des formalen Lebens als eines absoluten Werdens erscheint. Darauf zielt bereits Fichtes Formulierung, daß der Endzweck "das Seyn des *bloss* formalen Lebens" sei (SW II 683; kursive Hervorhebung vom Vf.). Denn der Endzweck ist bereits die synthetische Vereinigung des Seins als Grund des Lebens mit dem absoluten Werden als Form des Lebens. Daraus folgt dann schon, daß der Endzweck in der Tat noch nicht das Absolute selbst sein kann. Er ist ja seinerseits schon Erscheinung, nämlich des vorausgesetzten Seins unter den Bedingungen des absoluten Werdens des Lebens. Der Endzweck ist insofern also die bloße Anschaubarkeit des absoluten Seins des Lebens:

> "Das Seyn des Lebens, das ihm durchaus zum Grunde gelegt werden muss, wird bloss in der Synthesis mit dem Werden, als der Form des Lebens, zum Endzwecke. Ausserhalb dieser Synthesis, und jenseits jener Form ist von einem Endzwecke gar nicht zu reden, sondern nur von einem Seyn schlechtweg. Der Endzweck ist also die *Aeusserung* des Seyns im Werden, um dieses

> Seyn sichtbar zu machen, also mittelbar Sichtbarkeit des Seyns des Lebens
> [...]." (SW II 683)

Die transzendentale Reflexion auf die Möglichkeitsbedingung der Sittlichkeit ergibt also zunächst, daß der Endzweck die Erscheinung eines Seins -
im prägnanten Sinne des Begriffs (vgl. SW II 681) - ist. Zugleich ist bereits
deutlich, daß dieses Sein der Vermittlung durch den Endzweck bedarf. Er
ist dessen ratio cognoscendi.

Das Sein, das der Grund des Lebens ist und sich im Leben und unter dessen Bedingungen als Endzweck äußert, lasse sich nun noch weiter und näher bestimmen (vgl. SW II 683). Kurz und griffig lassen sich diese Näherbe-
stimmungen, die Fichte vornimmt, so formulieren: Das Sein ist (1.) Anschauung, (2.) absolute Anschauung und (3.) Anschauung des Absoluten
bzw. Gottes (vgl. SW II 683f): Das Sein sei das im formalen Leben als einem absoluten Werden Einheitsstiftende, das, was in allen partikularen Le-
bensäußerungen identisch bleibe. Eine solche Einheit nennt Fichte eine *Anschauung* (vgl. SW II 683). Die als das dem Leben als Einheit zugrundeliegende Sein gedachte Anschauung kann keine synthetische Einheit sein; sie
entspräche sonst nicht dem prägnanten Seinsbegriff Fichtes und würde damit gerade nicht die Funktion einer absoluten Grundlage des Lebens erfüllen, die ihr aufgrund der transzendentalen Reflexion zukommen soll. Die
Anschauung muß den Charakter des unwandelbaren Seins selbst tragen. Sie
sei *absolute Anschauung* (vgl. SW II 656):

> "Nun ist das in jeder einzelnen Aeusserung Bestehende, ja das dieselbe eigent-
> lich zum Stehen oder Stillhalten Bringende, und das durch die ganze unendli-
> che Reihe wirklich Dauernde, die Anschauung. Diese darum in ihrer ab-
> soluten Form, als Anschauung, wird nicht, sondern sie ist [...]. Das Grund-
> seyn des Lebens ist darum in seiner Form eine *Anschauung*, die da *ist*, nicht
> geworden, unwandelbar und unveränderlich dieselbe. Alle Thätigkeit, die ja
> nur in das formale Leben fällt, ist von ihr wegzudenken." (SW II 683).

Die Bezeichnung 'Anschauung' scheine nun noch einen Rest von Tätigkeit
zu beinhalten (vgl. SW II 683f).[46] Fichte schlägt daher vor, stattdessen bes-

---

[46]   Als Verstehenshilfe mag an eine Äußerung Fichtes aus dem Zusammenhang des Atheis-
musstreits erinnert werden: "Wenn ich sonach [...] des Ausdruckes *Ordnung* mich be-
diene, so ist ohne weiteres klar, und soll ohne weiteres klar seyn, dass ich darunter nur
ein *thätiges Ordnen (ordo ordinans)* verstehe. In diesem Sprachgebrauche bin ich so befestigt, dass ich kein auf *ung* endendes Wort anders nehme, und z.B. unter *Wirkung* stets
den Act des Wirkens selbst [...] verstehe [...]." (SW V 382) - Genau dieses Verständnis,
als bezeichne der Begriff Anschauung die Tätigkeit des Anschauens, soll hier vom Be-

ser zu sagen, "das Seyn des Lebens sey ein stehendes festes *Bild*, oder *Erscheinung*" (SW II 684). Das ganze Leben also ist, so Fichte, in seinem absoluten Sein nichts anderes als absolute Anschauung, Erscheinung bzw. absolutes Bild.

Die absolute Anschauung beziehe sich nun wie jede Anschauung auf ein *Sein*, das in ihr angeschaut werde (vgl. SW II 684). Dieses Sein läßt sich wiederum näherbestimmen. Denn es muß bestimmte Bedingungen erfüllen: Es kann erstens mit nichts identisch sein, das im Leben vorkommt; denn dort ist alles absolutes Werden. Es kann aber zweitens auch nicht das dem Leben als seine Einheit vorausgesetzte Sein sein; denn dies ist die absolute Anschauung; von ihr aber soll das Sein ja gerade als das Angeschaute unterschieden werden. Drittens kann das Sein als das Angeschaute der absoluten Anschauung nur dem Charakter der absoluten Anschauung selbst entsprechen; es muß also wiederum selbst eine reine Einheit im Sinne einer ursprünglichen Identität sein; die Anschauung würde sonst von ihm zerstört. Ursprüngliche Identität aber bedeutet streng gedacht Unbedingtheit und Aseität, also Absolutheit. Das Angeschaute der absoluten Anschauung kann nur das Absolute selbst sein. Die absolute Anschauung ist die *Anschauung des Absoluten*:

> "Was ist das für ein Seyn? Zuvörderst nicht das des Lebens selbst, denn dieses ist bloss Bild, und ist mit dem Bildseyn zu Ende, und zwar ist es Bild jenes Anderen, dem Bilde Entgegengesetzten, welches das Seyn ist zu dem Bilde. - Offenbar ist es ein Seyn jenseits alles Werdens, wie es ja das Bild auch schon ist. Nun aber ist die Anschauung *seine* Anschauung, hängt darum sowohl dem Seyn als dem Inhalte nach von ihm ab; dieses ist der Grund ihres formalen sowohl, als qualitativen Seyns. Obwohl darum die Anschauung schlechtweg *ist*, nicht *wird*, so ist sie dennoch nicht von sich, aus sich, durch sich, sondern sie ist durch jenes Seyn, sie ist absolut nur als *Factum*, Factum jenes Seyns nemlich. Jenes Seyn aber, das zu der absoluten Anschauung das Seyn ist, ist schlechtweg aus sich, von sich, durch sich. Es ist Gott. [...] Was Gott wirklich an und in sich ist, erscheint in der Anschauung; diese drückt ihn ganz aus, und er ist in derselben, wie er innerlich ist in ihm selbst [...]." (SW II 684f)

Damit sind wir an einem für die Religionsbegründung wichtigen Punkt angelangt: Die transzendentale Reflexion auf die Bedingung der Möglichkeit sittlichen Bewußtseins gestattet es nach Fichte, Gott bzw. das Bild (die Anschauung) Gottes als ein indirektes bzw. direktes Implikat der Sittlichkeit

---

griff der absoluten Anschau*u*ng ferngehalten werden.

aufzuzeigen. Man muß freilich festhalten, daß der Argumentationsgang, in
dem Fichte den Gottesbegriff aus dem Begriff der absoluten Anschauung gewinnt, in zweierlei Hinsicht klärungsbedürftig bleibt: Wie kann sich erstens
die absolute Anschauung, die doch selbst eine in sich geschlossene absolute
Einheit ist, auf ein Sein beziehen? Das Beziehen setzt doch eine Unterscheidung voraus, die als solche nicht ohne weiteres mit der absoluten Einheit
vereinbar ist. Wie soll man sich zweitens das Verhältnis von Absolutheit
und Faktizität der Anschauung denken? Es ist jedenfalls nicht unmittelbar
selbstverständlich, daß es Sinn macht, ein absolutes Faktum oder ein faktisches Absolutes zu denken.[47]

3. Sittlichkeit als Realisation unthematischer Gottesbeziehung. Das Bild Gottes ist die in der transzendentalen Reflexion aufgedeckte Möglichkeitsbedingung der Sittlichkeit. Es ist das Prinzip des sittlichen Endzwecks (vgl. SW
II 656f). Umgekehrt gilt, daß der sittliche Endzweck die Erscheinung oder
Äußerung des Bildes Gottes ist. Der Endzweck ist, so Fichte, die Sichtbarkeit oder Anschaubarkeit des Seins des formalen Lebens; das Sein des formalen Lebens aber ist die Anschauung oder das Bild Gottes. Der Endzweck
ist folglich die Gestalt des Bildes Gottes, die es innerhalb und unter den Bedingungen des Lebens in seinen beiden Grundformen annimmt (vgl. SW II
683). Das Wesen Gottes, das den Gehalt der absoluten Anschauung ausmacht (vgl. SW II 684f), äußere sich unmittelbar in der Anschauung des sittlichen Endzwecks; seine Erscheinung im Leben sei *das unendliche sittliche
Streben* (vgl. SW II 685). Die Sittlichkeit ist die Gestalt, in der die transzendentaler Reflexion erschlossene fundamentale Gottesbeziehung sich im Leben realisiert. Sittliches Leben ist selbst Leben Gottes in uns. Das freilich
gilt, ohne daß es dem sittlichen Bewußtsein selbst bewußt wäre bzw. sein
müßte, handelt es sich doch um eine Einsicht, die sich nur der philosophischen Reflexion dieses Bewußtseins erschließt. Sittlichkeit ist *unthematische
Gottesbeziehung.* Damit wird auch verständlich, warum Fichte zur Beschreibung des sittlichen Bewußtseins stark religiös geprägte sprachliche Formulierungen verwenden kann.[48]

---

[47] Wir kommen auf diese Fragen im Zusammenhang der Interpretation zu Fichtes WL
zurück: Zum ersten Problem s.u. S.76ff; zum zweiten Problem s.u. S.61ff.
[48] S.o. S.39f.

Die "Anschauung Gottes" ist das "Princip des Sittengesetzes, oder des Endzwecks", das Sittengesetz aber die "Aeusserung" der Anschauung Gottes (SW II 680). Fichte erhält mit dem Aufweis des Bildes Gottes als Seinsprinzips des sittlichen Endzwecks also einen neuen Einheitsbegriff des Konstitutionsgefüges der Phänomene:

> "Das Leben muss angeschaut werden, damit das Sittengesetz angeschaut werden könne, und das Sittengesetz muss angeschaut werden, damit das Absolute angeschaut werden könne [...]." (SW II 657)

Das sittliche Prinzip büßt die Funktion des einheitstiftenden Prinzips ein, von dem aus die Gesamtheit der Phänomene als Einheit verständlich wird. Zugleich aber leistet die transzendentale Reflexion mit der Einsicht in die reziproke Implikation von Sittengesetz bzw. Endzweck und Anschauung Gottes den Nachweis, daß die Sittlichkeit die adäquate Verwirklichung der fundamentalen Gottesbeziehung ist. Die Realisation des sittlichen Endzwecks durch den sittlichen Willen, den Gehorsam gegen das Sittengesetz, ist materialiter nichts anderes als die Realisation des Bildes Gottes:

> "Das Leben darum in seinem eigentlichen Seyn ist Bild Gottes, so wie er ist schlechthin in sich selbst. Als formales Leben aber, als wirklich lebendiges und thätiges, ist es das unendliche Streben, wirklich zu werden, dieses Bild Gottes [...]." (SW II 685)

An dieser Art der Beziehung von Sittlichkeit und Gottesbezug, die Fichte in der transzendentalen Reflexion freizulegen unternimmt, ist zweierlei eigens notierenswert. Erstens muß der Gottesgedanke gerade als Ermöglichungsgrund von Autonomie, sittlicher Selbstbestimmung, nicht etwa als deren Negation oder Antithese gedacht werden. Zweitens heißt, dem Wesen Gottes zu entsprechen, in materialer Hinsicht nichts anderes, als dem Sittengesetz zu entsprechen. Beides hängt unmittelbar zusammen und trägt potenzielle religionskritische Konsequenzen in sich: Ein Gottesverhältnis, das an der sittlichen Selbstbestimmung vorbei oder gar ihr entgegengesetzt sich vollzöge, ist ausgeschlossen. Jedenfalls zerstörte es die Einheit der in einem wechselseitigen Bedingungsgeflecht stehenden Tatsachen des Bewußtseins.

4. Religion als Realisation thematischer Gottesbeziehung. Das vorausgesetzte absolute Sein des Lebens, also die absolute Anschauung, erscheint im Leben als das unendliche sittliche Streben; die Sittlichkeit ist die Gestalt, in der sich die fundamentale Gottesbeziehung realisiert. Dies gilt, so haben wir bereits notiert, ohne daß es dem sittlichen Bewußtsein selbst durchsichtig sein müßte; Sittlichkeit ist unthematische Gottesbeziehung. Für die Religion hingegen ist der Gottesgedanke selbst und als solcher konstitutiv (vgl. SW II 686)[49]; in ihr wird die Gottesbeziehung thematisch. Es bedarf freilich einer eigenen Überlegung, wie dies überhaupt möglich sein soll. Klar ist nämlich, daß Religion nicht Anschauung Gottes ist. Denn Religion ist selbst ein Phänomen des Bewußtseins. Genau dies aber ist nach Fichte von der Anschauung Gottes ausgeschlossen:

> "[...] diese Anschauung wird nicht wieder angeschaut, sondern sie äussert sich nur durch die mit ihr verknüpfte Freiheit." (SW II 685)

Sichtbar und also ein Phänomen wird die absolute Anschauung nur als sittliche Anschauung. Klar ist dann im übrigen auch, daß die religiöse Gottesbeziehung keine mystische sein kann.[50] Fichte verschärft die entstandene Schwierigkeit noch: Insofern die absolute Anschauung, das Bild Gottes, der absolute Grund des wirklichen Lebens ist und insofern das Absolute, Gott, das Angeschaute dieser Anschauung ist, sei Gott streng genommen der "einzig mögliche Gegenstand des Wissens"; zugleich aber kann nach Fichtes Ausführungen Gott als dieser Gegenstand im wirklichen Wissen "*niemals rein*" vorkommen (SW II 685; kursive Hervorhebung vom Vf.). Ist Gott der Gehalt der absoluten Anschauung, die als solche nicht angeschaut wird, dann läßt sich die Gottesbeziehung, explizit und als solche, offensichtlich nicht im Modus der Anschauung realisieren. Man muß aus der Anschauung

---

[49] S.o. S.41.

[50] Natürlich ist diese Aussage davon abhängig, was man unter Mystik versteht. Die Bestimmung dieses Begriffs ist im Konzert von empirischer Religionshistorie, Religionsphänomenologie, Philosophie-, Theologie- und Frömmigkeitsgeschichtsschreibung ausgesprochen schwierig und kontrovers. Für unseren Zweck ist aber ausreichend, was, soweit ich sehe, unstrittig ist: daß zur Mystik die unio mystica als unmittelbare Verschmelzung von individuellen Subjekten, Seelen o.ä. mit dem Absoluten gehört. Genau dies aber ist von Fichtes Religionsbegriff a limine ausgeschlossen. Im übrigen sind die Gründe, die Fichte dafür bietet, daß Religion keine Mystik in dem angegebenen Minimalsinn sein kann, so prinzipieller Art, daß sie für jedes wirkliche Wissen überhaupt gelten. Von daher ist es nicht angemessen, den Begriff Mystik zur Interpretation der Philosophie Fichtes heranzuziehen, wie dies in der vornehmlich älteren Fichte-Literatur häufig geschehen ist. So konnte Emanuel Hirsch 1926 kritisch notieren, von Fichtes Mystik werde "wie von einer selbstverständlichen Tatsache" gesprochen (E. Hirsch, Die idealistische Philosophie und das Christentum, in: ders., Die idealistische Philosophie und das Christentum. Gesammelte Aufsätze, Studien des apologetischen Seminars H. 14, Gütersloh 1926, S.36-116, hier: S.59). Vereinzelt findet sich der Rekurs auf die Mystik als Interpretament noch bis in die jüngste Zeit hinein. Zur Sache vgl. Hirsch, Idealistische Philosophie, a.a.O., S.59-64; W. Janke, Fichte. Sein und Reflexion - Grundlagen der kritischen Vernunft, Berlin 1970, S.302 Anm. 50.

herausgehen. Das Herausgehen aus der Anschauung bezeichnet innerhalb der "Thatsachen"-Vorlesung von 1810/11 Fichtes Grundverständnis des *Denkens* (vgl. SW II 545- 547. 606-608). Einzig und allein im Denken kann Gott Gegenstand des Wissens werden. So ist ja auch bereits in der transzendentalen Reflexion der Sittlichkeit Gott als Möglichkeitsbedingung *gedacht* worden. Die Schwierigkeit, die ebenso erwiesene Notwendigkeit wie Unmöglichkeit der Gegenständlichkeit Gottes zu vereinen, findet ihre Lösung also im *Begriff* Gottes (vgl. SW II 686).

Nach alledem kann auch Religion nichts anderes sein als Gottesbeziehung in der Gestalt des Gottes*gedankens*. Insofern das Denken die Aufhebung derjenigen Unmittelbarkeit ist, die gerade verhindert, daß Gott in der fundamentalen Gottesbeziehung als solches bewußt wird, ist die Religion eben vermittelte Gottesbeziehung. Als vermittelte Gottesbeziehung steht auch das religiöse Bewußtsein unter der Bedingung jener fundamentalen Gottesbeziehung, die begrifflich vermittelt erscheint und deren Realisation das religiöse Gottesbewußtsein ist. Die Religion verdankt sich, wie die Sittlichkeit auch, einer dem Bewußtsein selbst unmittelbar verborgenen Einheit mit dem Absoluten, die sich nur der transzendentalen Reflexion des sittlichen wie religiösen Bewußtseins erschließt.

5. Religion als Durchdringung von Gottesgedanke und Sittlichkeit. Religion ist Gottesbewußtsein, thematische Gottesbeziehung, in Gestalt des Gottesgedankens. In ihr ist genau *das* Gegenstand des Bewußtseins - versteht sich: in gedanklicher Vermittlung -, was für die transzendentale Reflexion die ontologische Voraussetzung der Sittlichkeit ist. Sittlichkeit ist unmittelbare, Religion vermittelte Gottesbeziehung. Die Gottesbeziehung bleibt als unmittelbare in der Gestalt sittlichen Lebens gerade unthematisch; und umgekehrt wird sie thematisch, d.h. bewußt, erst als vermittelte. Das sittliche Leben ist Leben Gottes in uns, Religion aber das Bewußtsein dessen. Sie ist die für uns selbst erschlossene Wahrheit des Sittlichen. Deshalb kann die Religion für Fichte nicht nur Bewußtsein der ontologischen Voraussetzung der Sittlichkeit sein; sie ist vielmehr sittliches Leben und Bewußtsein dessen für es selbst unbewußt bleibenden Grundes. Zur Religion gehört selbst unaufgebbar das sittliche Leben. Für den Religionsbegriff ist das Sittliche konstitutiver Bestandteil seiner Bestimmung. Von Religion kann nach Fichte offenbar noch nicht die Rede sein, wo nur ein abstraktes Verhältnis zu einem wie auch immer gedachten Gott besteht. Religion ist da, wo sittliches Leben und Gottesgedanke einander lebendig durchdringen.[51]

6. Der Begriff Gottes: Die absolute Realität von Autonomie. Die Art und Weise, wie Fichte die explizite und thematische Gottesbeziehung, Religion, auf Sittlichkeit bezieht, gestattet es nicht nur, sondern zwingt geradezu dazu, den Gottesbegriff nicht lediglich formal im Begriff des absoluten Gegenstandes zu erfassen, sondern ihn auch in materialer Hinsicht zu bestimmen. Denn wenn die unmittelbare Äußerung des Bildes Gottes im unendlichen sittlichen Streben besteht, dann läßt sich erstens überhaupt das Sichäußernde von seiner Äußerung her charakterisieren; dann muß zweitens die begriffliche Bestimmung des Sichäußernden genau in dem bestehen, als was es sich äußert *unter Abzug* dessen, was auf das Konto der Äußerung selbst und als solcher geht. Das bedeutet: Das Sichäußernde muß die bereits realisierte Identität sein, zu dem das unendliche sittliche Streben die prozessuale Identifikation ist. Was sich als Prozeß der Realisation sittlicher Autonomie äußert, ist die bereits vollkommen realisierte Autonomie. Insofern der Terminus *'realisierte Autonomie'* noch den sprachlichen Rest eines abgeschlossenen Prozesses an sich trägt, muß man genauer von ursprünglich-identischer *Realität* von Autonomie sprechen. Genau dies muß der Gehalt und das Wesen des Sichäußernden sein. Das Sichäußernde ist nach Fichte die absolute Anschauung. Deren Gehalt wird in der reflektierten Form auf den Begriff gebracht: den Begriff Gottes. Daraus folgt die materiale begriffliche Bestimmung Gottes als der absoluten Realität vollkommener Autonomie. Genau dies ist der Sinn von Fichtes Formulierung, Gott sei ein "Seyn", das "schlechtweg aus sich, von sich, durch sich" ist (SW II 684).

Dabei ist klar, daß Fichtes Fassung des Gottesbegriffs als der absoluten Realität vollkommener Autonomie keinem theologischen Voluntarismus das Wort redet, demzufolge aus der potentia Dei absoluta die perdeitas boni folge - gut sei, was Gott wolle. Denn erstens kann Autonomie auch im Hinblick auf Gott nichts anderes bedeuten als vernünftige Selbstbestimmung und nicht etwa Willkürfreiheit; und zweitens repräsentiert gerade das

---

[51] Vgl. Hirsch, Theologie [Anm. 14], Bd. IV, S.370-372. Die Darstellung Hirschs zum Zusammenhang von Sittlichkeit und Gottesbewußtsein im Begriff von Religion bei Fichte ist vorwiegend an der WL 1801/02 und der "Anweisung zum seligen Leben" gewonnen und belegt, deckt sich aber im Ergebnis exakt mit unseren Interpretationsergebnissen.

allgemeine, d.h. für *alle* denkbaren vernünftigen Wesen gültige, Sittengesetz die Erscheinung der absoluten Realität der Autonomie.

7. Das Verhältnis von Sittlichkeit und Religion: Anschauung und Begriff. Ist der Gottesbegriff materialiter so bestimmt, daß in diesem Begriff 'Gott' die vollkommene Realität von Autonomie gedacht ist, läßt sich leicht verständlich machen, wieso nach Fichte das Sittengesetz die notwendige Bedingung der Möglichkeit des expliziten Gottesbewußtseins ist (vgl. SW II 680). Das Sittengesetz bringt eben die Möglichkeit der Realisation sittlicher Freiheit zu Bewußtsein. Im Sinne des "Du kannst, denn du sollst!"[52] läßt das Sittengesetz zum Vorschein kommen, was dann in der Religion explizit als der absolute Grund des Freiheitslebens bewußt ist: die Realität von Autonomie. In diesem Sinne ist das Sittengesetz die Anschaubarkeit des Absoluten selbst. In Anlehnung an eine Formulierung Kants[53] könnte man sagen, der Gottesbegriff ohne sittliche Anschauung bliebe eben formal und leer, die sittliche Anschauung ohne Gottesbegriff aber wäre blind.

d) Der Religionsbegriff: Zusammenfassung und Ausblick

Für den Begriff der Religion ist zweierlei bzw. dreierlei konstitutiv: erstens die der Religion eo ipso innewohnende Sittlichkeit und zweitens der Gottesgedanke; hinzu käme als drittes Moment die lebendige Durchdringung beider Elemente, ihre Einheit. Fichte gewinnt den Religionsbegriff aus dem Zusammenhang von Bestimmungen des Bewußtseins, in dem die Religion mit den anderen Tatsachen des Bewußtseins steht. Innerhalb des die Bestimmungen wechselseitig bedingenden Konstitutionsgeflechts erhält das Phänomen Religion zugleich eine Begründung: Es läßt sich als notwendiges Moment des Gesamtgefüges einsichtig machen. Die Gewinnung eines Begriffs von Religion und die Begründung des Phänomens gehen Hand in Hand. Für beides spielt die Sittlichkeit eine herausragende Rolle. Die auf der Ebene des sittlichen und religiösen Bewußtseins prima facie drohende schlechthinnige Alternative zwischen einer sich durch das Sittengesetz selbstbestimmenden Freiheit und einer durch Gott bestimmten Knecht-

---

[52] Zu dieser Formulierung vgl. Kant, KpV 54, Werke VII S.140.
[53] Vgl. Kant, KrV B 75, Werke III S.98.

schaft wird durch die transzendentale Reflexion des Bewußtseins aufgelöst, die die wechselseitige Integration von Autonomie und Theonomie frei-legt.[54] Die Sittlichkeit muß, soll sie ihrer ontologischen Möglichkeit nach verstanden werden, die absolute Realität von Autonomie voraussetzen. In der Religion ist diese Voraussetzung als Gottesgedanke auf den Begriff ge-bracht und so Gegenstand des Bewußtseins. Zugleich bleibt die Sittlichkeit materialiter als bestimmendes Moment in der Religion erhalten. Das indivi-duelle Selbstbewußtsein kann in seinem Handeln durch den Gottesgedan-ken nicht anders bestimmt werden denn als sittliches Handeln. Denn die Sittlichkeit ist ihrerseits nichts anderes als Erscheinung des Gehaltes Gottes unter den Bedingungen des Lebens in seinen beiden Grundformen als Natur und individuellem reflexivem Freiheitsbewußtsein. Religion und Sittlichkeit stehen so im Verhältnis wechselseitiger Verschränkung: keine Sittlichkeit, die nicht im Verstehen ihrer selbst sich implizit auf das Absolute, Gott, als ihren Möglichkeitsgrund bezöge, und keine Religion, die sich nicht auf sitt-liche Verpflichtung als Anschaulichkeit des Absoluten bezöge und sich dar-in als sittliches Streben äußerte. Die der Religion zunächst in ihrer Selbstän-digkeit vorausgesetzte Sittlichkeit wird in den Begriff der Religion selbst ein-geholt. Sittlichkeit erweist sich als verdeckte Realisation dessen, was für das religiöse Bewußtsein selbstbewußtes und offenes Konstitutivum ist: Gottes-beziehung. Religion und Sittlichkeit sind so zwei Seiten ein und derselben Medaille: Anschauung und Begriff ursprünglicher Gottesbeziehung. Daß sich sittliches wie religiöses Bewußtsein einer ursprünglichen und funda-mentalen Gottesbeziehung verdanken, deren Bewußtseinsrealisation sie sind

---

[54] Vgl. O.H. Nebe, Autonomie und Theonomie bei Fichte, I.-Diss. Breslau 1933, Breslau 1933, S.23: "Autonomie ist Theonomie, und Theonomie ist Autonomie." Dem ist zu-nächst zuzustimmen. Nebe führt näher aus: "Für den Satz der Identität ist jegliche Un-terscheidung, selbst im Sinne einer Denkhilfe, verschwunden. [...] Theonomie und Au-tonomie sind begrifflich vertauschbar, weil sie tatsächlich e i n s sind. Dieser Gipfel Fichte'schen Denkens liegt als Mystik jenseits aller Praedikation." (A.a.O. S.3) Die Identität von Autonomie und Theonomie sei daher als das "ἄρρητον" festzuhalten (a.a.O. S.23). Dem kann ich nicht mehr zustimmen. Ich sehe nicht, wo Fichte sich je-mals zu *dieser* Unsagbarkeit entschlossen haben sollte. Die Identität von Autonomie und Theonomie, materialiter, wie ihre Unterscheidung, formaliter, ist für Fichte sehr wohl begreifbar. Genau das zeigen seine Ausführungen zum Verhältnis von Sittenge-setz und Bild Gottes in den "Thatsachen" von 1810/11. - Zum Begriff Theonomie und zu seiner geschichtlichen Entstehung vgl. F.W. Graf, Theonomie. Fallstudien zum Inte-grationsanspruch neuzeitlicher Theologie, Gütersloh 1987, S.11-52.

und die sich als dialektische Einheit von Einheit mit dem Absoluten und Unterscheidung von ihm begreifen läßt - die absolute Anschauung ist Anschauung Gottes, Gott selbst ist noch einmal von seiner Anschauung unterschieden -, diese Einsicht kommt weder dem sittlichen noch dem religiösen Bewußtsein selbst zu; sie ist einzig der transzendentalen Reflexion dieses Bewußtseins zugänglich. Die Einsicht in die bewußtseinsbegründende fundamentale Gottesbeziehung rekonstruiert gerade der transzendentale Begriff der Religion im Sinne des Begreifens ihrer Konstitution.

Fichtes transzendentaler, als Einheit von Definition und Einsicht in die Konstitution entfalteter Begriff von Religion, wie wir ihn nach den Ausführungen der "Thatsachen des Bewusstseyns" von 1810/11 rekonstruiert haben, bleibt in zweifacher Hinsicht klärungs- und begründungsbedürftig. *Erstens* ergeben sich Fragen hinsichtlich der Einheit mit dem Absoluten, die die Grundlage des sittlichen und religiösen Bewußtseins ausmacht. Diese fundamentale Gottesbeziehung muß als solche noch einmal gedacht werden. Dazu bedarf es einer Theorie des Absoluten, die zeigen muß, daß die veranschlagte Theorie vom Bild Gottes widerspruchsfrei gedacht werden kann. In diesem Zusammenhang müßten sich dann auch die Fragen beantworten lassen, die wir im Vorübergehen bereits notiert haben[55]: Wie lassen sich Absolutheit und Faktizität der absoluten Anschauung miteinander vereinbaren? Und wie ist die Beziehung der absoluten Anschauung auf das absolute Sein, Gott, denkbar? *Zweitens* ergeben sich Fragen im Hinblick auf den Ausgangspunkt für Fichtes Erörterungen zur Religion. Deren terminus a quo ist die Sittlichkeit. Insofern die Evidenz des sittlichen Bewußtseins Voraussetzung der Religionsbegründung ist, bleibt diese in den "Thatsachen"-Vorlesungen hypothetisch. Davon ist nun aber zugleich der Begriff der Religion unmittelbar betroffen. Denn der Ausgangspunkt der Religionsbegründung beim sittlichen Bewußtsein bestimmt zugleich, was Religion ist. Wenn sich nun der Ausgangspunkt der Begründung in so erheblicher Weise auf den Gehalt des Begriffs des Begründeten auswirkt, bedarf es erst einer eigenen Rechtfertigung dafür, daß die Sittlichkeit als Ausgangspunkt für die Gewinnung eines Begriffs von Religion gewählt wird. Fichte argumentiert zwar, daß die Sittlichkeit die Form ist, unter der das Bild Gottes sich im Bewußtsein realisiert, weil die Anschauung Gottes sich nicht anders äußere

---

[55] S.o. S.46.

als durch die mit ihr verknüpfte Freiheit (vgl. SW II 685)[56]; aber diese Aussage wird von Fichte bereits unter der Voraussetzung der Faktizität des freien Lebens gewonnen, ohne daß von der absoluten Anschauung selbst aus gezeigt werden könnte, daß sie sich nur als durch Freiheit vermittelte und unter der Bedingung eines Freiheitslebens äußern kann.

Beide Fragenkomplexe zusammen ergeben, daß der Religionsbegriff hinsichtlich seiner beiden konstitutiven Momente, des Gottesgedankens wie des immanenten Bezugs auf die Sittlichkeit, noch einmal begründet werden muß. Diese Begründung des Religionsbegriffs läßt sich innerhalb des selbstgesteckten Theorierahmens einer transzendentalen Phänomenologie des Bewußtseins nicht mehr leisten. Dazu bedarf es des Übergangs von der systematischen Beobachtung der Phänomene zu deren genetischer Deduktion innerhalb der WL.

---

[56] S.o. S.47f.

III. Die Begründung des Religionsbegriffs in der transzendental idealistischen Theorie des Absoluten

Die dem sittlichen wie religiösen Bewußtsein zugrundeliegende Einheit mit dem Absoluten, die Anschauung oder das Bild Gottes, muß erstens als solche noch einmal gedacht und zweitens so gedacht werden, daß dabei deutlich wird, warum sie sich als sittliches und religiöses Bewußtsein in deren beider wechselseitigen Verschränkung realisiert. Die zweite Aufgabe verlangt insbesondere eine Begründung dafür, daß die Sittlichkeit zurecht den Ausgangspunkt für die Begründung von Religion ausmacht und damit zugleich den Begriff der Religion maßgeblich bestimmt. Die Lösung beider Aufgaben ist erforderlich, um den Religionsbegriff zu begründen. Beides versucht Fichte in seiner WL zu leisten. In ihr sollen die Tatsachen des Bewußtseins ihre genetisch-deduktive Begründung erfahren (vgl. SW IX 403f)[57]. Diese Begründung ist für Fichte deshalb möglich, weil die WL gerade den Grund des Bewußtseins als solchen denkt: die Erscheinung, Anschauung oder das Bild Gottes. Sie ist Theorie des gesamten Wissens und Theorie des Absoluten in einem: "Gottes- oder Wissenschaftslehre" (SW XI 30; ähnlich SW XI 25).

Terminologisch hat der Begriff 'WL' eine doppelte Bedeutung: Im engeren Sinne bezeichnet er innerhalb der verschiedenen Vorlesungen Fichtes die spezielle genetisch-deduktive Theorie des Wissens. Deren spezifische Differenz besteht gegenüber den propädeutischen Disziplinen eben in der strengen, eigentlich wissenschaftlichen Einsicht in die genetische Notwendigkeit (vgl. SW IX 151 = Tr.Log. S.45; SW IX 403-407) und gegenüber der 'Transzendentalen Logik' sowie den besonderen Wissenschaften, die alle nur bestimmte Teile des Wissens thematisieren, darin, das gesamte Wissen, jedenfalls in seinen Prinzipien, zum Gegenstand zu haben. Im weiteren Sinne meint 'WL' schlicht die Philosophie, und zwar die wahre, überhaupt

---

[57] S.o. S.30-32.

und im ganzen (vgl. SW IV 374; SW IX 105f = Tr.Log. S.3f; u.ö.). Dies hat
nun für uns die methodische Konsequenz, daß einerseits alle Texte der Spätphilosophie Fichtes zur Interpretation seiner Theorie des Absoluten heranzuziehen sind, *sofern* in ihnen die WL als wahre Philosophie entfaltet ist;
und daß andererseits aber der WL in specie eine besondere Bedeutung zukommt, weil nur in ihr die genetische Theorie des Wissens *systematisch*
durchgeführt ist. Für die WL in specie liegen aus der Zeit von 1810 bis
1813 drei veröffentlichte Fassungen vor[58]: "Die Wissenschaftslehre, in
ihrem allgemeinen Umrisse" von 1810 (vgl. SW II 693-709) sowie zwei Vor-
lesungsreihen von 1812 (vgl. SW X 315-492)[59] und 1813 (vgl. SW X 1-
86)[60]. Die WL von 1810 ist dabei deshalb besonders wichtig, weil es sich
bei ihr um einen authentischen, von Fichte selbst publizierten Text handelt.
Andererseits stellt sie aber nur eine kurze Zusammenfassung dar, in der viele Argumentations- und Reflexionsschritte nur verkürzt erscheinen oder
ganz weggelassen sind. Die WL von 1813 ist Fragment geblieben: Fichte hat
seine Vorlesung wegen des Krieges gegen Napoleon abgebrochen. So erhält
die Fassung von 1812 ein besonderes Gewicht. Sie bildet über weite Strek-
ken den Leitfaden unserer Untersuchung.[61]

Sachlich - wenn auch nicht in Fichtes tatsächlichem terminologischen
Gebrauch - läßt sich auch am Begriff der Gotteslehre eine zweifache Bedeu-
tung unterscheiden. Die Gotteslehre ist auf der einen Seite identisch mit der
WL im ganzen. Dies kommt bereits in der terminologischen Kombination
zum Ausdruck, in der der Begriff der Gotteslehre bei Fichte erscheint:
"Gottes- oder Wissenschaftslehre" (SW XI 30). Diese Identität ist kommuta-

---

[58]   Eine bislang unveröffentlichte Fassung der WL von 1810/11 hat Adolf Schurr im Rahmen eines Aufsatzes kurz vorgestellt: Vgl. A. Schurr, Der Begriff der Erscheinung des
Absoluten in Fichtes "Wissenschaftslehre vom Jahre 1810-1811", in: Der transzendentale Gedanke. Die gegenwärtige Darstellung der Philosophie Fichtes, hg. v. K. Hammacher, Schriften zur Transzendentalphilosophie Bd. 1, Hammburg 1981, S.128-140.

[59]   Diese WL hat Fichte vom 6. Januar bis zum 20. März 1812 vorgetragen; vgl. FiG, Bd.
4, S.344. 312 Anm. 3.

[60]   Diese WL hat Fichte vom 8. bis zum 19. Februar vorgetragen; vgl. FiG, Bd. 5, S.380f.

[61]   Zur WL 1810 vgl. K. Schuhmann, Die Grundlage der Wissenschaftslehre in ihrem Umrisse. Zu Fichtes "Wissenschaftslehren" von 1794 und 1810, Den Haag 1968. Zur WL
1812 vgl. G. Schulte, Die Wissenschaftslehre des späten Fichte, Philosophische Abhandlungen Bd. 38, Frankfurt a.M. 1971, bes. S.89-189; Brüggen, Fichtes Wissenschaftslehre
[Anm. 32], S.116-136. Zur WL von 1813 liegt meines Wissens keine spezielle Untersuchung vor.

tiv: Die WL ist ihrerseits nichts anderes als Gotteslehre. Auf der anderen
Seite lassen sich innerhalb der WL als Theorie des gesamten Wissens gegenüber diesem Gesamtzusammenhang isolierbare Aussagen finden, die in spe-
zifischer Weise dem Gegenstand 'Gott' gewidmet sind. Im Hinblick auf diese Aussagen kann man von einer speziellen Gotteslehre bei Fichte sprechen.

Im Anschluß an die Fassungen der WL von 1810 und 1812 setzen wir
mit unserer Untersuchung bei dieser speziellen Gotteslehre ein (a). Ihre
Interpretation führt in sich selbst weiter zu jener Verschränkung von Gotteslehre und WL, die charakteristisch für Fichtes Theorie des Absoluten ist.
Denn schon die spezielle Gotteslehre ist beides: Gotteslehre und Lehre
vom Wissen. Fichtes Gotteslehre ist dieses Namens in seinen beiden Be-
standteilen würdig: Sie umfaßt sowohl das Objekt, den Gegenstand, 'Gott',
als auch die 'Lehre'. Sie vollzieht sich als Einheit von Gegenstands- und
Vollzugsreflexion; sie ist also selbstreflexiv. Die Ausführungen zum Gegenstand 'Gott' nehmen sich sogar ziemlich knapp aus, zieht man zum Vergleich heran, in welchem Umfang Fichte die Gegenständlichkeit dieses Gegenstandes 'Gott' thematisiert. Diese Gegenständlichkeit (Objektivität) und
die vernünftige Genese dieses Gegenstandsbezuges sind das eigentliche Thema der Gotteslehre Fichtes (b-c).

Auch sofern die WL Gotteslehre ist, bleibt sie also Wissenslehre. Ebenso
gilt nun umgekehrt, daß sie auch als Theorie des Wissens zugleich Gotteslehre bleibt: Sie ist Theorie des Erscheinens *des Absoluten* innerhalb der begrifflichen Vermittlung des Wissens. Führt der Gang der WL als Gotteslehre von dem im Begriff des Absoluten Gedachten auf dem Wege der Selbstreflexion dieses Begriffs zur Aufhebung der Gotteslehre in die Erscheinungslehre und endet so im Begriff des absoluten Wissens, der Vernunft, so
beschreitet die Entfaltung der Gotteslehre als WL umgekehrt den Weg vom
Begriff des absoluten Wissens, der Vernunft, über die Selbstreflexion dieses
Begriffs (d) hin zur vollständigen Ableitung aller Bedingungen dafür, daß
das Absolute als solches erscheinen könne, und mündet so wieder in den
Anfangspunkt der Gotteslehre: bei dem Wissen von Gott. Auf diesem Wege
aber beansprucht Fichte nichts Geringeres, als das gesamte kategoriale
System des Bewußtseins (vgl. SW X 387) - einschließlich der begrifflichen
Selbsterfassung des Wissens in der Gestalt einer WL selbst (e) - herzuleiten.
In dieser Ableitung findet endlich der Begriff der Religion die Begründung
seiner Verschränkung von Sittlichkeit und Gottesgedanke (f).

a) Das im Gottesbegriff Gedachte: Das Absolute

1. Gott als das Absolute. Fichte denkt innerhalb seines eigenen philosophischen Diskurses das im Gottesbegriff Gedachte als das Absolute. Beide Ausdrücke, 'Gott' und 'das Absolute', finden sich nebeneinander, ohne daß ein Bedeutungsunterschied erkennbar wäre (vgl. SW II 684-686; SW X 328-330. 439. 491; SW IX 307. 408 u.ö.). Die Bedeutungsidentität der beiden Termini ist für Fichte offensichtlich so selbstverständlich, daß sie nirgends in den Schriften der Jahre 1810 bis 1813 eigens thematisiert wird. Auch wo die Interpretation des Gottesbegriffs durch den Begriff des Absoluten ausdrücklich vollzogen wird, ist ihre Sachgemäßheit vorausgesetzt und wird nicht noch einmal eigens begründet (vgl. SW IX 42). Es fehlt jeglicher Nachweis und jede Diskussion darüber, daß mögliche Alternativen (z.B. Ewigkeit, Unendlichkeit, Liebe etc.) Implikate dieses Grundbegriffs von Gott als dem Absoluten sind und damit auf den Begriff des Absoluten reduzierbar wären.

2. Das Von-sich, Aus-sich, Durch-sich. 'Das Absolute' begreift Fichte als ein 'von sich, aus sich, durch sich' (vgl. SW II 684; SW IX 42 u.ö.). Darin artikuliert sich der klassische Gedanke der Aseität Gottes. Die Aseität Gottes wird dabei von Fichte offensichtlich nicht im Sinne der Kausalitätskategorie (causa sui), sondern als absolute Identität und Selbstbestimmtheit verstanden (vgl. SW X 334). Identität und Selbstbestimmtheit besagt: Das Wesen entspricht dem Sein.

> "Gott ist, *was* er ist, schlechthin dadurch, *daß* er ist [...]."
> (SW X 343)

Das schlechthin Durch-sich-selbst-Sein Gottes im Sinne der absoluten Identität und Selbstbestimmtheit impliziert nach Fichte die qualitative, mannigfaltigkeitslose Einheit, die Unveränderlichkeit bzw. Wandellosigkeit und die numerische Singularität Gottes (vgl. SW II 696; SW X 334): Das Absolute ist durch und durch nur das Absolute und nichts anderes; es ist stets sich selbst gleich und als dasselbe Eines. Unwandelbare Sichselbstgleichheit aber ist eine Position, deren Negation ausgeschlossen ist; der Begriff des Absoluten beinhaltet dessen Notwendigkeit (vgl. SW X 333). Fichte betont, diese Notwendigkeit sei eine Notwendigkeit des Begriffs selbst (vgl. SW X 327); d.h. für das Begreifen erscheint das Absolute als notwendig. Damit verhindert Fichte den sonst offenkundigen Widerspruch, daß das, was doch nur durch sich selbst bestimmt sein soll, selbst einer Notwendigkeit unterworfen wird.

Schon diese allerersten Bestimmungen des Gottesgedankens lassen erkennbar werden, in welch starkem Maße sich Fichtes Denken der vernünftig-sittlichen Gewißheit verdankt. Denn die Bestimmungen des Gottesgedankens stehen offenkundig ganz in der Perspektive eines sittlichen Selbstverständnisses: Gott wird im ethischen Paradigma von Autonomie als Selbstbestimmtheit gedacht. Hier deutet sich eine strukturelle Abhängigkeit vom sittlichen Bewußtsein an, in der Fichtes Theorie des Absoluten auch dort bestehen bleiben könnte, wo er sie als genetisch-deduktive Begründung sittlichen Bewußtseins durchführen will.

3. Das Durchsichselbstsein Gottes: Absolutes Leben und absolutes Sein. Das "Durchsichselbstsein Gottes" (SW IX 42) verlangt nach einer doppelten, dialektisch aufeinander bezogenen Explikation. Es gilt ja, die beiden Momente des Prozessualen, Akthaften einerseits und des Insichruhens, Festen und Ständigen andererseits am Begriff der Selbstbestimmtheit des Absoluten einzufangen. Das erste Moment findet bei Fichte seinen Ausdruck in der Aussage, das Absolute sei "in sich lauter Leben" (SW II 696; vgl. 697), "ein ewig reges, nie stillstehendes Leben" (SW IX 42; vgl. SW IX 101; u.ö.). Soll die qualitative Einheit des Absoluten durch diese Prädikation nicht gefährdet werden, muß das Absolute vollständig dadurch bestimmt sein:

"[...] Nichts ist in ihm, was Nichtleben wäre." (SW IX 42)

Leben ist "das Vermögen, sich selbst innerlich zu bestimmen" (SW XI 14). "Selbständigkeit, Leben und Freiheit" (SW X 330) nennt Fichte im Hinblick auf das Absolute in einem Atemzug. Soll der Begriff des Lebens nicht die Wandellosigkeit und Unveränderlichkeit des Absoluten gefährden, wird man ihn als Ausdruck der Selbstbestimmtheit (im Sinne des Aktes) zur Selbstbestimmtheit (im Sinne der ruhenden Identität) verstehen müssen, bei welcher Selbstbestimmtheit im Falle des Absoluten keinerlei Differenz bestehen soll zwischen Identifizierung und Identität, Akt und Sein. Bei Fichte selbst finden sich freilich keine weiteren erhellenden Äußerungen. Deutlich ist nur, daß er den Gedanken einer inneren Dialektik des Absoluten selbst von dem Gottesbegriff fernhalten will: Die Lebensprädikation kann nicht als Sich-selbst-zu-sich-selbst-Machen Gottes begriffen werden. Dadurch würde nach Fichte eine Genesis in das Absolute selbst hineingetragen werden, und Gott würde so selbst zu einem Faktum, zu einem - wenn auch durch sich selbst - Gemachten; das Absolute aber sei kein Faktum (vgl. SW X 329). Entsprechend hat, soweit ich sehe, Fichte - anders als Hegel - nirgends den Gedanken der causa sui auf den Gottesbegriff angewendet.[62]

Dieses Anliegen, eine dem Absoluten selbst eigene Dialektik vom Begriff des Absoluten fernzuhalten, kommt besonders in der Ausarbeitung des zweiten Momentes am Gottesbegriff zur Geltung, das bei Fichte seinen Ausdruck in der energischen Seinsprädikation des Absoluten erfährt. Die Begriffe 'Gott' bzw. 'das Absolute' und '(absolutes) Sein' können von Fichte ohne ersichtlichen Bedeutungsunterschied verwendet werden (vgl. SW X 13. 383; SW IX 182 = Tr.Log. S.72; SW IV 379-381. 387; u.ö.).[63]

---

[62] Zu Geschichte und Logik der causa-sui-Formel und ihrer Fassung in Hegels Theo-Logie vgl. in Kürze den ebenso gelehrten wie tiefschürfenden Aufsatz von Joachim Ringleben: Gottes Sein, Handeln und Werden. Ein Beitrag zum Gespräch mit Wolfhart Pannenberg, in: Vernunft des Glaubens. Wissenschaftliche Theologie und kirchliche Lehre, FS W. Pannenberg, hg. v. J. Rohls u. G. Wenz, Göttingen 1988, S.457-487 (dort weitere Literatur); zur causa-sui-Formel S.476ff, zu Hegel bes. S.479-482. - Überzeugt hat mich die Argumentation Ringlebens im Anschluß an Hegel in systematisch-theologischer Perspektive freilich nicht: Die Forderung, das Kausaldenken werde "nur konsequent durchgehalten und überwunden [...], wenn die prima causa als causa sui gedacht wird" (a.a.O., S.479), iteriert doch die Frage nach Gründen gerade ins Unendliche. Daß - mit Hegel - diese Frage nur bei einem Grund, der als Grund seiner selbst gedacht werden müsse, zum Stehen gebracht werden kann, hat für mich weniger Plausibilität, als mit Fichte darauf zu bestehen, das Absolute so als unbedingt zu denken, daß von ihm die Frage nach einem Grund ganz ferngehalten wird. S. auch u. S.86.

[63] Gegen Drechsler, Lehre vom Bild [Anm. 7], S.187.189. Die Formulierungen Fichtes, daß das Sein nur in Gott sei bzw. in Gott verborgen sei (vgl. SW X 365; SW II 697), besagen nur, daß es außerhalb des Absoluten kein Sein gibt; sie indizieren nicht, wie Drechsler meint, daß Fichte zwischen Sein und Gott unterscheiden will, jedenfalls nicht auf der Ebene des im Gottesbegriff Gedachten. Die Textbelege für die Bedeutungsidentität von (absolutem) Sein und Gott (Absolutem) sind eindeutig. Gegen diese Bedeutungsidentität kann man auch nicht die Stellen aus den "Einleitungsvorlesungen" von 1813 ausspielen, an denen Fichte die Seinsprädikation gerade als für das Absolute unsachgemäß ansieht und ihr das Prädikat 'Leben' entgegensetzt (vgl. SW IX 42. 74). Diese Stellen besagen zunächst nicht mehr, als daß das vom Absoluten ausgesagte Sein nicht als tote, starre Identität, sondern als in sich lebendiges Sein: Durchsichselbstsein gedacht werden soll, und zeigen darüberhinaus, daß Fichte den Seinsbegriff für mißverständlich gehalten hat. Aus dieser Substitution des Begriffs 'Sein' durch den des 'Lebens' auf eine neue Einsicht Fichtes zu schließen, die gar den Anfang einer neuen Periode seines Philosophierens andeute (so Drechsler, a.a.O. S.190f), ist überzogen und unnötig: Der Gedanke Fichtes findet sich in vergleichbarer Form bereits in § 1 der WL von 1810 (vgl. SW II 696).

"Seyend nenne ich dasjenige, was durchaus nicht wird und nie geworden ist, und von dem man eben nichts Andere sagen kann, denn: es *ist*." (SW II 681)

In diesem Sinne kann aber offensichtlich 'Sein' von nichts anderem als dem Absoluten ausgesagt werden:

"Gott oder das Absolute *ist*, und nur er *ist*." (SW IX 408)

Das von dem Absoluten als Moment des Durchsichselbstseins prädizierte Sein erhält so bei Fichte die Bedeutung von 'Sein schlechthin', 'Sein selbst', 'einziges' und 'alles mögliche (d.h. anderes ausschließendes) Sein' (vgl. SW II 696; SW X 331; IV 431; u.ö.).

Die Identifizierung von Sein und Absolutum ist zunächst keine notwendige Konsequenz, sondern eine Verabredung im Hinblick auf die Definition des Seinsbegriffs. Fichte will den Terminus 'Sein' im Sinne von 'absolutes Sein' verwenden, also so, daß der Begriff 'absolutes Sein' eine Tautologie ist. Mit dieser Identifizierung ist Fichte freilich in der Lage, bestimmte Schwierigkeiten zu vermeiden, die sich aus der Verhältnisbestimmung von Gott und Sein ergeben. Wird Gott als Seiendes (summum ens) gedacht, hat Gott selbst Anteil am Sein, das zugleich über jedem, auch dem höchsten Seienden steht; Gottes Absolutheit wäre gefährdet. Wird Gott als über dem Sein stehend gedacht, wäre jede Seinsprädikation Gottes unmöglich.[64] Allerdings handelt sich Fichte andererseits ein schwerwiegendes Problem ein: Wenn Gott das Sein schlechthin, alles mögliche Sein ist, kann dann überhaupt etwas außerhalb des Absoluten 'sein'? Gibt es Nicht-Absolutes und welchen Status hat es, wenn es nicht 'ist'? Fichtes Lösungsvorschlag lautet:

"Ausser Gott ist seine Erscheinung [...]." (SW X 334)

Dieser Gedanke Fichtes läßt sich aus der Reflexion auf das Denken des im Gottesbegriff Gedachten einsichtig machen.

b) Das Denken des Denkens des Gedachten: Die Erscheinung
   des Absoluten

1. Die Selbstwidersprüchlichkeit des Gottesbegriffs. Der Gottesbegriff scheint in zweifacher Hinsicht selbstwidersprüchlich zu sein. *Erstens*, das Absolute

---

[64] Vgl. dazu in Kürze: W. Härle, Sein und Gnade. Die Ontologie in Karl Barths Kirchlicher Dogmatik, TBT 27, Berlin/ New York 1975, S.287f.

ist offensichtlich selbst ein Relationsbegriff: Das Absolute ist nicht das Relative und umgekehrt. Die begriffliche Wechselbestimmung widerspricht dem Begriff des Absoluten, insofern es selbst abhängig ist von seinem Gegenteil. Der Begriff des Absoluten widerspricht sich selbst.[65] Dagegen läßt sich freilich die Denkfigur wenden, die Fichte im Hinblick auf die Notwendigkeit des Absoluten angewendet hat (vgl. SW X 327)[66]: Wie das Absolute nur für die begriffliche Bestimmung als notwendig erscheint, so ist es auch Relationsbegriff lediglich für die begriffliche Bestimmung, nicht aber für es selbst. Daß das Absolute logisch von der Bestimmung durch sein Gegenteil abhängig ist, tut seiner Absolutheit realiter keinen Abbruch. Solche fundamentalen Selbstwidersprüchlichkeiten beruhen also auf einem Reflexionsdefizit. Sie verschwinden, sobald das begriffliche Bestimmen auf sich selbst reflektiert. In solcher ständigen Selbstreflexion besteht gerade ein wesentlicher Grundzug Fichteschen Philosophierens:

> "Wir aber sind gewohnt, allenthalben zu reflektiren auf das, was wir treiben [...]. Wenn du auf dein Denken nicht reflektirst, ist es denn darum nicht immer?" (SW X 327) - "Für die W.=L. dagegen ist die Besonnenheit auf das Wissen, oder das Sichbewußtsein der eigentliche, Eine, und bleibende Zustand [...]." (SW X 3)

Angewendet auf den Gottesbegriff heißt das: Das Absolute muß gedacht (gewußt) werden *als gedacht (gewußt)*. Nur so läßt sich der fundamentale Selbstwiderspruch vermeiden, das Absolute sei als das Absolute (und nichts anderes) schon nicht mehr absolut. Jedenfalls hat sich Fichte anderen Lösungsversuchen, etwa das Absolute als Einheit von Absolutum und Relativum zu konzipieren[67], widersetzt und an dem strengen Begriff des Absoluten festgehalten:

---

[65] Dies ist der Einwand, den Falk Wagner in Aufnahme Hegelscher Gedanken gegen Fichtes Fassung des Gottesbegriffs formuliert hat: Vgl. F. Wagner, Der Gedanke der Persönlichkeit Gottes bei Fichte und Hegel, Gütersloh 1971, S.112. In systematischer Perspektive und ohne ausdrücklichen Bezug auf Fichte hat Wagner seine Kritik wiederholt in: ders., Religionsphilosophie und Theorie des Absoluten, NZSTh 31, 1989, S.41-61, bes. S.56ff.

[66] S.o. S.58f.

[67] Den Versuch, das Absolute als Einheit von Absolutum und Relativum zu denken, hat u.a. Falk Wagner verschiedentlich unternommen (vgl. Religionsphilosophie und Theorie des Absoluten [Anm. 65], bes. S.54ff). In der unmittelbaren Zeitgenossenschaft Fichtes wird man vor allem auf Hegel verweisen müssen. Anders als im Fall der zahlreichen polemischen Stellungnahmen zu Schelling, findet sich bei Fichte keinerlei eindeutig identifizierbare Auseinandersetzung mit Hegels Theorie des Absoluten.

"Weiteres nun, als dass es sey das Absolute, und dass es nicht sey Anschauung oder irgend etwas Anderes [...], lässt sich von demselben in diesem seinem blossen Begriffe nicht aussagen." (SW II 684)

Zweitens, im Gottesbegriff wird Gott gedacht. Denken ist eine Vergegenständlichung und setzt eine Instanz voraus, für die das Absolute Gegenstand
ist. Das Absolute schließt aber als *das* Sein, absolutes und einziges Sein, aus,
daß außer ihm selbst überhaupt etwas ist.

"*Ausser* ihm ist seinem Begriffe nach kein Sein; aber der Begriff ist, und ist ausser
ihm. [...] Indem *gesagt* wird, es sei Nichts ausser ihm, ist Etwas, eben dieses Sagen,
ausser ihm." (SW X 327)

Die Forderung, das Absolute müsse, um Selbstwidersprüche zu vermeiden,
gedacht werden als gedacht, macht diesen Widerspruch von Denken und Gedachtem im Gottesbegriff selbst gerade offenkundig und verfestigt ihn, weil
durch die Selbstreflexion der Begriff, das absolute Sein als Gedanke, bewußt
ist (vgl. SW X 327). Der aufgezeigte Widerspruch läßt sich, mit Fichte
selbst, noch dahingehend präzisieren, daß nicht nur überhaupt etwas außer
dem Absoluten sei, nämlich sein Begriff, sondern daß dieses Außen des Absoluten zugleich eine Beziehung auf das Absolute hat. Eine solche Beziehung ist aber gerade zufolge des energischen Seinsbegriffs Fichtes von dem
im Begriff des absoluten Seins Gedachten ausgeschlossen. 'Sein' bedeute ein
Für-sich- und In-sich-selbst-Sein, eine in sich ruhende Geschlossenheit. Sagen
und Gesagtes widersprächen einander im Begriff des absoluten Seins (vgl.
SW IX 43f; SW X 327).

Die Selbstwidersprüchlichkeit des Gottesbegriffs zu beseitigen, besteht
keine unbedingte Notwendigkeit. Man könne, so Fichte, den Widerspruch
auch ungelöst lassen; dies ergebe "Mysticismus" (SW X 329) bzw. "ein an-
dächtiges Schwärmen" (SW X 330). Die Nötigung zur Problemlösung beruht bereits auf einem "Interesse des Verstandes, der Klarheit" (SW X 329).
Philosophie unterscheidet sich von Mysticismus und andächtiger Schwärme-
rei darin, daß sie diesem Interesse dient. Ihre Aufgabe sei es, den Widerspruch des Gottesbegriffs zu lösen (vgl. SW X 327f. 329).

*2. Die Kritik an der Schöpfungsvorstellung und an Spinozas Theorie des Ab-
soluten.* Fichte entwickelt seinen eigenen philosophischen Lösungsvorschlag,
der auf der grundlegenden Unterscheidung von Sein und Erscheinung beruht, innerhalb des Einleitungsteiles seiner WL von 1812 (vgl. SW X 326-
337) im Medium der Kritik zweier alternativer Lösungsmodelle. Der Sinn
dieser Kritik sei nicht, durch Widerlegung anderer Konzeptionen die Wahr-

heit des eigenen Ansatzes zu begründen; die Wahrheit begründe sich vielmehr durch unmittelbare Anschauung selbst (vgl. SW X 332). Gleichwohl
entwickelt Fichte innerhalb dieser Kritik sozusagen Standards für eine angemessene Fassung der Dialektik des Gottesbegriffs, Standards, die erfüllt zu
haben Fichte mit seinem eigenen Lösungskonzept offenkundig beansprucht.

Das Grundproblem, das es zu bewältigen gilt, ist, das Verhältnis von Absolutum und Außen des Absoluten angemessen, d.h. so zu bestimmen, daß
sich daraus kein Widerspruch zu dem im Begriff des Absoluten Gedachten
ergibt. Der erste von Fichte ins Auge gefaßte Weg, dieser Schwierigkeit
Herr zu werden, besteht darin, daß in seinem Außen das Absolute sich wie-
derhole und noch einmal ganz setze; und zwar in dem Sinne, daß in dieser
Selbstwiederholung der eine Grundcharakter des Seins an das Außen des
Absoluten mitgeteilt werde (xf SW X 330). Da Fichte an dieser Stelle keinerlei nähere Erläuterung dieses Lösungsversuches gibt, ist man zu dessen
Verständnis auf interpretative Rekonstruktion angewiesen. Konstitutiv für
die anvisierte Position wäre offenkundig zweierlei: Zum einen entsteht das
Außen des Absoluten durch einen Akt des Absoluten; zum anderen entsteht dabei ein solches Außen, das durch die Mitteilung des Seinscharakters
selbst ein in sich ruhendes, selbständiges, gediegenes, abgeschlossenes und
fertiges Seiendes ist. Beide Merkmale, den Akt des Absoluten als Ursprung
und das selbständige, abgeschlossene Seiende als Effekt, verbindet Fichte ge-
legentlich mit der herkömmlichen *Schöpfungsvorstellung* im Sinne der crea-
tio primordialis (vgl. SW IX 23; SW X 345). Gegen die Schöpfungsvorstellung wendet Fichte ein, daß sie mit dem Gedanken verbunden sei, es gebe
eine Zeit, in der Gott geschaffen habe, und eine Zeit, in der er nicht mehr
schaffe. Fichtes Einwand zielt dabei nicht primär darauf, daß Gott so selbst
der Zeit unterworfen wäre, sondern daß die Differenz von Schöpfersein
und Nichtschöpfersein einen Wandel in Gott indiziere, der dem Begriff
Gottes als des absoluten Seins widerspricht (vgl. SW IX 23; SW X 345).
Diese Kritik an der Schöpfungsvorstellung deckt sich mit der Kritik, die
Fichte gegen das Modell der Selbstwiederholung im Sinne der Seinsmitteilung vorbringt: Dadurch sei in dem Absoluten selbst "Genesis und Wandel"
(SW X 330). Bei diesem Lösungsversuch ist die Widersprüchlichkeit des
Gottesbegriffs nicht behoben; vielmehr produziert dieser Versuch in der Ab-
sicht, das Verhältnis von Absolutum und Außen des Absoluten theoretisch

zu bewältigen, einen Widerspruch zu dem im Begriff Gottes Gedachten: Das Absolute wird um seine Identität gebracht.

Das zweite Modell, mit dem Fichte sich auseinandersetzt, ist die Theorie des Absoluten bei *Spinoza* (vgl. SW X 330f).[68] Indem Spinoza Denken und Ausdehnung als Attribute Gottes faßt, wird das Außen von vornherein als Bestandteil des Absoluten selbst gedacht. Die Stärke dieses Lösungsversuches liegt auf der Hand: Das Problem, wie etwas außerhalb des Absoluten sein könne, nämlich der Begriff des Absoluten, verschwindet von selbst, weil das Außen gar kein Außen, sondern Teil des Absoluten ist. Das Denken des Absoluten gehört selbst zum absoluten Sein. Schon dadurch ist das Absolute zwar "*in sich selbst* ein Mannigfaltiges" (SW X 330), doch soll, so Fichtes Spinozareferat, diese Mannigfaltigkeit die Absolutheit des Absoluten nicht aufheben. Zwar scheint es so, als werde das Absolute durch die im Denken liegenden Bestimmungen einem Wandel unterworfen, doch entsteht dieser Schein nur, weil die Bestimmungen nicht als Bestimmungen des Absoluten und so als absolute Bestimmungen gedacht werden.

> "Nach ihm [nämlich: Spinoza] ist das Eine Absolute zugleich schlechthin mannigfaltig: *Denken* und *Ausdehnung*; die wieder ihre Formen und Bestimmungen haben. Nicht es *wandelt* sich, und *wird*; sondern so ist's, absolut; und Alles, was es in jenen beiden Grundformen noch weiter ist, *ist* es absolut. Alles wird eigentlich aufgenommen in das absolute Sein, keinen *Wandel*. Dies heißt ihm Unrecht thun, und sein System nicht in aller seiner Schärfe fassen." (SW X 330)

Gleichwohl wird nach Fichtes Ansicht das Absolute bei Spinoza um seine Absolutheit gebracht: Es sei offenbar in seinem Sein als Denken und Ausdehnung durch ein notwendiges Gesetz bestimmt, nach dem es so sein müsse und nicht anders könne; damit aber sei es nicht mehr absolut durch und von sich selbst. Wir hätten vielmehr zwei Absolute, ein bestimmendes, das Gesetz, und ein bestimmtes, das beschränkte Sein (vgl. SW X 330f). Was also zunächst die Stärke bei Spinoza zu sein scheint, daß nämlich das Denken selbst zum Absoluten gehört, erweist sich als ruinös für das Absolute. Denn gehören die Denkbestimmungen zu dem Absoluten, können sie nicht mehr so von ihm unterschieden werden, daß das Absolute nur für das Denken als so und so bestimmt erscheint. Das Absolute wird stattdessen realiter

---

[68] Zur Auseinandersetzung Fichtes mit Spinoza vgl. R. Lauth, Fichtes Sicht der Philosophie Spinozas, in: ders., Transzendentale Entwicklungslinien von Descartes bis zu Marx und Dostojewski, Hamburg 1989, S.24-43.

bestimmt, d.h. einer Notwendigkeit unterworfen. Dagegen hilft nun auch der Hinweis nicht mehr, es sei ja diese Notwendigkeit selbst Bestandteil des Absoluten: Das Absolute zerfällt in ein bestimmtes und ein bestimmendes Absolutum, wird so um seine Einheit gebracht und widerspricht damit seinem eigenen Begriff.

3. Die Differenz von Sein und Erscheinung. Der Grundfehler sowohl der Schöpfungsvorstellung als auch der Theorie des Absoluten bei Spinoza besteht nach Fichte darin, daß das Sein, das allein dem Absoluten zukommt, an das Nicht-Absolute mitgeteilt werde (vgl. SW X 330). Dadurch wird in beiden Fällen das Absolute um seine Absolutheit gebracht. Es gilt also für Fichte zunächst, das Sein streng als absolutes festzuhalten:

> "Eins *ist*, und ausser diesem Einen *ist* schlechthin Nichts. Dies festgehalten, und nie irgend einen Ausdruck der W.=L. so genommen, als ob diesem Satze widersprochen werden sollte. [...] Eins ist, ausser diesem Nichts. Alles Andere *ist* nicht; dieser Satz stehe unveränderlich und ewig fest." (SW X 331)

In der Konsequenz bleibt nichts übrig, als dem Außen des Absoluten

> "[...] das eigentliche Sein, die Art und Weise des Seins des Absoluten ganz abzusprechen, und ihm eine durchaus andere, jener schlechthin entgegengesetzte Form des Seins beizulegen." (SW X 331)

Diese "andere *Form des Seins*" (SW X 332) finde sich in unmittelbarer Anschauung an dem *Begriff* des absoluten Seins selbst (vgl. SW X 332). Er weise sich nämlich selbst als "unmittelbares Urbild" aus, in dem "das innere *Wesen* des Absoluten" in seiner Bildlichkeit genau und treu abgebildet sei (SW X 334). In den Begriff trete das Absolute ein, wie es in sich selbst sei, freilich nicht in der Form des Seins des Absoluten, sondern in der Form des Seins eines Bildes (vgl. SW X 334). Der Begriff ist durchaus dialektisch: Er sage von sich selbst, daß er nur Erscheinung, nicht das absolute Sein selbst sei: die Negation; und daß er doch des Absoluten Erscheinung sei: die Aufhebung der Negation (vgl. SW IX 203). An dem Begriff des Absoluten zeige sich, was *faktisch* außerhalb des Absoluten sei (vgl. SW X 327. 329. 332) und was überhaupt nur außerhalb des Seins sein könne (vgl. SW II 696): seine *Erscheinung*.

Die Erscheinung entspreche dem Absoluten; wie das Absolute sei, so sei auch seine Erscheinung (vgl. SW IX 408; u.ö.). Wandellosigkeit, Einheit, numerische Singularität und absolute Sichselbstgleichheit müssen wie von dem Absoluten so auch von seiner Erscheinung ausgesagt werden (vgl. SW X 334). Zugleich aber sei die Erscheinung, im Gegensatz zum Sein, offen für Wandel, Genesis und Mannigfaltigkeit *innerhalb* ihrer Einheit. Denn sie stehe von vornherein unter einer sie beschränkenden Bestimmung, nämlich der, dem Absoluten zu entsprechen (vgl. SW X 336). Diese grundsätzliche Bestimmtheit durch anderes (nämlich das Absolute) läßt logisch weitere Bestimmungen (folglich Mannigfaltigkeit und Wandel) zu, ohne daß ein Selbstwiderspruch zum Begriff der Erscheinung des Absoluten entsteht, weil dieser Begriff das Bestimmtsein durch anderes (nämlich das Absolute) immer schon enthält. Die Erscheinung kann durch die Mannigfaltigkeit von Bestimmungen nicht um ihre Absolutheit gebracht werden, weil sie immer schon einer Relation unterworfen ist: Erscheinung *des Absoluten*. Die mögliche Mannigfaltigkeit kann natürlich nicht auf das Konto des absoluten Seins gehen, sondern müsse aus dem Wesen der Erscheinung abgeleitet werden (vgl. SW X 336).

Indem Fichte zwischen Gott und Erscheinung scharf unterscheidet, versucht er also, den Fehler der Theorie des Absoluten bei Spinoza zu vermeiden. Weil Spinoza nicht auf das *Denken* des Gedachten reflektiert, folglich die Denkbestimmungen für Bestimmungen des Seins selbst hält, also das, was durch das Denken bestimmt als das Absolute *erscheint*, zum Absoluten selbst macht und somit dieser Erscheinung den Charakter des Seins beilegt, trägt er die Mannigfaltigkeit eines bestimmenden und eines bestimmten Absoluten in das Absolute und bringt es um seine Absolutheit. Umgekehrt heißt das: Diese Auflösung des im Gottesbegriff zu Denkenden ist nur zu vermeiden, wenn derart scharf zwischen Absolutum und Erscheinung differenziert wird, daß zum einen die Erscheinung so gedacht wird, daß in ihr "nicht ein minimum von der Form des *Seins* selbst" sei (SW X 333), und daß zum anderen festgehalten wird, daß "Gott nicht mit der Erscheinung wieder zu vermischen" sei (SW IX 448).

Die Unterscheidung von Sein (Absolutum, Gott) und Erscheinung ist fundamental für Fichtes gesamte Spätphilosophie und insbesondere die WL in specie. Gleichbedeutend mit *Erscheinung* (vgl. SW II 684; SW X 332; SW IX 408. 419. 563ff; u.ö.) verwendet Fichte die Termini *Schema* (vgl. SW II 696; SW X 332 u.ö.), *Bild* (vgl. SW II 684. 696; SW X 332; SW IX 101. 564; IV 380f u.ö.), *Dasein* (vgl. SW X 333), *Anschauung* (vgl. SW II 683f u.ö.), *Äußerung* (vgl. SW II 696), *Gottes Sein außer seinem Sein* (vgl. SW II 696; SW X 332), *Offenbarung* (vgl. SW IV 381f) und *das (ewige) Wort Gottes* (vgl. SW X 345; SW XI 117; SW IX 27). All das wiederum bezeichnet Fichtes

Begriff des *Wissens*, des einen, absoluten Wissens, Wissens schlechtweg o.ä. (vgl. SW II 696f; SW X 3f. 317 u.ö.). Außer dem Einen, das *ist*, ist nach Fichte das, als was dieses Eine *erscheint*. Was dabei die Bestimmungen, denen das Eine durch sein Erscheinen und innerhalb seines Erscheinens unterworfen ist, an sich selbst sind und woher ihre Mannigfaltigkeit stammt, muß aus dem Wesen der Erscheinung als solcher, aus dem Charakter des Bildhaften, aus der Form des Wissens selbst begriffen werden.

Es bleibt allerdings zu fragen, ob Fichtes Theorie des Absoluten nicht in eine vergleichbare Schwierigkeit gerät wie Spinoza: Die Art und Weise, in der Fichte das Absolute und dessen Erscheinung aufeinander bezieht, läßt doch keinen anderen Schluß zu, als daß auch hier zwei Absoluta, ein bestimmendes und ein bestimmtes, gedacht werden. Indem Fichte aber zwischen Sein und Erscheinung streng unterscheidet, wird das bestimmende Absolute, das absolute Sein, von dieser Verdoppelung des Absoluten nicht betroffen. Die Relation zwischen Sein und Erscheinung wird so gefaßt, daß dabei keinerlei Relationalität für das bestimmende Absolute, das absolute Sein selbst, impliziert ist. Für die absolute Erscheinung entsteht freilich das schwerwiegende Problem, wie sie als durch anderes bestimmte noch absolut zu sein vermag. Dies wäre nur dann denkbar, wenn sich die Einsicht in das Bestimmtsein durch das Absolute als Implikat aus der Absolutheit der Erscheinung selbst einsichtig machen ließe. Dies wiederum erfordert eine genetische Theorie des Begriffs des absoluten Seins, zu der sich bei Fichte in der Tat bedeutende Beiträge finden, auf die wir später eingehen werden.[69]

4. Die absolute Faktizität der Erscheinung. Auf die Frage, *was* überhaupt außer dem Absoluten zu sein vermag, hat Fichte eine Antwort gegeben: Erscheinung, Schema, Bild etc. des Absoluten. Die Antwort ergab sich aus der Reflexion auf den faktischen Begriff des Absoluten. Aber *wie* ist überhaupt ein solches Erscheinen des Absoluten möglich? Fichtes Antwort lautet: Indem das Absolute eben erscheint (vgl. SW X 343)! Auch hier bürgt die Faktizität für die Möglichkeit; die Möglichkeit werde aus der Wirklichkeit geschlossen (vgl. SW X 332). Außer dem Absoluten sei - "*weil* es nun einmal da ist" - sein Bild (SW X 333). Dieser Satz sei "der absolut bejahende Satz", der Ausgangspunkt und die "eigentliche Seele" der WL (SW X 333). Wenn man so will, kann man sich also keinen strengeren 'Offenbarungs-

---

[69] S.u. S.76ff.

Theologen' denken als Fichte. Das Faktum der Erscheinung als solches ist unhintergehbar und von grundlegender Bedeutung. Denn das im Begriff Gottes Gedachte impliziert gerade nicht, daß es außerhalb seiner selbst erscheine. Der Begriff Gottes fordert die begriffliche Unableitbarkeit seiner Erscheinung. Unableitbarkeit aber bedeutet Faktizität.

Der Charakter des Faktischen sei seine Genesis: Es ist nicht selbstverständlich. Man kann nach einem Grund fragen: Es könnte auch anders sein. Faktizität bedeutet Kontingenz, Nicht-Notwendigkeit (vgl. SW X 333). Fichtes Gedanke der Kontingenz der Erscheinung ist wohlmotiviert. Er sichert in zweifacher Hinsicht die Absolutheit des Absoluten. *Zum einen* ist die Erscheinung als kontingent in sich selbst grundlos, hat ihren Grund nicht in sich, sondern außerhalb ihrer selbst, nämlich im absoluten Sein. Die Erscheinung sei "*schlechthin Nichts durch sich*" (SW X 338); sie verdankt ihr formales Dasein dem absoluten Erscheinen Gottes und ihr qualitatives So-sein dem inneren Wesen Gottes (vgl. SW X 338). Diese im Gedanken der Faktizität implizierte 'schlechthinnige Abhängigkeit' stellt also das konkurrenzlose Durchsichselbstsein Gottes sicher: Außer Gott ist nichts als seine Erscheinung; die aber ist nichts durch sich selbst, sondern alles durch Gott (vgl. SW X 338; ähnlich SW XI 193). *Zum anderen* verhindert der Gedanke der Kontingenz der Erscheinung, daß das Absolute selbst der Notwendigkeit unterworfen ist, erscheinen zu müssen. Denn wäre die Erscheinung nicht kontingent, müßte sie sich aus dem Absoluten als notwendig erweisen, d.h. im Sinne einer Deduktion ableiten lassen. Ableiten ließe sie sich nur so, daß dabei von dem Absoluten gezeigt werden könnte, daß es erscheinen *muß*. Das Absolute wäre selbst einer Notwendigkeit unterworfen und wäre zugleich nicht mehr als das absolute Durch-sich, Von-sich, Aus-sich, als absolute Selbstbestimmung gedacht; es wäre fremdbestimmt. Die Nicht-Notwendigkeit der Erscheinung vermeidet demgegenüber also gerade, was Fichte an Spinozas Theorie des Absoluten bemängelt.

Die Faktizität im Sinne der Kontingenz gefährdet nun aber andererseits gerade wieder die Absolutheit des Absoluten. Denn der Kontingenz auf Seiten des Effektes (der Erscheinung) entspricht ja offensichtlich eine Kontingenz auf Seiten des Grundes (des absoluten Seins): Ist die Erscheinung nicht notwendig, besagt das, das Absolute könne erscheinen oder auch nicht. Damit droht das Absolute aber analog zur Schöpfungsvorstellung um seine Einheit gebracht zu werden. Fällt dort die Einheit Gottes der Unterscheidung von Schöpfersein und Nicht-Schöpfersein zum Opfer, zerstört hier die in der Willkür-Freiheit von Erscheinenkönnen und Nicht-Erscheinenkönnen implizierte Differenz die Sichselbstgleichheit des Absoluten (vgl. SW X 334. 343; SW II 696). Zudem widerspricht die Kontingenz dem Begriff der Erscheinung des Absoluten selbst. Als Erscheinung *des Absoluten* muß sie doch gerade dessen Charakter an sich selbst tragen:

> "Wie nur das Absolute ist, so ist seine Erscheinung. Nun aber ist es eben absolut; darum ist auch seine Erscheinung absolut. Sie kann nicht nicht sein, so gewiß das Absolute nicht nicht sein kann." (SW IX 408)

Nach Fichtes Überlegungen müßten demnach zwei Sätze vermieden werden: Erstens, die Erscheinung ist notwendig in dem Sinne, daß das Absolute selbst genötigt ist zu erscheinen; in diesem Fall wäre das Absolute um seine Selbstbestimmung gebracht. Zweitens, die Erscheinung ist zufällig in dem Sinne, daß das Absolute erscheinen könne oder auch nicht; in diesem Fall wäre das Absolute um seine Selbstidentität und die Erscheinung um ihre Identität als des Absoluten Erscheinung gebracht. Hier scheint dann aber ein Dilemma unausweichlich: Um der absoluten Selbstbestimmtheit Gottes willen muß die Erscheinung zufällig, um der absoluten Identität Gottes willen aber notwendig sein. Das Erscheinen muß Gott wesentlich sein und darf doch nicht zu den ableitbaren Implikaten seines Begriffs gehören.

Fichte ist freilich in der Lage, die hier drohende Antinomie aufzulösen (vgl. zum Folgenden SW X 343f). Dabei erweist sich sein Grundsatz, stets auf das Denken des Gedachten zu reflektieren, einmal mehr als fruchtbar. Die Selbstreflexion des Denkens eröffnet nämlich die Durchsicht auf den Unterschied von apriorischem und aposteriorischem Erkenntnismodus. Indem Fichte nicht einfach bei den vorliegenden Resultaten des Denkens stehenbleibt, sondern die Akte des Denkens selbst und ihren Modus, die ratio cognoscendi, in den Blick nimmt, gelingt es ihm zu zeigen, daß die Denkbestimmungen 'zufällig' und 'notwendig' ihrer starren Entgegensetzung so entkleidet werden können, daß es möglich wird, Faktizität, also Kontingenz, und Absolutheit, also Notwendigkeit, von der Erscheinung auszusagen.

Die Nötigung, die Erscheinung um der absoluten Selbstbestimmtheit Gottes willen als kontingent zu denken, besagt ja nur, daß es für das Denken keinen *a priori* angebbaren Grund geben darf, warum das Absolute erscheinen müsse. Die Nötigung, die Erscheinung um der absoluten Identität

Gottes willen als notwendig zu denken, besagt ja nicht, daß diese Notwendigkeit auch apriori einsehbar sein müsse; es ist m.a.W. nicht ausgeschlossen, daß die Prädikation der Notwendigkeit auf einem *a posteriori* vermittelten Schluß beruhe. Es wäre also möglich, beides zu sagen: Die Erscheinung ist zufällig, weil es für sie a priori keinen Grund im Begriff des Absoluten gibt; und die Erscheinung ist notwendig, weil sie a posteriori - aufgrund ihrer Faktizität - als im Absoluten begründet begriffen werden muß. Die Erscheinung werde "als nothwendig erkannt, zufolge ihrer Wirklichkeit" (SW X 333; Sperrung beseitigt). Ohne ableitbar zu sein, gehört das Erscheinen zum Wesen des Absoluten: Das Absolute kann nicht nicht erscheinen. Der Gedanke der Notwendigkeit sichert die absolute Identität Gottes. Indem aber die Erkenntnis dieser Notwendigkeit durch das Faktum der Erscheinung vermittelt ist, wird das Absolute keiner anderen Notwendigkeit unterworfen als der, seinem eigenen Wesen zu entsprechen. Denn daß das Erscheinen zum Wesen des Absoluten gehört, ist erst aufgrund der faktisch eröffneten Selbstbestimmtheit einsehbar. Die aposteriorische Vermittlung der Prädikation erweist gerade die Unabhängigkeit, das Durchsichselbstsein, die Absolutheit dessen, von dem prädiziert wird. Die Aposteriorität der Notwendigkeitsprädikation garantiert die absolute Selbstbestimmtheit Gottes. Das Absolute *ist* eben ein solches, zu dessen Wesen es gehört zu erscheinen, ohne daß sich dafür ein anderer Grund als dieses Sein Gottes angeben ließe.[70] Daß aber Gott überhaupt der Notwendigkeit unterworfen ist, seinem eigenen Wesen zu entsprechen, tut seiner Absolutheit keinen Abbruch,

---

[70] Dieser Gedanke der Unableitbarkeit der Erscheinung Gottes hat die Kritik Falk Wagners gefunden: Zwischen dem Absoluten und seiner Erscheinung klaffe der hiatus irrationalis; allein die Faktizität des Denkens des Absoluten könne gerechtfertigt werden, nicht aber die Genese dieses Denkens (vgl. Wagner, Persönlichkeit Gottes [Anm. 65], S.112). Das ist in der Tat exakt Fichtes Position. Nun mag es dahingestellt bleiben, ob und warum auch noch die Genese dieser Faktizität gerechtfertigt werden müsse. Jedenfalls ist einleuchtend, daß man dann damit das Absolute um seine Absolutheit bringen würde, indem es selbst einer Notwendigkeit unterworfen wäre, die von der, seinem eigenen Wesen zu entsprechen, unterschieden wäre. Die Genesierung der Faktizität der Erscheinung verfiele der Spinoza-Kritik Fichtes. Die Genese der Faktizität hätte die Genese des Absoluten selbst zur Folge, was dem im Begriff des Absoluten zu Denkenden widerspräche (vgl. SW X 333). Umgekehrt: Der Absolutheit des Absoluten entspricht notwendig ein Moment der Kontingenz (Unableitbarkeit) der Erscheinung. D.h. es läßt sich für sie kein anderer Grund angeben als der, daß Gott eben so ist, daß er erscheint.

sondern ist schlicht Ausdruck seiner Selbstbestimmtheit, die seiner Identität entspricht, und umgekehrt.[71]

Das ist Fichtes Versuch, die Selbstwidersprüchlichkeit im Begriff der Erscheinung des Absoluten aufzulösen. In seinen eigenen Worten liest sich das folgendermaßen:

> "Die Erscheinung ist; das absolute Sein *erscheint* eben schlechtweg; so ist's [...]. - Für unser Bewußtsein darum, und aus dessen Standpunkte ist die Erscheinung ein solches, das auch nicht sein könnte, ein *Zufälliges*. -
> Es findet die höhere Frage statt: ist die Erscheinung an sich zufällig? *Kann* Gott erscheinen oder auch *nicht*; und ist die Erscheinung bloß ein Akt seiner Freiheit, in der niedern Bedeutung des Wort, nicht als absolutes Leben durch sich selbst gedacht, sondern als ein absolut *gesetzloses* Leben; und kommt Gott eine solche Freiheit zu, oder ist sein Erscheinen nothwendig [...]?
> Es ist leicht einzusehen, das Letztere: Gott ist, *was* er ist, schlechthin dadurch, *daß* er ist; durch sein bloßes formales Sein ist sein ganzes Sein gegeben. Nun erscheint er unter Andern; so gewiß darum er erscheint, ist dies durch sein absolutes Sein, und er kann, nachdem er einmal erscheint, nicht nicht erscheinen. Das Faktum ist ein absolut nothwendiges.
> Bemerken Sie den Zusatz: nachdem er einmal erscheint. Bemerken Sie den Gang des Schlusses. Die Erscheinung wird schlechthin gegeben; erst unter dieser Bedingung erhält sie den Charakter im Denken, daß, da sie zufällig sei, in der Ansicht ihrer selbst, sie sei durch ein *Anderes*; daß aber, was durch dieses sei, *absolut* sei, und nicht nicht sein könne. Es ist ein vermittelter Schluß, ruhend auf dem Faktum und dasselbe voraussetzend." (SW X 343f)

Mit dieser Fassung des Verhältnisses von Absolutum und Erscheinung vermeidet Fichte die Unzulänglichkeiten der von ihm diskutierten alternativen

---

[71] Gegen W. Lautemann, Interpretation und Kritik einiger Grundbegriffe der Spätphilosophie Fichtes, dargestellt an den "Einleitungsvorlesungen in die Wissenschaftslehre" von 1813, I.-Diss. Frankfurt a.M. 1970, S.99ff. Nach Lautemann impliziere das von Fichte gedachte Verhältnis von Gott und seiner Erscheinung die Unfreiheit Gottes und zerstöre so das im Begriff Gottes zu Denkende, die Absolutheit, weil Gott erscheinen müsse. Als Beleg für seine Interpretation führt Lautemann Fichtes Aussage an, daß die Erscheinung des Absoluten nicht nicht sein könne (a.a.O., S.101; vgl. SW IX 408). Dabei verkennt Lautemann zunächst, daß damit kein notwendiges Kausalverhältnis, sondern ein notwendiges Entsprechungsverhältnis von Gott und Erscheinung expliziert wird. Die Notwendigkeit des Entsprechungsverhältnisses beschränkt aber das Absolute in keiner Weise: Es muß keinem anderen entsprechen als sich selbst. Hingegen muß die Erscheinung einem anderen entsprechen, dem Absoluten nämlich, und ist daher nicht das Absolute (vgl. SW X 338). Vor allem aber bleibt bei Lautemann unberücksichtigt, daß die Notwendigkeitsprädikation im Hinblick auf die Erscheinung unter der Voraussetzung steht, *daß* es überhaupt eine Erscheinung gebe (vgl. SW X 343f). Die Aussage, die Erscheinung könne nicht nicht sein, ist eine Erkenntnis a posteriori, post factum, und unterwirft damit Gott keinem anderen Gesetz als dem, das er selbst in seinem Wesen ist. Die Notwendigkeit der Erscheinung schränkt die absolute Selbstbestimmtheit Gottes in keiner Weise ein.

Denkmodelle. Weder wird, wie in der Schöpfungsvorstellung, die absolute Identität einer unbestimmten, also willkürlich-gesetzlosen Freiheit Gottes geopfert, noch wird, wie bei Spinoza, die absolute Selbstbestimmtheit der Notwendigkeit eines absoluten Denkens ausgeliefert.[72] Fichte gelingt es vielmehr, Gott als wahrhaft selbstbestimmt zu denken. Die Absolutheit des Absoluten, die Gottheit Gottes wird bewahrt.[73] Der Begriff des Absoluten werde gehalten, "wie sich dies ja von jedem wahren Systeme versteht" (SW X 331).

5. *Gott als der absolute Gegenstand des Wissens: Gotteslehre als Wissenslehre.* Zu den Selbstwidersprüchlichkeiten des Gottesbegriffs gehört, daß Aussage und Ausgesagtes einander so widersprechen, daß in dem Aussagen eine Beziehung auf das Ausgesagte in Anspruch genommen wird, die von dem Ausgesagten ausgeschlossen ist[74]:

> "[...] *Was* gesagt wird, widerspricht dem, *Daß* es gesagt wird; wenn jenes *Ist* wahr wäre, so könnte es nicht gesagt werden, und so gewiß es gesagt wird, ist es nicht wahr. Denn es wird ausgesagt in dem *Ist*: es ist schlechthin nur für und in ihm selber, ein in sich selbst Geschlossenes; es ist in ihm durchaus keine Beziehung auf ein *Aussen* vorhanden. Indem aber *gesagt* wird: es ist; wird es äusserlich, umschlossen und umfangen; hingesetzt eben in einen größeren Umfang, des Sagens von dem Ist, in welchem es abgetrennt (unterschieden) wird, und der darum für dasselbe ist ein Außerihm. In dem Ausgesagten ist demnach durchaus keine Beziehung auf ein Außen, vielmehr absolute Negation desselben; in der Aussage selbst ist allerdings eine solche, durch welche das Innere eben abgeschlossen und umschlossen wird, und nur

---

[72] Fichtes Kritik an Spinoza kann daher nicht als Ablehnung der Bestimmung Gottes durch sein eigenes Wesen verstanden werden; das liefe gerade auf den Gedanken einer willkürlich-gesetzlosen Freiheit des Absoluten hinaus (gegen Lauth, Fichtes Sicht der Philosophie Spinozas [Anm. 68], S.36). Fichtes Kritik richtet sich vielmehr darauf, daß Spinoza das Bestimmtsein Gottes nicht als Selbstbestimmung durch sein Wesen denken kann, weil er sich die Einsicht in die Genese solcher Aussagen über die Wesensbestimmtheit des Absoluten dadurch verstellt, daß er nicht auf das Denken des Gedachten reflektiert.

[73] Diesen Zug der Theorie des Absoluten bei Fichte hat Emanuel Hirsch - auf der Grundlage der WL von 1801/02 - besonders betont, insbesondere gegenüber Hegels Fassung vom absoluten Geist (vgl. E. Hirsch, Fichtes Gotteslehre 1794-1802, in: ders., Die idealistische Philosophie und das Christentum, Gesammelte Aufsätze, Studien des apologetischen Seminars Heft 14, Gütersloh 1926, S.140-290, hier: S.288-290). Fichte, so Hirsch, vermag die "Unergründlichkeit", die "Verborgenheit", die "Majestät" Gottes zu denken. "*Fichte* hat eben wirklich Gott gedacht, *Hegel* aber leider nichts andres als - eben den absoluten Geist." (A.a.O., S.289)

[74] S.o. S.63.

in *Beziehung* und *Verhältniß* ist zu seinem Aeußern, worin eben der Widerspruch liegt." (SW IX 43f)[75]

Mit Fichtes Lösung des Selbstwiderspruchs, wie außer dem Absoluten überhaupt etwas sein könne, ist nun zugleich die Schwierigkeit weggefallen, wie es eine Beziehung dieses Außen auf das Absolute geben könne: Das Schema, Bild, die Erscheinung etc. des absoluten Seins enthält ja diese Beziehung selbst unmittelbar in sich. Es liegt aber in der Auflösung der selbstwidersprüchlichen Seinsaussage noch eine gewichtige Konsequenz, die es für den Begriff des Absoluten zu ziehen gilt. Die Konsequenz betrifft den grundsätzlichen Status des Gewußtseins Gottes, seiner Gegenständlichkeit.

Die Seinsaussage sei nur möglich *innerhalb der Einheit* der beiden entgegengesetzten Glieder des inneren Seins und des äußeren Sagens (vgl. SW IX 45). Diese Einheit besteht in der begrifflichen Vermittlung. Denn die beiden Glieder, das Sein und das Außen des Seins, verhalten sich zueinander wie "ein absolutes *Durch*" (SW IX 46).

> "Was heißt nämlich denn nun das *Innen*? Antwort: nicht Außen, und Außen nicht Innen. Jedes darum trägt seine Bestimmung, seinen Charakter nur *durch* das Andere, indem es nur ist die *Negation* des Andern." (SW IX 46)

Dieses "*Durch* absolut entgegengesetzter Glieder" *ist* eben die "Einheit" (SW IX 48), die in der Seinsaussage immer schon vorausgesetzt wird und innerhalb derer die Seinsaussage überhaupt möglich ist. Das heißt *zunächst*: Das Sein Gottes unterliegt als Gewußtes (Gesagtes) unhintergehbar der begrifflichen Vermittlung. *Sodann* aber erweist sich die Einheit der begrifflichen Vermittlung nicht nur als unaufhebbare Bedingung, unter der das Wissen (Sagen) des Absoluten (des ausgesagten Seins) steht, sondern als "der immanente Seinsgrund" (SW IX 51; ähnlich SW IX 50 u.ö.) des absoluten Seins selbst: Das Sagen sei "Seinsetzen" (SW IX 44. 45 u.ö.), das Sein aber "*Product*" (SW IX 45) der in der Seinsaussage vorausgesetzten Einheit. Damit will Fichte natürlich nicht behaupten, das Absolute, Gott selbst sei *an sich* ein Produkt des Begriffs. Aber: Auch noch dieses An-sich ist eine Prädikati-

---

[75] Im Zusammenhang der "Einleitungsvorlesungen in die Wissenschaftslehre" vom Herbst 1813, aus denen dieses Zitat stammt, bezieht sich Fichtes Kritik auf die gewöhnliche Ist-Aussage beliebiger Gegenstände, von denen das Bewußtsein sagt, sie sind, und dient so der Widerlegung des Dogmatismus, für den der Begriff des Ding-an-sich konstitutiv ist. Da Fichte dabei den einen energischen Seinsbegriff voraussetzt, kann und muß man seine Ausführungen auch auf den Gegenstand 'Gott' anwenden, was Fichte selbst expressis verbis betont (vgl. SW IX 45).

on des Begriffs![76] Auch die Unterscheidung von Sein und Bild sei ein Produkt des Begriffs oder Verstandes (vgl. SW X 21. 23ff. 363). Genau das meint Fichtes Formulierung, das Sagen (Wissen) sei der *immanente* Seinsgrund des Absoluten. Die begriffliche Vermittlung ist nicht nur die Form dieses Wissens, sondern sie konstituiert überhaupt erst das Absolute als solches für das Wissen.

Aus der Einheit der begrifflichen Vermittlung kommen wir realiter nie hinaus:

> "Selbst in deinem Begriffe von Gott siehst du dein Begreifen: in dem Bilde seines Lebens dein eigenes Bilden dieses Lebens." (SW IX 78)

Selbst Gott, "inwiefern er in der Erscheinung ist", ist ihre "Sichgestaltung" (SW IX 565). Auch und gerade wo wir das Absolute in seinem An-sich-Sein meinen, haben wir es immer schon mit seiner Erscheinung zu tun:

> "In ihm leben, weben und sind wir: ja in seiner Erscheinung; nimmer in seinem absoluten Sein." (SW X 337)[77]

Wie die Differenz von Absolutum und seiner Erscheinung nur als gewußte ist, so ist auch das Absolute selbst nur als gewußtes innerhalb der Einheit des Wissens. Als Gewußtes ist es Gegenstand des Wissens. Als Absolutes aber ist es weder zufällig und beliebig noch ein Objekt unter vielen, sondern notwendiger, unbedingter und einziger Gegenstand: Gott sei der *absolute Gegenstand des Wissens* (vgl. SW II 685f; SW X 7. 436. 438. 449). Wissen ist die Vergegenständlichung des Absoluten, seine Erscheinung. Dabei kehrt dann die ganze Dialektik des Gottesbegriffs wieder, handelt es sich doch um einen Gegenstand, dessen Begriff seine Gegenständlichkeit ebenso setzt wie verneint: der absolute und einzige Gegenstand - das, was nicht Gegenstand werden kann. Diese Widersprüchlichkeit ist aufgehoben in den Begriff selbst, der sich als Erscheinung des Absoluten begreift, sich darin also zugleich streng von dem Absoluten selbst unterscheidet *und* sich auf das Absolute als seinen Grund bezieht (vgl. SW IX 203; SW X 490f).

Unhintergehbare Voraussetzung bleibt dabei die Erscheinung Gottes als absolutes Faktum. Ihre Unableitbarkeit sichert die Absolutheit des Absolu-

---

[76] Vgl. W. Lautemann, Wissenschaftslehre und genetisches Prinzip. Prinzip und Aporie in der Spätphilosophie Fichtes, Frankfurt a.M. 1972, S.10.

[77] SW X 337 liest "immer in seinem absoluten Sein", was Fichtes Gesamtauffassung eindeutig zuwiderläuft. Die Konjektur "nimmer" statt "immer" stammt von Emanuel Hirsch (vgl. ders., Christentum und Geschichte [Anm. 13], S.70).

ten. Indem aber der Begriff auch noch die Unterscheidung von absolutem Sein und seiner Erscheinung als sein eigenes Produkt begreift, achtet er in potenzierter Weise die Absolutheit des Absoluten, freilich so, daß sich jetzt wirklich nichts mehr sagen läßt über das An-sich-Sein Gottes, das nicht sogleich als Erscheinung begriffen werden müßte. Um der Gottheit Gottes willen also formuliert Fichte: Das *Wissen* (Dasein, Erscheinung des Absoluten) sei das Höchste, von dem gewußt werden könne (vgl. SW X 4). Gegenstand einer Theorie des Absoluten ist im strengen Sinne immer nur die Erscheinung des Absoluten. Die Gotteslehre vollzieht sich als "Erscheinungslehre" (SW IX 564), als Wissenslehre (vgl. SW XI 25. 30).

c) Gnoseologische Funktion, Begründung und Genese
des Gottesgedankens

1. Die Notwendigkeit der Begründung des Gottesgedankens. Wir sind ausgegangen von dem im Begriff Gottes Gedachten. Die Entdeckung der inneren Widersprüchlichkeit des so Gedachten zwingt dazu, auf das Denken des Gedachten zu reflektieren. Diese Reflexion führt zur Aufhebung des Begriffs des absoluten Seins in den Begriff der Erscheinung des Absoluten. Die Gotteslehre vollzieht sich als Wissenslehre. Eben die Reflexion, die die Aufhebung der Widersprüchlichkeit ermöglicht, nötigt freilich zugleich zur Begründung des Gedachten. Dies gilt in doppelter Hinsicht: zum einen für das in diesem Fall bestimmte Gedachte, nämlich Gott, wie zum andern hinsichtlich des formalen Status des Gedachtseins überhaupt. In der ersten Hinsicht entsteht das Problem, wie von dem Resultat des Reflexionsganges auf die Bedingung der Möglichkeit des Gottesbegriffs aus dieser Gottesbegriff überhaupt möglich sein soll. Das Resultat dieses Reflexionsganges lautet: Das Wissen sei das Höchste, von dem gewußt werden könne (vgl. SW X 4).[78] Wie aber kann sich dann innerhalb dieses Wissens der Gottesgedanke, der Begriff des absoluten Seins, bilden? Für die Möglichkeit des Begriffs *des Absoluten* müßte gelten:

> "Das Wissen muß demnach *in* ihm selber *über* sich selber hinausgehen können." (SW X 4)

---

[78] S.o. S.73-76.

Die Selbstreflexion des Wissens nötigt so zu einer Begründung des Gottesgedankens im Sinne einer Theorie der *Genese* dieses Gedankens aus dem Wissen selbst.

Im Hinblick auf den formalen Status des Gedachtseins überhaupt ergibt sich ein Begründungsbedarf hinsichtlich der Realitätsgewißheit des als Denken (Wissen) gedachten (gewußten) Denkens (Wissens):

> "Wie reflektirt wird [...], zeigt sich das: ich denke es: wie aber dieses sich zeigt, entsteht Zweifel: ist es auch so?" (SW X 325)

Der Grund dieser Ungewißheit liegt darin, daß in der Reflexion das Gewußte *als Wissen* erscheine, das Wissen sich aber als bloßes Schema und nicht die Realität verstehe: Alle Reflexion zerstöre so die Realität (vgl. SW X 325).

Von dem Ergebnis seiner eigenen Reflexion auf das Denken des Gedachten her sieht Fichte sich also konfrontiert mit einem drohenden "Nihilismus" (SW X 325; SW IX 39).[79] Die scharfe Unterscheidung von Sein und Erscheinung, die Ausblendung des Seins von dem Wissen und die Einsicht in die Unhintergehbarkeit des Wissens führen zu dem Ergebnis: Das Wissen sei das Höchste, von dem gewußt werden könne (vgl. SW X 4). Das Wissen droht eben deshalb "ein blosses Wissen von sich selbst" und so "zu nichts" zu werden (SW II 685). Die WL scheint auf einen "leeren Idealismus" hinauszulaufen (SW IX 307 = Tr.Log. S.174; vgl. auch SW IX 541).

Für Fichte entsteht hier eines der zentralen Probleme seiner Spätphilosophie: Der Realitätsbezug, die Realhaltigkeit des Wissens muß eigens begründet werden (vgl. SW XI 13). Die Begründung wäre erbracht, wenn es gelingt, im Wissen (Sehen) selbst "dennoch eine Beziehung auf ein Selbstständiges ausser dem Sehen" nachzuweisen (SW IX 78). Es müßte "ein Bild eines *objektiven, selbstständigen Seins* ausser dem Bilde" geben (SW IX 189). Dieses "Aussen" müßte gleichwohl selbst innerhalb des Wissens sein; anders könnte es nicht gewußt werden; es wäre ein "*innerliches Aussen*" (SW IX

---

[79] Die Stellen SW X 325; SW IX 39 lassen deutlich erkennen, daß Fichte mit dem Nihilismusvorwurf von außen konfrontiert wurde. Bekanntlich hat Friedrich Heinrich Jacobi diesen Vorwurf bereits 1799 in seinem "Sendschreiben an Fichte" gegen Fichtes Philosophie erhoben (vgl. F. H. Jacobi, Werke, hg. v. F. Roth u. F. Köppen, Bd. 1-6, Leipzig 1812-1825, reprografischer Nachdruck, Darmstadt 1968, Bd. III, S.1-51, bes. S.19ff. 43-45. 48f); eine ganz ähnliche Kritik an Fichtes Idealismus findet sich auch in Schleiermachers 'Reden' (vgl. Schleiermacher, Über die Religion [Anm. 45], S.54; KGA I/2, S.213).

189). Das "*innere Aussen*" wäre "die *Objektivität*" (SW IX 194), die Selbständigkeit und Unabhängigkeit vom blossen Wissen innerhalb des Wissens.
In einem solchen Wissen vernichtete sich die Reflexion selbst: Sie könnte
die Unterscheidung von Wissen (Denken) und Sein nicht mehr wie einen
Keil in das Wissen treiben, weil dieses Wissen sich selbst als ein solches aus-
gäbe, das sich nicht der Projektion des Wissens verdankt. Es wäre ein Bild,
"an welchem das Bild sich vernichtet, und nicht mehr geschaffen oder proji-
cirt haben will" (SW IX 190f). Der Reflexion bliebe nur die Einsicht, es sei
nicht blosses Wissen, sondern Wissen des Seins, des Realen.

    2. Die gnoseologische Funktion des Gottesgedankens. Im Gottesbegriff ist die
Realhaltigkeit des Wissens auf den Begriff gebracht. Denn der Begriff 'Gott'
expliziert für Fichte gerade die Realität schlechthin, das absolute Sein, die
vollkommene Negation des bloßen reinen Wissens. Im Gottesbegriff ist der
absolute Gegenstand des Wissens (vgl. SW II 685f), "das absolute Objekt"
(SW X 7) gedacht. In ihm kommt zum Ausdruck, daß das Wissen (die Erscheinung, das Bild) nicht *nur* Erscheinung, sondern Erscheinung des Absoluten, des Realen schlechthin ist (vgl. SW IX 307 [= Tr.Log. S.174]. 541;
SW II 685; SW XI 13; u.ö.). Darin besteht die gnoseologische Funktion des
Gottesgedankens. Er dient der Explikation des Realitätsbezugs des Wissens
gegenüber der durch die Reflexion eröffneten drohenden Nichtigkeit des
Wissens.

> "[...] dieses absolute Sein haben wir [...], um darauf zu reduciren Alles, was
> als Nicht-Sein verstanden wird, und darum in einem Sein begründet werden
> muß." (SW IX 561)

In dem durch die Reflexion initiierten Prozeß, der von den Phänomenen zu
immer höher liegenden Bedingungen schreitet, markiert der Gottesbegriff
bei Fichte "einen letzten und absoluten Grund" (SW IV 379), bei dem das
Reflektieren zum Stehen kommt. Nur unter einer solchen "Annahme eines
absoluten Seyns" (SW IV 381) kann nach Fichte verhindert werden, daß der
Regreß ins Unendliche fortgehe und so das Wissen in sich leer und bodenlos wird (vgl. SW IV 379-382). Der Gottesbegriff fundiert das Wissen.

    *3. Die Begründbarkeit des Gottesgedankens: Das Wie und das Was der Be-
gründung.* Begründet werden kann der Gottesgedanke nur im Wissen und
durch das Wissen. Denn das Wissen ist nach Fichte das Höchste, von dem
gewußt werden kann. Die Begründung des Gottesgedankens kann also ferner nicht gegen die Reflexion auf das Wissen und an ihr vorbei geleistet

werden. Dem Sturz der Realität durch die Reflexion könne nicht mit einem willkürlichen Abbruch der Reflexionsarbeit gewehrt werden; die Begründung der Realhaltigkeit des Wissens müsse vielmehr in einer vollständigen und bis zu Ende durchgeführten Reflexion erbracht werden (vgl. SW X 325f). Es geht kein Weg an der "Arbeit" des Begriffs vorbei (SW X 325). Fichte propagiert - wie Kant und Hegel - die Anstrengung des Begriffs.[80] Der Grund dafür ist, daß gerade die destruierende Wirkung der Reflexion auf die unmittelbar gewußte Realität zugleich die Bedingung dafür ist, daß die *wahre* Realität überhaupt gewußt werden kann:

> "Ihr sagt ferner: Idealismus = Nihilismus. Wie Ihr entzückt seid, ein Wort gefunden zu haben, von dem Ihr hofft, daß wir darüber erschrecken werden! Wie denn, wenn wir, nicht so blöde, uns dessen rühmten, und das eben als das Vollendete und Durchgreifende unserer Ansicht, daß sie eben Nihilismus sei, strenge Nachweisung nämlich des *absoluten Nichts*, außer dem Einen, unsichtbaren Leben, Gott genannt [...]." (SW IX 39)

Ist die Begründung des Gottesgedankens nur möglich im und durch das Wissen, nämlich in einer vollständigen Reflexion des Wissens, die selbst wiederum ein Wissen ist, dann kann aber auch ausschließlich der *Gedanke* Gottes, ein Wissen von ihm begründet werden, nicht aber das im Gottesgedanken Gedachte oder Gemeinte in seinem An-sich-Sein. Hier zeigt sich die Abständigkeit der Begründungstheorie des Absoluten bei Fichte gegenüber den Gottesbeweisen der klassischen Metaphysik und die Nähe zu Kants negativer wie positiver Kritik der Metaphysik.[81] Beweisbar ist nicht die Notwendigkeit der Existenz Gottes, sondern nur die Notwendigkeit des Gedankens Gottes für das Denken. Man kann prinzipiell nicht weiter kommen als bis zu einem Wissen des Absoluten und bis zu der Einsicht, daß und warum es für das Wissen und innerhalb des Wissens zum Wissen des Absoluten kommen *muß*. Gezeigt werden kann lediglich die Notwendigkeit des Denkens des als Gott Gedachten.

Mit dieser Einsicht ist die spezifische Eigentümlichkeit der Begründungstheorie des Absoluten in Fichtes Spätphilosophie allerdings noch nicht erfaßt. Diese Eigentümlichkeit besteht vielmehr darin, daß der Gegenstand der Begründungstheorie nicht primär der Gottesgedanke, das gegenständli-

---

[80] Vgl. Kant, Von einem neuerdings erhobenen vornehmen Ton in der Philosophie, (Berlinische Monatsschrift Mai 1796, S.388) Werke VI S.377; G.W.F. Hegel, Werke, hg. v. E. Moldenhauer u. K.M. Michel, Bd. 1-20, Frankfurt a.M. 1971, Bd. III, S.56.

[81] Vgl. Kant, KrV B 611ff, Werke IV S.523ff.

che Wissen des Absoluten, sondern *das absolute Wissen* ist. Das absolute Wissen ist Grundlage auch noch des Begriffs des Absoluten: Von dem Absoluten kann seinem Begriff zufolge nur gewußt werden, wenn es sich selbst zu wissen gibt (erscheint). Das Wissen (die Erscheinung) des Absoluten setzt schon die Unterscheidung von Sein und Wissen (Bild, Erscheinung, Anschauung) voraus, die ihrerseits bereits das Produkt des Begriffs (des Verstandes) ist (vgl. SW X 21. 23ff. 363).[82] Nun wäre gar nicht einsichtig, wie das durch den Begriff konstituierte Objektwissen, das Wissen von dem Absoluten, möglich sein sollte, wenn ihm nicht ein solches Wissen zugrundeliegt, auf das diese Unterscheidung von Sein und Bild allererst angewendet werden kann. Denn der Begriff konstituiert zwar die Unterscheidung des Wissens und des absoluten Seins und damit das Absolute als das für das Wissen von dem Wissen Unterschiedene. Aber er konstituiert nicht das Eröffnetsein des Absoluten für das Wissen überhaupt. Er muß immer schon voraussetzen, daß das Absolute erscheint. Dies ist diejenige Erscheinung, aufgrund derer der Begriff das Absolute als das Sein überhaupt prädizieren kann, dasjenige Wissen, das *in* der Begriffsform (Verstandesform), aber nicht mit ihr identisch ist (vgl. SW X 19f. 26. 40). In ihr hat folglich die Unterscheidung von Bild und Sein noch gar nicht statt. Sie ist nicht Erscheinung des Absoluten, sondern absolute Erscheinung (vgl. SW IX 156 = Tr.Log. S.50; SW IX 564; u.ö.), absolutes Wissen, absolutes Bild (vgl. SW IX 564; SW XI 37) oder Schema (vgl. SW X 325), göttliche Erscheinung (vgl. SW IX 563. 565) oder *die Vernunft* im Unterschied zum Verstand (vgl. SW XI 37).[83]

Das absolute Wissen, die Vernunft, ist also die Voraussetzung, unter der und von der aus eine Begründung des Gottesgedankens überhaupt erst möglich ist. Denn es ist dasjenige Wissen, das dem Begriff des Absoluten zugrundeliegt. Die Begründung des Gottesgedankens kann folglich nur in einem doppelten Schritt erfolgen: Sie erfordert erstens den Nachweis des absoluten

---

[82] S.o. S.74f.

[83] Die Unterscheidung von absoluter Erscheinung und ihrem Selbstbegriff als Erscheinung des Absoluten, welchem Selbstbegriff der Gottesbegriff bzw. der Begriff des absoluten Seins korreliert, macht Sinn und ist als Interpretationsergebnis unerläßlich, um Fichtes Theorie der Genese des Gottesgedankens zu verstehen. Mit welchem Recht freilich Willi Lautemann bei Fichte 'absolute Erscheinung' nicht verwechselt haben will mit 'göttlicher Erscheinung' oder 'Erscheinung des Absoluten', bleibt mir unverständlich (vgl. Lautemann, WL und genetisches Prinzip [Anm. 76], S.9).

Wissens im Wissen und zweitens die Ableitung, die Genese des Gottesgedankens aus dem absoluten Wissen.

4. Die Begründung des absoluten Wissens. Das absolute Wissen, die Vernunft, ist Wissen vor aller Prädikation durch den Begriff. In ihm treten daher Wissen und Sein nicht auseinander. Es ist sich selbst der Realität seiner
selbst *unmittelbar* inne. Genauer: Es ist selbst unmittelbar die Realität des
Wissens. In ihm liegt genau der Fall von Wissen vor, an dem die Unterscheidung von Wissen und Sein nicht greift. Die Reflexion, die das Wissen
als Wissen in der Unterscheidung vom Sein erscheinen läßt und es so um
seine Gewißheit bringt, trifft auf ein Wissen, zu dem es kein von ihm un-
terscheidbares Sein gibt: Die Vernunft, das absolute Wissen, ist eine absolute Einheit (vgl. SW X 9. 68. 334; auch SW II 696; SW X 317. 322; u.ö.).
Darum ist es zugleich dasjenige Wissen, worin gegenüber dem destruieren-
den Reflexionsprozeß die Realhaltigkeit des Wissens immer schon begründet ist.

> "Was wäre denn das wahre Mittel, diesem Sturze der Realität, diesem Nihilis-
> mus zu entgehen? Das Wissen erkennt sich als *bloßes Schema*: darum muß
> es doch wohl irgendwo auf reiner Realität fußen: eben als *absolutes* Schema,
> *absolute* Erscheinung sich erkennen. Man muß darum grade reflektiren bis zu
> *Ende*. Die Reflexion, als vernichtend die Realität, trägt in sich selbst ihr Heil-
> mittel; *den Beweis der Realität des Wissens eben selbst*." (SW X 325f)

Eine Begründung des absoluten Wissens ist folglich weder im strengen
Sinne noch auf direktem Wege möglich. Denn das absolute Wissen ist ja gerade das Wissen, aufgrund dessen alles Wissen erst seine Wahrheit empfängt.
Es ist das Realhaltigkeit stiftende Wissen in allem Wissen. Es kann deshalb
nicht direkt aus etwas anderem außerhalb seiner selbst verifiziert werden,
weil es selbst die Grundlage aller Verifikation ausmacht. Es ist nicht durch
anderes vermittelt, sondern unmittelbares Wissen, reine Anschauung (vgl.
SW II 683f; SW X 332).

> "Es ist *Wahrheit* im Wissen: ihr Sitz ist die absolute Anschauung; diese ist
> wahr, weil sie das Erscheinen des Seins selbst ist, die unmittelbare Offenba-
> rung, die das Absolute von sich giebt." (SW IX 164)

Begründbar ist das absolute Wissen allenfalls auf indirekte Weise, via nega-
tionis, nämlich auf dem Wege eines Nachweises, daß sonst gar kein qualitatives, gehaltvolles Wissen möglich ist. Ein solcher Nachweis findet sich innerhalb der Spätphilosophie nie in der WL in specie. Die Vorträge der WL
setzen immer schon das absolute Wissen als Grundlage der WL voraus. Be-

gründungsgänge großen Stils aber sind Fichtes propädeutische Vorlesungen zur WL. Ein Beispiel haben wir bereits oben kennengelernt: Fichtes Vorlesung über die "Thatsachen des Bewusstseyns" von 1810/11 führt in der ständigen Reflexion auf die Bedingung der Möglichkeit einzelner Phänomene im aufsteigenden Gang auf den Begriff der absoluten Anschauung.[84] Eine kurze, stark formalisierte und gegenüber der "Thatsachen"-Vorlesung von 1810/11 prinzipielle, d.h. von den tatsächlichen Gehalten des jeweiligen materialen Wissens abstrahierende Fassung einer indirekten Begründung des absoluten Wissens findet sich innerhalb der "Transscendentalen Logik" von 1812[85]: Die Reflexion läßt das Bild als Bild, als bloßes Bild, und damit zugleich das Sein als das Gebildete des Bildes hervortreten. Sie hebt also die Selbständigkeit des Seins auf, indem sie es zum Produkt des Bildes macht. Dadurch scheint nun das produzierende Bild selbst das eigentlich Selbständige im Wissen zu sein. Der Reflexionsprozeß ist aber unendlich: Jedes Bild wird seinerseits zum Gebildeten eines neuen Reflexionsbildes auf höherer Ebene. Es droht ein Regressus ad infinitum (vgl. SW IX 190 = Tr.Log. S.80). Das Wissen wird bodenlos, wenn es nicht "ein Urbild, und eine letzte wahre Erscheinung" gibt, "bei der die Besinnung auf das Bilden stehen bleiben müßte" (SW IX 190).

    5. *Die Genese des Gottesbegriffs.* Das Absolute in allem Wissen und dessen Grundlage ist das absolute Wissen, absolutes Bild, Vernunft. Es ist ein Wissen, zu dem es kein von ihm unterschiedenes Sein gibt. Es ist in sich selbst Realität. Gleichwohl wird im Gottesbegriff ein von allem Wissen unterschiedenes absolutes Sein gedacht, dessen Erscheinung (Bild) das absolute Wissen ist. Dieser Gottesgedanke kann nicht unmittelbar der Vernunft entspringen; denn in ihr ist gerade keinerlei Differenz von Wissen und Sein, sondern absolute Einheit. Der Gottesbegriff verdankt sich vielmehr dem Be-

---

[84] Hingegen setzen die "Thatsachen des Bewußtseins" von 1813 schon die Begründung des absoluten Wissens aus der "Transscendentalen Logik" von 1812 voraus.

[85] Die "Transscendentale Logik" von 1812 hat zwar ausschließlich das empirische (also nicht das durch Freiheit vermittelte) Wissen zum Gegenstand (vgl. SW IX 132 = Tr.Log. S.28), um an ihm zu demonstrieren, daß es auf nicht-empirischem Wissen beruht. Sie abstrahiert insofern nicht von jeglicher qualitativer Bestimmung des Wissens. Für die Begründung des absoluten Wissens spielt diese Beschränkung aber in der Tat keine Rolle. Ihr Ausgangspunkt ist vielmehr von denkbar reiner Allgemeinheit: Er besteht in der Einsicht, daß jegliche beliebige Vorstellung sich als Bild eines Seins und folglich das Bild sich immer zugleich als Bild verstehe (vgl. SW IX 133f = Tr.Log. S.28f).

griff des absoluten Wissens (Bildes) von sich selbst. Absolutes Bild (Wissen) ist Bild des Absoluten, weil das Bild sich selbst als Bild (Wissen) begreift:

> "Bild ist Nicht-Sein, so wie umgekehrt, insofern Sein nicht Bild ist. Doch hat das letztere eine Beziehung auf das Sein, und ohne Sein vermöchte auch nicht zu sein ein Bild, und wäre es gar kein Bild. [...] *Absolutes* Bild ist demnach Bild des absoluten Seins. [...] Daß die W.=L. bemerkt, das Bild beziehe sich auf das Sein, und drücke aus dasselbe, gehört zum Begriffe des Bildes selbst [...]" (SW IX 564)

Die "Klarheit des Unterschiedes zwischen Sein und seinem Bilde" ist "der absolut ursprüngliche Verstand" (SW IX 160), der "*Urbegriff*" (SW IX 136). In der Unterscheidung von Bild (Wissen) und Sein bestehe "die absolute Denkform" (SW IX 136). Als solche ist sie unhintergehbar:

> "Wir können es selbst eben nicht anders *denken*, denn in dieser Spaltung und Unterscheidung von Sein und Bild, und die dadurch entstandene Lücke ausfüllen durch ein *Principsein*, sich *Abbilden* im Bilde." (SW X 363)

Die Entstehung des Gottesgedankens verdankt sich also erstens der Unterscheidung von Wissen und Sein und zweitens der Tatsache, daß an das Wissen "der Satz des Grundes angelegt wird" (SW IX 200), indem das Begreifen (Denken) die Differenz von Bild und Sein durch ein Begründungsverhältnis von Prinzip und Prinzipiat verknüpft. Beides beruht auf der absoluten Denkform und ist insofern notwendig.

Die genetische Theorie des Gottesbegriffs impliziert unmittelbar eine kritische Konsequenz hinsichtlich der Sachgemäßheit des im Gottesgedanken Gedachten (vgl. zum Folgenden SW IX 72-75): Der Begriff droht gegen seine Intention, in der Seinsprädikation die Absolutheit und Selbständigkeit des Absoluten gegenüber dem Wissen sicherzustellen, das Durchsichselbstsein Gottes gerade zu vernichten, weil er aus dem absoluten Leben ein stehendes, festes Sein macht:

> "Dieses Eine, reine Leben stellt sich nun (so ist es absolut) in einem Wissen, einem Bilde seiner selbst dar. Was nimmt nun das Bild für eine Verwandlung damit vor, setzt ihm zu, u. dgl.? [...] das Wissen stellt das Leben vor sich hin, es anhaltend und befestigend. Das also, das *Befestigen*, - also einen Gegensatz, ein Nichtleben, eine vim inertiae mithineinzubringen, - ist das Eine Grundgesetz des Wissens. [...] Das Wissen hängt gleichsam dem absoluten Leben Gewichte an, um es fassen und bildlich machen zu können." (SW IX 72)[86]

---

[86] In diesem Zitat aus der "Einleitungsvorlesung" von 1813 formuliert Fichte nicht so exakt, wie es seiner Einsicht entsprochen hätte: Es ist nicht das absolute Wissen, das für die Objektivierung des absoluten Lebens zu einem Sein verantwortlich ist, sondern das absolute Wissen in der Verstandesform.

Das Denken objektiviert, vergegenständlicht (vgl. auch SW II 545-547). So entsteht der Gedanke Gottes als eines für sich bestehenden Seins, eines Gegenstandes. Das Denken, der Begriff, muß so verfahren, weil er, um zu begreifen, qualitativ bestimmen, folglich unterscheiden muß: Das Absolute wird erst durch den Begriff zu einem Bestimmten und von Anderem Unterschiedenen. Das Sein sei daher ein Resultat der Sichtbarkeit des Absoluten als eines solchen (vgl. SW X 439). Der Prozeß der Vergegenständlichung läßt sich von daher noch weiter durchschauen: In ihm werde aus einem rein logischen Subjekt, auf das die Prädikate (Bestimmungen) als auf einen leeren Einheitspunkt bezogen werden, eine metaphysische Substanz als Träger von Akzidentien (vgl. SW IX 74; auch 73). Diese Einsicht in die Genese des Gottesgedankens gestattet es wiederum, nach dem im Gottesbegriff als Sein Gedachtem *vor* aller Vergegenständlichung in der Form des Begriffs zu fragen. Zu dessen Benennung muß Fichte freilich - da die Form der begrifflichen Vergegenständlichung unhintergehbar ist - versuchen, Bezeichnungen zu entwickeln, in denen das Gemeinte sprachlich adäquater zum Ausdruck gebracht wird. Fichtes Prägung 'absolutes *Leben*' stellt einen solchen Versuch dar; noch eindrücklicher sind Fichtes Substantivierungen präpositionaler Terme: reines Von-sich, Durch-sich, Aus-sich (vgl. SW X 438; SW II 684; SW IX 42 u.ö.). Diese sprachlichen Eigenbildungen stellen den Versuch dar, innerhalb der unhintergehbaren Denkform das Absolute (Gott) nichtgegenständlich zu vergegenständlichen, nämlich zu denken.

Entsteht der Gedanke Gottes als einer für sich seienden Substanz durch das Denken selbst, indem nämlich das logische Subjekt als Träger der Bestimmungen (Prädikate) selbst zu einem Gegenstand unabhängig von seinen Bestimmungen gemacht wird, ist unmittelbar einsichtig, was der Genese des Gottesbegriffs in *materialer* Hinsicht zugrundeliegt: das Absolutsein als reine Bestimmung, die Eigenschaft 'absolut': die Absolutheit. Als solche, d.h. im Unterschied zu Anderem, ist auch diese Prädikation ein Produkt des Begriffes. Der Begriff aber könnte 'Absolutes' gar nicht prädizieren, wenn nicht immer schon erschlossen wäre, was 'absolut' ist. Dies impliziert der Begriff 'absolut', reines Von-sich, Aus-sich, Durch-sich. Der Begriff prädiziert das Absolute als solches in Kraft eines ursprünglichen Wissens vom Absoluten. Da dieses Wissen Wissen vor allem Begriff und folglich ungegenständlich ist, ist es Wissen vom Absoluten als *absolutes Wissen*.

Damit erst ist die Genese des Gottesgedankens in formaler und materialer Hinsicht einsichtig gemacht: Der Gottesgedanke ist die durch die Form des Denkens bedingte Projektion der Absolutheit des absoluten Wissens, der Vernunft.[87] Der Gottesgedanke entsteht, indem der Begriff die ihm eigenen Denkgesetze auf das absolute Wissen, die Vernunft anwendet. Im Gottesgedanken ist die Absolutheit der Vernunft auf den Begriff gebracht. Bei allen Unterschieden im Detail bewegt sich Fichtes Theorie der Genese des Gottesgedankens also grundsätzlich auf den Bahnen der von Kant eröffneten transzendentalen Dialektik als einer Logik des Scheins[88]: Im Gottesgedanken haben wir es zu tun mit einer natürlichen und unvermeidbaren, in diesem Sinne also notwendigen Illusion[89]. Eine Illusion ist der Gottesgedanke, weil er das von und in ihm eigentlich Intendierte, die Absolutheit, reines Von-sich, absolutes Leben, verfehlt und an dessen Stelle ein stehendes Sein produziert, das sich lediglich dem Verstand, dem Begriff verdankt. Im Gottesgedanken wird 'das Absolute' gedacht, wie es nicht 'ist'. Notwendig ist diese Illusion, weil der Begriff nicht umhin kann, das dem Gottesgedanken Zugrundeliegende im Gottesgedanken zu denken. Die absolute Form des Denkens und die unmittelbare Realität der Vernunft machen das Denken dieses Gedankens unausweichlich: Der Gottesgedanke ist ein notwendiger Gedanke. Die Notwendigkeit bezieht sich aber erstens nur auf das Gedachte - das absolute Sein ist selbst nicht einer Notwendigkeit unterworfen - und zweitens nur auf das Denken des Gedachten:

"[...] das Sein ist mit Nothwendigkeit, der des *Begriffes* nämlich." (SW X 327)

Fichtes Theorie des Absoluten stellt also keinen ontologischen Gottesbeweis dar; vielmehr bestätigt sich hier noch einmal die Nähe zu Kants kritischer Einsicht bezüglich der Reichweite der Gottesbeweise überhaupt: Be-

---

[87] Vgl. dazu auch G. Schulte, Fichtes Gottesbegriff, Kant-Studien 66, 1975, S.163-168, hier S.164: "Wie also kann das Wissen Bild des absoluten Seins sein? Wie kann es dessen Erscheinung sein? - Indem er [sic!] selbst in seiner Bildlichkeit absolut ist, also im Durch-sich-sein des Erscheinens Erscheinung von Durch-sich-Sein ist, also von dem Sein, was die Erscheinung als Bild gerade nicht ist. Der Gottesbegriff ist also in der Weise Gegenbegriff zum Begriff des Wissens von sich selbst als des bloßen Begriffes absoluten Sein [sic!], daß im Gottesbegriff das als seiend gedacht wird, was im Selbstverstehen des Wissens als erscheinend gedacht wird."

[88] Vgl. Kant, KrV B 349ff, Werke III S.308ff.

[89] Zum Begriff einer natürlichen und unvermeidlichen Illusion vgl. Kant, KrV B 354. 610, Werke III S.311. Werke IV 522.

gründbar ist die Notwendigkeit des Gedankens Gottes für das Denken und durch das Denken.[90] Fichtes Theorie des Absoluten bleibt auch als spekulative Theo-Logie transzendentalphilosophische Wissenslehre, Erscheinungslehre:

> "Daß die W.=L. bemerkt, das Bild beziehe sich auf das Sein, und drücke aus dasselbe, gehört zum Begriffe des Bildes selbst, und wird darum nicht gesagt um des Seins willen, und um dies zu erklären, sondern bloß um des Bildes willen, und um dies dadurch zu erklären. So ist demnach die W.=L. nicht *Seinslehre*, denn eben solche giebt es *unmittelbar* gar nicht, sondern sie ist Erscheinungslehre." (SW IX 564)

6. *Die Nichtdenkbarkeit Gottes.* Die Einsicht, der Gottesgedanke sei ein Produkt des Wissens und das Wissen sei das Höchste, von dem gewußt werden könne, ist Ausdruck ebenso der konstruktiven Kompetenz wie der kritischen Selbstbegrenzung des Wissens. Diese Selbstbegrenzung stellt gerade keine negativ-kritische Absage an das im Gottesbegriff als Sein Gedachte dar. Sie steht vielmehr im Dienst der Absolutheit des Absoluten, der Gottheit Gottes; der Gottheit Gottes, die im Gottesgedanken freilich ebenso ihre notwendige Vergegenständlichung erfährt wie in gleicher Weise notwendig verfehlt wird. Auch noch Fichtes Versuch, das Absolute vor aller Vergegenständlichung durch den Begriff als absolutes Leben, reines Von-sich ohne zugrundeliegendes Subjekt zu erfassen, entgeht nicht der unaufhebbaren Dialektik des Gottesgedankens. Auch als 'absolutes Leben', 'reines Von-sich', bleibt der Gottesgedanke der Begriffsform verhaftet. Denn als reines Von-sich wird das Absolute unter der Form des Grundes gedacht, eines Grundes, der keinen Grund außerhalb seiner selbst haben soll. Damit produziert der Begriff aber einen Gedanken des Absoluten, der seinen scheinbaren Vorzug gegenüber dem Gedanken des absoluten Seins wieder einbüßt, muß doch gerade der Gedanke der causa sui vom Absoluten ferngehalten werden, soll nicht das Absolute auf dem Wege der ihm selbst eigenen Genesis um seine Identität und Einheit gebracht werden. Genau dieses Anliegen, jede Genesis vom Begriff des Absoluten fernzuhalten, kommt aber gerade im Begriff des absoluten Seins zur Geltung.[91]

So legt sich im Blick auf das Ganze der bisher interpretierten Theorie des Absoluten als Fazit nahe, was Fichte bereits im Zusammenhang des Atheis-

---

[90] S.o. S.79.
[91] S.o. S.59-61

musstreits dahingehend formuliert hat, Gott solle "überhaupt gar nicht gedacht werden, weil dies unmöglich ist" (SW V 266). Der Gottesgedanke ist
nicht adäquat vollziehbar.[92] Weil Fichtes Theorie des Absoluten allerdings
sowohl die Notwendigkeit, mit der das Denken den Gottesgedanken produzieren *und* verfehlen muß, als auch die der Begriffsproduktion zugrundeliegende Realhaltigkeit des Gottesgedankens, sein nicht-illusionäres Fundament
im absoluten Wissen, als unabweisbar durchschaut, ist sie im strengen Sinne
docta ignorantia[93] und steht jenseits der Alternative von Theismus und
Atheismus.

d) Die Selbstableitung der WL: Absolute Reflexibilität

1. Die Aufgabe einer Selbstableitung der WL. Das Wissen sei das Höchste,
von dem gewußt werden könne (vgl. SW X 4). Auch noch das Absolute ist
Gegenstand in der begrifflichen Vermittlung des Wissens. Im Hinblick auf
die Möglichkeit des Gottesbegriffs gilt: Das Wissen müsse in sich selbst
über sich selbst hinausgehen können (vgl. SW X 4). In ihrem Kontext ist
diese Äußerung Fichtes freilich nicht in Hinblick auf den Gottesbegriff formuliert, sondern bezüglich der Möglichkeit einer WL. Die WL wäre als
"Theorie" (SW X 317) oder "Lehre" (SW X 318) vom Wissen ja selbst "ein
Darüberschweben" über dem Wissen (SW X 318). Eine solche Theorie des
Wissens stellt ein Sich-selbst-in-sich-selbst-Überschreiten des Wissens in Richtung auf ein Wissen des Wissens dar und ist damit an sich nicht weniger
begründungsbedürftig als das Sich-selbst-in-sich-selbst-Übersteigen des Wissens in Richtung auf den Gottesgedanken. In beiden Fällen besteht nämlich
ein formal identischer Widerspruch zu dem Gedanken der *absoluten Einheit*
des Wissens. Dabei erweist sich die Möglichkeit eines Sich-selbst-Wissens
des Wissens als der eigentliche Dreh- und Angelpunkt der gesamten Theorie
des Absoluten bei Fichte. Denn erstens konstituiert das begriffliche Sicherschlossensein des absoluten Wissens den Gottesbegriff überhaupt für das

---

[92] Auf diese Konsequenz der Fichteschen WL hat Emanuel Hirsch hingewiesen und in
diesem Zusammenhang auf die enge Sachverwandtschaft zu Schleiermachers 'Dialektik'
aufmerksam gemacht; vgl. Hirsch, Theologie [Anm. 14], Bd. IV, S.374f.

[93] Vgl. D. Henrich, Fichtes ursprüngliche Einsicht, Wissenschaft und Gegenwart Bd. 34,
Frankfurt a.M. 1967, S.40. 47. u.ö.

Wissen[94]; und zweitens bildet es die Voraussetzung für den gesamten Argumentationsgang Fichtes, der von dem im Begriff des Absoluten Gedachten zur Einsicht in die Wissenskonstitution des so Gedachten führt.

Die beobachtete Koinzidenz, daß das Wissen um des Begriffs des Absoluten selbst und um der Theorie des Wissens willen in sich selbst über sich selbst hinausgehen können müsse, ist kein Zufall. Vielmehr besteht für Fichte ein wesentlicher Zusammenhang: Die WL als Theorie oder Wissen des Wissens *ist* der sich selbst klare Begriff des Absoluten. Dieser Zusammenhang bei Fichte läßt sich verständlich machen in der Analyse des Begriffs der absoluten Erscheinung, des absoluten Wissens. In einer solchen Analyse leistet die WL ihre eigene Selbstableitung (vgl. SW X 81).

Die Selbstableitung einer Theorie des Absoluten läßt sich vorläufig einsichtig machen in einer nochmaligen Reflexion auf das, was im Begreifen des Absoluten bei Fichte immer schon vorausgesetzt worden ist. Vorausgesetzt wird zunächst die Realität des Begreifens selbst. Das Begreifen ist ebenso Grund der Erkennbarkeit der inneren Widersprüchlichkeit des Gottesbegriffs wie Motiv und Medium ihrer Lösung. Vorausgesetzt wird sodann, daß in dem Begreifen die Wahrheit, außer Gott könne nichts sein als seine Erscheinung, sich einstellt und erscheint. Das bedeutet: Das Dasein des Absoluten, das Wissen, bilde sich selbst ab in einem Bild seiner selbst (vgl. SW X 319). Beide Voraussetzungen - das Sichabbilden des Wissens als Daseins des Absoluten und das Begreifen - in ihrer durch das Begreifen noch einmal zusammengehaltenen Einheit machen den Begriff des Absoluten überhaupt erst möglich. Im Begreifen des Absoluten liege demnach eine synthetische Einheit dreier Elemente vor: das Begreifen und das Begriffene: das Absolute, versteht sich in der Form seines Bildes etc., welches daher wiederum noch einmal eine organisch verschmolzene Einheit des absoluten Gegenstandes selbst und der Form seiner Gegenständlichkeit darstellt (vgl. SW X 7).

Die im Begreifen des Absoluten beanspruchte Faktizität so des Begreifens wie des - in der Form der Gegenständlichkeit - Erschlossenseins des Absoluten für das Begreifen gilt es eben ihrer Möglichkeit nach zu verstehen. Dabei könne man einmal in einem faktischen Schluß diese Möglichkeit aus der Wirklichkeit erschließen: Das Begreifen des Begriffs des Absoluten als der

---

[94] S.o. S.74f. 79f.

Synthesis dreier Elemente ist wirklich (nämlich mindestens in Fichtes WL von 1813 realisiert: vgl. SW X 7), folglich müsse es wohl möglich sein (vgl. SW X 11f). Wo es um das Verhältnis von Gott und seiner Erscheinung geht, ist ein solcher Schluß von der Faktizität, a posteriori, wie wir gesehen haben, unumgänglich, weil es für das Absolute keinen a priori einsehbaren Grund geben darf, warum es erscheint. Wo es aber um das abermalige Begreifen des Begriffs des Absoluten, also um eine Theorie des Absoluten als Theorie seiner Erscheinung: WL, geht, bleibt ein faktischer Schluß offensichtlich hinter den vorhandenen Möglichkeiten zurück. Denn die faktisch schon in Anspruch genommenen Voraussetzungen des Begreifens des Absoluten sind für Fichte keineswegs beliebig, sondern die notwendigen Bedingungen, unter denen das Absolute überhaupt erscheinen kann. Anders gesagt: Sie lassen sich aus dem Begriff der absoluten Erscheinung ableiten.

2. Der Begriff der absoluten Erscheinung. Der Begriff der absoluten Erscheinung besagt zunächst schlicht: Das Absolute erscheint. Dies bleibt als Faktum unableitbar. Post factum freilich erhält die Erscheinung den Charakter des Notwendigen, und zwar in doppelter Hinsicht. Erstens muß sie um der Absolutheit des Absoluten willen als notwendig in dem Sinne gedacht werden, daß es zum absoluten Wesen Gottes gehören muß, zu erscheinen. Dieser Schluß ist, wiederum um der Gottheit Gottes willen, nur in aposteriorischer Vermittlung möglich. Aus der Wirklichkeit werde auf ihre Möglichkeit geschlossen (vgl. SW X 333).[95] Zweitens, nachdem - ausgehend vom Gedanken des Absoluten - in der Reflexion auf das Denken des Gedachten klar geworden ist, daß außer dem Absoluten Erscheinung, Begriff, Wissen ist, gewinnt - beim umgekehrten Ausgang vom Faktum des Wissens - das Erscheinen des Absoluten die Funktion einer notwendigen Bedingung dafür, daß überhaupt gehaltvolles, qualitatives Wissen möglich ist. Der in jedem Wissen erhobene Wahrheitsanspruch impliziert jenes Erschlossensein des Seins, das sich in (So-)Ist(-Es)-Aussagen des Wissens expliziert und das Fichtes Seinsbegriff zufolge nur als aktives Erschließen des Seins selbst denkbar ist:

"Das Sein erscheint eben absolut durch sich selbst, macht sich offenbar, und ohne dies keine [qualitative] Erkenntnis." (SW IX 149; Ergänzung vom Verf.)

---

[95] S.o. S.68ff.

Der Begriff der absoluten Erscheinung impliziert sodann, daß das Absolute *als solches* erscheine. Solle das Absolute als solches erscheinen, so müsse es neben Nicht-Absolutem erscheinen. Außer dem Absoluten sei aber nichts als seine Erscheinung. Die Erscheinung müsse folglich *sich selbst erscheinen*, um den Gegensatz zum Absoluten zu bilden und so das Absolute als solches erscheinen lassen zu können (vgl. SW X 345f). Noch präziser heißt das:

> "Sie muß sich *also* [nämlich: exakt *so*] erscheinen, daß ihr gegenüber, und im Gegensatze mit ihr erscheinen könne das Absolute." (SW X 346)

Exakt so erscheinen zu müssen, daß das Absolute als solches erscheinen könne, bedeutet: Die absolute Erscheinung muß erstens überhaupt sich erscheinen und zweitens sich in dieser Sicherscheinung zugleich als Erscheinung des Absoluten *verstehen*.

    3. Die Sicherscheinung: Subjekt-Objekt-Form, Anschauung und Begriff. Die Erscheinung müsse folglich zunächst überhaupt "ein Verhältniß zu sich selber" haben (SW X 348); sie nehme "die subjekt-objektive Form" an (SW X 349). Nur in einem solchen ursprünglichen Sicherschlossensein der absoluten Erscheinung (des Erschlossenseins des absoluten Seins) kann das Absolute wirklich erscheinen. Denn die absolute Erscheinung an sich sei - wie das Absolute selbst - eine absolute Einheit (vgl. SW X 9. 68. 334; SW IX 176. 178f = Tr.Log. S.67f. 68-70; SW II 696f). In dieser absoluten Einheit wäre aber offensichtlich nichts wirklich sichtbar; die Erscheinung ginge in sich selber auf (vgl. SW IX 522). Sie wäre gleichsam 'die Nacht, in der alle Kühe schwarz sind'.[96] Sichtbar wird überhaupt nur etwas in dem Für-sich-Sein, dem Wissen der Erscheinung von sich selbst in der Form aller Wissensrelation, nämlich der Unterscheidung und Beziehung von Wissen und Gewußtem: der Subjekt-Objekt-Form (vgl. zum Ganzen SW X 347-349).

    Die Sicherscheinung der absoluten Erscheinung muß sodann in dieser allgemeinen Wissensform derart weiter bestimmt sein, daß sie sich als Erscheinung des Absoluten verstehen kann. Ihr müsse also zum einen ihr qualitativer Inhalt, das Was-Sein unmittelbar erschlossen sein. Damit müsse zum anderen die Einsicht in ihr formales Dasein unmittelbar verbunden sein (vgl. SW X 337): Die Sicherscheinung sei die synthetische Einheit von Anschau-

---

[96] Vgl. Hegels Formulierung gegen Schelling in der Vorrede zur "Phänomenologie des Geistes", Werke [Anm. 80], Bd. III, S.22; ähnlich schon Bd. II, S.561.

ung und Begriff (vgl. SW X 350-356, bes. 352f; SW IX 134 = Tr.Log. S.29).[97] Beides ist notwendig, soll das Absolute als solches erscheinen: das unmittelbare Sicherschlossensein des absoluten Gehalts, die Anschauung, und das Sicherschlossensein des formalen Seins der Erscheinung, der Begriff. Als Begriff verstehe sich die Erscheinung selbst *als Erscheinung*, Bild, Schema etc. und damit als nicht das Sein selbst (vgl. SW II 698; SW IX 134ff. 144f = Tr.Log. S.29ff. 39; SW X 21ff; u.ö.). Nur so aber kann das Absolute als solches: im Gegensatz zur Form seiner Erscheinung erscheinen.

4. Die absolute Seinsform der Erscheinung. Ein einfaches Erschlossensein des Seins reicht als Bedingung eines Begriffs des Absoluten also nicht aus. Formal bedarf es einer Sicherschlossenheit in der Wissensform der Subjekt-Objekt-Relation und der Synthese von Anschauung und Begriff (vgl. SW X 335f).

> "[...] das Sein erscheint, die Erscheinung erscheint sich, begreift sich, als solche, des Seins, und auf diese Weise ist [qualitative] Erkenntnis [formal] möglich." (SW IX 149; Ergänzungen vom Verf.)

Da das sichverstehende Sicherscheinen bzw. sicherscheinende Sichverstehen von Fichte als analytisches Implikat des Begriffs der absoluten Erscheinung gewonnen wird und folglich für diesen Begriff wesentlich ist, bedeutet dies zugleich, daß die Erscheinung des Absoluten überhaupt nur als ein Sichverstehen ist. Der Satz 'Die Erscheinung ist' sei eigentlich unwahr; sie sei nie anders als eine sichverstehende Erscheinung (vgl. SW IX 408). Das Sichverstehen sei die (absolute) *Seinsform* der absoluten Erscheinung (vgl. SW IX 408. 565f. 568. 573f u.ö.).

5. Die Sicherscheinung als freies schematisierendes Leben. Die absolute Erscheinung ist also nie, ohne daß sie sich selbst erscheint und darin sich selbst versteht. Die Erscheinung erscheint sich, bedeute: Sie sei ein sich abbildendes Leben (vgl. SW X 339. 358; SW II 697). Da das Sicherscheinen nichts anderes ist als Sichverstehen, ist dieses Leben immer formiert durch das Verstehen, den Verstand oder Begriff. Es sei "ein schematisirendes Le-

---

[97] Nach SW X 352f und SW IX 134 = Tr.Log. S.29 entspricht die Erkenntnis des qualitativen Wasseins der Anschauung, die Erkenntnis des bloßen formalen Daseins dem Begriff. Darin folgt Fichte Kants Sprachgebrauch, wonach Begriff ohne Anschauung leer (ohne Inhalt) sei (vgl. Kant, KrV B 75, Werke III S.98).

ben" (SW X 339).[98] Als bildendes, schematisierendes Leben aber sei die Erscheinung in sich selbst bildendes Prinzip (vgl. SW X 359f), also Vermögen zu schematisieren (vgl. SW X 388; SW II 697) oder: *Freiheit* (vgl. SW X 376f. 379f).

Die Freiheit dieses bildenden Lebens ist freilich beschränkt. Es könne nämlich nicht bilden außer nach dem Urbild, der Erscheinung, dem Bild oder Schema Gottes. Von ihm empfange das bildende Leben das Gesetz seines Bildens (vgl. SW X 339). Die Freiheit sei also keine inhaltliche, sondern formale Freiheit, eine Freiheit des Daß des Schematisierens, nicht des Was (vgl. SW X 380). Weiter ist auch diese Freiheit des Daß des Schematisierens ganz offenkundig noch einmal beschränkt: Sie kann sich nämlich nicht auf das Schematisieren des Urbildes, des "Schema I" (SW X 347 u.ö.), beziehen. Denn die Erscheinung ist ja nur, indem sie sich selbst erscheint, also abbildet. Das Schema I, das Bild Gottes, seine Erscheinung, *wird* schematisiert ohne alle Freiheit. Dieses schematisierte Schema I, das "Schema II" (SW X 347 u.ö.), ist notwendig, weil es zur Seinsform der Erscheinung gehört; und ihm erst eignet die Freiheit des Schematisierens. Diese Freiheit kann sich dann nur darauf beziehen, das Schematisieren selbst zu schematisieren. Das Schematisieren des Schematisierens, das "Schema III" (SW X 369 u.ö.), kann nicht notwendig sein; denn es verdankt sich der Freiheit des schematisierenden Lebens, des Schema II. Es muß aber möglich sein, denn nur wenn das Schematisieren selbst schematisiert wird, wird die Form der Erscheinung als solche, ihr durch das Begreifen formiertes, eben schematisierendes Bilden, sichtbar. Nur dann aber kann auch das Absolute als solches im Gegensatz zur Form seiner Erscheinung sichtbar werden.

Das Schematisieren des Schematisierens, Schema III, ist für Fichte das, was man unter *Reflexion* verstehe (vgl. SW X 376 mit 369). Ihre Möglich-

---

[98] Möglicherweise gebraucht Fichte SW X 339 die Formulierungen "sich abbildendes Leben" und "schematisirendes Leben" in derselben Bedeutung. Ich beziehe sie aber auf die Unterscheidung eines Erschlossenseins in der Subjekt-Objekt-Form einerseits (vgl. SW X 347-349) und der Anschauung-Begriff-Synthese andererseits (vgl. SW X 350-353). Das schematisierende Leben bezieht sich dann auf das Formieren und Bestimmen durch den Begriff, das Sichverstehen, den Verstand. Nahegelegt wird diese Deutung einerseits durch Kants Zuordnung des Schematisierens als Tätigkeit des Verstandes (vgl. Kant, KrV B 176ff, Werke III S.187ff) und andererseits durch Fichtes Formulierung in der WL 1813, wonach der Verstand (im Sinne des Verstehens) das Schematisieren sei (vgl. SW X 81).

keit, die *Reflexibilität* (vgl. SW X 378. 380 u.ö.), beruht auf der Freiheit des
bildenden Lebens der absoluten Erscheinung. Reflexibilität sei "ein Sich mit
Freiheit" (SW X 379). Der Vollzug der Reflexibilität, Reflexion, wäre der
Vollzug dieser Freiheit und so "ein Leben innerhalb des Lebens" (SW X
382), "ein absolut freies und selbständiges Leben" (SW X 377; Sperrung beseitigt). Da das Absolute nur erscheinen kann in einer sichabbildenden und
darin zugleich sichverstehenden Erscheinung, gehört die Sicherschlossenheit
in einem freien bildenden Leben, die Reflexibilität, zum *Wesen* der absoluten Erscheinung; die absolute Erscheinung widerspräche sonst sich selbst.
Die Reflexibilität unterliegt dem "Wesensgesetz" der absoluten Erscheinung
(SW X 378):

> "Setzen wir voraus, daß das Absolute *als solches*, und so die Erscheinung *als
> solche* erscheinen solle; so gehört die Reflexibilität, ohne welche jenes nicht
> möglich ist, durchaus selbst zum ursprünglichen Sein und Wesen der Erschei-
> nung; und die Erscheinung ist nicht ohne sie. [...] *Alles*, was die Erscheinung
> ist, muß *reflexibel* sein." (SW X 378)

Damit hat Fichte die im Begreifen Gottes faktisch in Anspruch genommenen Voraussetzungen des Begreifens und des Erschlossenseins des Absoluten für das Begreifen ihrer Möglichkeit nach aus dem Begriff der absoluten Erscheinung deduziert. Ihre Möglichkeit ist notwendig, soll das Absolute als solches erscheinen können. Die Möglichkeit des Begreifens und des Erschlossenseins des Absoluten für das Begreifen ist notwendig, heißt: Die Erscheinung des Absoluten muß reflexibel sein. Die Möglichkeit der Reflexion, Reflexibilität, ist notwendig. Damit ist dann aber zugleich die *Möglichkeit* einer WL, einer Theorie der absoluten Erscheinung oder des einen Wissens, in dem Begriff der absoluten Erscheinung selbst begründet. Die WL ist
selbst als notwendig möglich abgeleitet (vgl. SW X 12. 81). Ihre Möglichkeit
ist die absolute Reflexibilität der absoluten Erscheinung.

e) Der Begriff der WL: Absolute Reflexion

1. WL als Vollzug der Reflexibilität. Ist die Reflexibilität der Erscheinung die
Möglichkeit der WL, wäre diese selbst eben der tatsächliche Vollzug der Reflexibilität, die Verwirklichung der Möglichkeit der Reflexion, die Aktuali-
sierung des Reflexionsvermögens, also: die Reflexion der Erscheinung des
Absoluten. WL ist "*Besinnung* der Besinnbarkeit", "reflektirte Reflexibilität"

(SW X 382). Reflexibilität ist Besinnungsvermögen; ihr entspricht Freiheit (vgl. SW X 380). Der Vollzug der Reflexibilität unterliegt also nicht mehr dem Wesensgesetz der Erscheinung. Reflexion ist Sache der Freiheit: Das Reflektieren könne auch unterlassen werden (vgl. SW X 325). Entsprechend formuliert Fichte nicht, das Wissen *müsse* über sich selbst hinausgehen, sondern präzise: das Wissen müsse über sich selbst hinausgehen *können* (vgl. SW X 4). Gleichwohl muß nach Fichte reflektiert werden. Diese Nötigung kann freilich keine unbedingte Notwendigkeit sein. Sie sei vielmehr bedingt durch das Postulat der Wahrheit und Klarheit (vgl. SW X 377). Schon die Notwendigkeit, die innere Widersprüchlichkeit des Gottesbegriffs einer Lösung zuzuführen, stand ja unter der Bedingung eines Interesses nach Verstehen und Klarheit (vgl. SW X 329).[99] Die Notwendigkeit der Reflexion ist nicht Ausdruck des Wesensgesetzes der Erscheinung, sondern eines "Gesetz[es] der Freiheit", nämlich: "damit Wahrheit sei" (SW X 377).

Reflexibilität ist notwendig, Reflexion muß möglich sein, soll das Absolute als solches erscheinen können. Wird nun reflektiert, dann erhält diese Reflexion nach Fichte notwendig die Gestalt einer WL. Die Notwendigkeit ergibt sich aus der Bestimmung der Reflexion, Wahrheit sichtbar zu machen, sie zur Klarheit zu bringen. Das Bestimmtsein der Gestalt der Reflexion durch deren finale Bestimmung fällt aber zusammen mit dem Bestimmtsein durch den Möglichkeitsgrund der Reflexion, die absolute Reflexibilität. Sie kann, um ihre Bestimmung zu erfüllen, nichts anderes sein als Vollzug der Reflexibilität. Aus dieser müßte sich dann die Gestalt der Reflexion in ihren wesentlichen Zügen ableiten lassen. Die wesentlichen Züge müßten zugleich den *Begriff* der WL in seinen konstitutiven Momenten beschreiben, wenn denn die WL selbst die durchgeführte Reflexion der absoluten Erscheinung sein soll.

2. Der formale Begriff der WL: (α) Apriorität. Absolute Reflexibilität ist die Sicherschlossenheit der absoluten Erscheinung. In dieser Sicherschlossenheit ist die absolute Erscheinung - an sich absolute Einheit und absolutes Sein im Bilde - ein sich abbildendes, schematisierendes Leben. In ihm könne nicht anders gebildet werden als nach dem Urbild, der einen Erscheinung selbst; das Schematisieren empfange sein Gesetz aus dem Urbild (vgl. SW X 339). Wenn nun das Vermögen zu schematisieren tatsächlich vollzogen, d.h.

---

[99] S.o. S.63.

wenn reflektiert wird, dann kann dies nur als ein sich selbst machendes Bild der absoluten Erscheinung (des Urbildes) in ihrer absoluten Einheit und Gesetzmäßigkeit geschehen (vgl. SW X 322). Das Sichselbstmachen dieses Bildes besagt nichts anderes, als daß das sicherschlossene Urbild als Gehalt und Norm durch seine Gesetzmäßigkeit das Reflektieren bestimmt. Alles an und in der Reflexion - mit Ausnahme des Aktes selbst, des Vollzugs - entspringt dem Dasein, der Erscheinung des Absoluten, dem Wissen selbst. Es sei apriorisch (vgl. SW IX 139 = Tr.Log. S.33). Die WL, die Reflexion, "ist das schlechthin sich selbst machende apriorische Bild des Wissens in seiner absoluten Einheit und Gesetzmäßigkeit" (SW X 322). Konstitutiv für die Gestalt der Reflexion sei ihr "Apriorismus" (SW IX 38; vgl. SW X 51).

(ß) Wissenschaftliche Form: Genetisch-begriffliche Theorie. Der Vollzug der sicherschlossenen, sichverstehenden Erscheinung kann selbst nur wieder ein Verstehen sein. Die absolute Erscheinung in ihrer Begreiflichkeit kann nur in einem Begreifen reflektiert werden. Die Form der Reflexion ist notwendig "Begriff, Gedanke" (SW X 319; Sperrung beseitigt). Begreifen, Verstehen bedeutet, "das *Wie* und *Warum*" kennen (SW IV 376). Begreifen ist Einsicht in die Gründe. Einsicht der Gründe heißt: Erkenntnis, Bild oder Anschauung eines Gesetzes (vgl. SW IV 376; SW X 319; SW IX 396f; u.ö.). Der Begriff sei nichts anderes als Bild des Gesetzes (vgl. SW X 319). Die absolute Erscheinung erscheine nur der Anschauung des Gesetzes, einer gesetzlichen Erkenntnis (vgl. SW IX 399 = Tr.Log. S.259; ähnlich SW IX 396f = Tr.Log. S.257; SW X 341f). Denn wird nicht begriffen (reflektiert), erscheint nämlich nicht das Absolute, sondern stattdessen das Absolute in seiner Verschmolzenheit mit der Form seiner Gegenständlichkeit, Begreiflichkeit etc.. Nun erscheine das Absolute aber gar nicht anders als in der Form seiner Begreiflichkeit: Das Sichverstehen sei die absolute Seinsform der Erscheinung (vgl. SW IX 408 u.ö.).[100] Eine unmittelbare Anschauung der absoluten Urerscheinung sei also unmöglich (vgl. SW X 341). Das Absolute erscheint nur durch die Vermittlung eines Schließens, also im Begriff eines "sein *Müssens* und *so* sein Müssens" (SW X 341), durch Erkenntnis gesetzmäßiger Notwendigkeit vermittelt (vgl. SW X 342). Dieses Schließen ist nur möglich aufgrund des ursprünglichen Erschlossenseins. Es ist Vollzug der Erschlossenheit, Reflexion ist der Vollzug der Reflexibilität. Die Reflexion

---

[100] S.o. S.89-91.

erhält die Gestalt eines begrifflichen Schließens. Sie ist Einsicht durch das
Gesetz (vgl. SW X 342) oder *genetische* Erkenntnis (vgl. SW IV 379; SW X
51; u.ö.). Die Anschauung des Gesetzes eröffnet einen genetischen Blick
(vgl. SW IX 397 = Tr.Log. S.257). Denn das Schließen durch die Einsicht
gesetzmäßiger Notwendigkeit erlaubt es, die einzelnen Elemente und Momente des Begreifens *werden* zu sehen (vgl. SW IX 392). So *entsteht* dem
Begreifen eben in der Einsicht des Gesetzes, des So-sein-Müssens, der Gedanke der absoluten einen Urerscheinung, die der unmittelbaren Anschauung unsichtbar bleiben muß (vgl. SW X 341f). So sieht das Begreifen - eben
in der Einsicht: so muß es sein - diese Erscheinung des Absoluten *eintreten*
in die Form ihrer Sicherscheinung (vgl. SW IX 568). So sieht das Begreifen
schließlich sich selbst *werden*, begreift sich nach seinem Ursprung (vgl. SW
IV 379).

Die durchgeführte Reflexion, die WL, ist "eine genetische Einsicht des
Daseins überhaupt" (SW IX 567). Verstehen, Begreifen, Einsicht in die ge-
setzmäßige Notwendigkeit oder genetische Erkenntnis ist nach Fichte konstitutiv für *Wissenschaft*. Der wissenschaftliche Verstandesgebrauch bestehe
darin, daß begriffen werde aus dem Grund oder Gesetz (vgl. SW IX 403).
Alle Wissenschaft sei genetisch (vgl. SW IX 565). Die durchgeführte Reflexion nimmt demnach die Gestalt einer "Theorie oder Wissenschaft" (SW X
317) an. Sie vollzieht sich in der wissenschaftlichen Form einer genetisch-
begrifflichen Theorie.

(γ) Gegenstand: Die Form des Begriffs. Die Erscheinung des Absoluten, das
unmittelbare Urbild, enthalte zwei Bestandteile: "das innere *Wesen* des Absoluten, und seine *Bildlichkeit*" (SW X 334). Das innere Wesen des Absoluten, der eigentliche Gehalt, das Was (vgl. SW X 40), "das eigentlich
Reale" (SW X 318; vgl. SW X 388), das "Quale" (SW X 388; SW IX 173 =
Tr.Log. S.65 u.ö.) an der Erscheinung sei nicht "deducirbar" (SW X 318);
wäre es deduzierbar, wäre es eben nicht der Gehalt des Absoluten, des Von-
sich, Aus-sich, Durch-sich. Das Absolute sei schlechthin unkonstruierbar
(vgl. SW IX 217f = Tr.Log. S.103f). Als solches könne es nicht beschrieben
werden (vgl. SW X 40); es sei nicht a priori einzusehen, sondern eben aus
dem Erscheinen Gottes zu erwarten (vgl. SW X 388; SW IX 148 = Tr.Log.
S.42). Das Quale könne nicht genetisch aufgelöst werden (vgl. SW IX 173
= Tr.Log. S.65). Im Vollzug der Begreiflichkeit wird demnach der absolute
Gehalt nicht eigentlich Gegenstand des Begreifens; seine Stelle bleibe leer

(vgl. SW X 318; SW IX 148 = Tr.Log. S.42). An seine Stelle tritt in der Reflexion "ein bloßes leeres Bild der Erscheinung ohne allen Gehalt" (SW IX 568).

Eigentlicher Gegenstand der Reflexion kann nur die Reflexibilität als solche, die *Form* der Erscheinung des Absoluten, also ihre Bildlichkeit, Verständlichkeit, Begreiflichkeit sein (vgl. SW IX 567). Objekt der Reflexion oder WL sei die Form des Sicherscheinens (vgl. SW X 339). Erkenntnisgegenstand ist "das rein *Formale* des *Realen*" (SW X 388). Nur in der analysierenden Vergegenständlichung der Form realisiert die Reflexion ihre eigene Möglichkeit, Reflexibilität. Denn Reflexibilität der absoluten Erscheinung besagt: Das Absolute kann als solches erscheinen. Als solches erscheint es aber nur, wenn die ursprüngliche Synthese, Verschmolzenheit oder Konkreszenz von Form und Quale (innerhalb der Sicherscheinung des Absoluten) aufgelöst und die modifizierende Bestimmung des absoluten Gehaltes der Erscheinung durch deren Bildform erkennbar werde (vgl. SW X 383. 388. 436; SW IX 173. 568). Dazu eben bedarf es der Vergegenständlichung der Bildform selbst. Wie sich also die Reflexibilität der absoluten Erscheinung nur in der Form des genetischen Begriffs verwirklichen kann, so realisiert sie sich ebenso notwendig nur, indem die Form des ursprünglichen Sichbegreifens Gegenstand ihres Vollzugs wird. Beides ist notwendig, soll an Stelle des Absoluten nicht das durch den Begriff modifizierte Absolute fälschlicherweise für das Absolute selbst gehalten werden. Gegenstand der begrifflich-genetischen Theorie des Wissens ist demnach die Form des Begriffs selbst.

(δ) System aller Begriffsformen. Reflexion ist der Vollzug der Reflexibilität. Reflexibilität ist die Seinsform der Erscheinung, d.h. die Erscheinung ist nicht anders als in ihrem Sichverstehen (vgl. SW IX 408 u.ö.). Das impliziert, die Erscheinung verstehe sich "ganz und durchaus" (SW IX 409). Damit entläßt das Sichverstehen eine Mannigfaltigkeit von Verstehensakten aus sich. Versteht die Erscheinung sich ganz und durchaus, dann müsse sie nämlich nicht nur sich selbst, sondern noch einmal dieses ihr Sichverstehen verstehen (vgl. SW IX 410). Aus dieser Duplizität von Verstehensakten ließen sich, so Fichte, weitere Unterscheidungen von Verstehensmomenten ableiten. Diese Mannigfaltigkeit von Verstehensmomenten könne aber keine unendliche sein; denn die Erscheinung könnte sich dann niemals ganz und durchaus verstehen (vgl. SW IX 410). Eine unendliche Mannigfaltigkeit wi-

derspräche dem Begriff des Sichverstehens als der Seinsform der Erscheinung. Der Begriff des Sichverstehens ist demnach Grund ebenso einer Mannigfaltigkeit wie deren Endlichkeit, also Grund einer geschlossenen Mannigfaltigkeit von Verstehensakten (vgl. SW IX 410f). Diese Mannigfaltigkeit ist
nicht nur geschlossen hinsichtlich ihrer quantitativen Endlichkeit; sie bildet
auch eine qualitative Einheit: Ihre Elemente und Akte sind Momente des einen Sichverstehens. In ihm haben sie ihre Einheit wie ihre Unterschieden-
heit. Die Einheit ist die eines fließenden, einzelne Momente wechselseitig
setzenden und bestimmenden organischen Zusammenhangs des Begreifens.
Fichtes Wort dafür ist "Leben" (vgl. SW IX 410. 411 u.ö.).

Der Vollzug der Reflexibilität muß offensichtlich diese gegliederte Totalität einer geschlossenen, organischen Mannigfaltigkeit des Begreifens abbil-
den. Das verlangt nicht nur eine Theorie des Wissens im Sinne einer "Erkenntniss *aller* Erkenntniss" (SW IV 382), "Erkenntniss der gesammten Erkenntniss" (SW IV 380), sondern präziser "Erkenntniss *als ein System*" (SW
IV 380; hier: Sperrung vom Verf.). Denn nur, wenn "die Form, welche das
absolute Quale der Erscheinung annimmt von der Bildform", *erschöpfend* begriffen werde (SW IX 173 = Tr.Log. S.65), kann das Absolute als solches erscheinen. Die Form kann aber nur erschöpfend begriffen werden, indem die
Totalität aller Formen der einen Form des Sichverstehens in ihrer organischen Einheit begriffen wird. Die durchgeführte Reflexion erhält notwendig
die Gestalt einer systematischen Analyse aller Formen des Sichbegreifens;
sie stellt sich dar als System aller Begriffsformen in deren genetischer Notwendigkeit und systematischem Zusammenhang (vgl. SW II 685).

3. Der Begriff der WL: Rekonstruktion des Vernunftlebens. Damit haben
wir die wesentlichen Elemente des formalen Begriffs der WL Fichtes abgeleitet: WL ist das apriorische Bild des Wissens (Daseins des Absoluten) in
der wissenschaftlichen Form einer genetisch-begrifflichen Theorie, deren eigentlicher Gegenstand die Form des Begriffs ist und die sich in einem
System aller Begriffsformen darstellt. Sie ist Reflexion, der Vollzug der ursprünglichen Reflexibilität der absoluten Erscheinung selbst. In ihr bildet
sich das ursprüngliche Sichverstehen ab. In der WL verstehe sich also der
absolute Verstand selbst (vgl. SW X 6), indem sie ihn durch genetische Einsicht in die Klarheit und Sichtbarkeit hebt.

Für das Verhältnis von ursprünglicher Sicherscheinung und WL als deren
Reflexionsbild gilt dreierlei. *Erstens*, insofern das Sichverstehen in seinem

Vollzug die Gestalt einer WL annehmen muß, *ist* die WL selbst das Sichverstehen der absoluten Erscheinung und damit der sich selbst klare Begriff des Absoluten (vgl. SW IX 566; SW X 319. 340; ähnlich SW X 81. 322; u.ö.). *Zweitens*, insofern sich in der WL das ursprüngliche absolute Sichverstehen abbildet und objektiviert, ist es aber auch Gegenstand, Objekt der WL (vgl. SW X 339; SW IX 567), und zwar genauer so, daß die in der ursprünglichen Sicherscheinung liegende Konkreszenz von Begriffsform und absolutem Gehalt Gegenstand der Analyse, Trennung und Auflösung, der WL ist. *Drittens*, da es aber das absolute Sichverstehen selbst ist, das sich abbildet, ist es zugleich Prinzip der WL, genauer deren genetisches Prinzip (vgl. SW IX 567). Denn das ursprüngliche Sichverstehen als Seinsform der absoluten Erscheinung ermöglicht erst, entläßt aus sich und bestimmt zugleich die Einsicht in das Werden, die Genesis der Mannigfaltigkeit von Begriffsformen, die von der absoluten Erscheinung als solcher ausgeschlossen ist (vgl. SW IX 565-568; SW X 336-339). Mit der Einsicht in das absolute Sichverstehen als das genetische Prinzip ist der Grund des Wandels im Wesen der Erscheinung selbst nachgewiesen (vgl. SW X 336).

Die WL ist also "der durchgeführte Schematismus des Absoluten" (SW X 81), dem das ursprüngliche Schematisieren des Schemas Gottes, die Sicherscheinung, als Objekt und Prinzip zugrundeliegt (vgl. SW X 6f. 81. 339. 360. 369; SW II 698). Als solche sei die WL "nicht Schöpferin des Wissens" (SW IX 122 = Tr.Log. S.18). Das Wissen - und zwar in der Mannigfaltigkeit seiner Modifikationen durch die verschiedenen Begriffsformen - besteht vielmehr auch unabhängig von der Einsicht der WL. Sie konstruiert nicht die Wahrheit, die Wahrheit mache sich vielmehr selbst (vgl. SW X 320f; SW IX 31. 164 = Tr.Log. S.57; u.ö.). Dieser Gedanke findet sich auffallend häufig in den Schriften der Spätphilosophie Fichtes, und zwar mit polemischer Spitze gegen den Verdacht, ein vermeintliches Ich erdenke sich zufolge der WL die Wahrheit (vgl. SW X 320f. 376; SW IX 28. 121. 399 = Tr.Log. S.17f. 260; SW IX 565). In der WL aber bildet sich vielmehr das Wissen, die sich selbst erschlossene Erscheinung des Absoluten, ab. Sie sei Nachbild des Urbildes (vgl. SW X 27), Nachkonstruktion und Reproduktion des absoluten Denkens (vgl. SW IX 121f. 212 = Tr.Log. S.17f. 99). Die WL ist, wenn man so will, transzendentaler Rekonstruktivismus.

Gegen ein mögliches Mißverständnis des Satzes, in der WL bilde sich das Wissen, die Erscheinung Gottes, ab, muß daran erinnert werden, was wir oben bereits notiert haben: Die WL ist Reflexion, Theorie, Abstraktion. In ihr erscheint daher nicht das erscheinende reale und qualitative Absolute selbst. Dieses erscheint in der WL vielmehr bloß als leerer Begriff. Ihr eigentümlicher Gegenstand ist die Form des Begriffs. Sie abstrahiere also von der Realität (vgl. SW X 340). In Hinblick auf die Realität, den eigentlichen Gehalt, das Quale des erscheinenden Absoluten müsse die WL auf und an das *Leben* verweisen (vgl. SW II 708f; SW X 340. 491; SW IX 569. 173f = Tr.Log. S.65). Die WL kann das Leben und das in ihm erscheinende Absolute nicht ersetzen. Ihre Aufgabe aber sei die Klarheit dieses Lebens über sich selbst (vgl. SW X 491; SW IX 569; ähnlich SW IX 174).

f) Die Durchführung der WL in Grundzügen: Ideales Wissen, Sittlichkeit und Religion und ihre Begründung

1. Die Grundform des Wissens: Synthetische Einheit der Apperzeption, reine Sichtbarkeit und absolute Apperzeption. Das Absolute erscheint in der Form der Sicherscheinung der Erscheinung. In der Sicherscheinung erscheint die Erscheinung als Subjekt-Objekt (vgl. SW X 347-349) und als Anschauung und Begriff (vgl. SW X 352f; u.ö.): Die Erscheinung erscheine sich nicht qualitativ (die Anschauung), ohne sich zu erscheinen als eben seiend (der Begriff) (vgl. SW X 356). In beiden Teilen dieser synthetischen Einheit unterliegt die Erscheinung wiederum ihrer Grundform, der Subjekt-Objektivität (vgl. SW X 356. 390 u.ö.). Die Erscheinung erscheine sich folglich "als ein sicherscheinendes Sein" (SW X 359), als Selbstbewußtsein:

> "Kein Bewußtsein [...] ohne *Selbstbewußtsein*, d.i. Bewußtsein des formalen Seins der Erscheinung. Das *Ich bin* muß alle meine Vorstellungen begleiten können." (SW X 357)

Das Selbstbewußtsein expliziert Fichte, mit ausdrücklichem Bezug auf Kant, als *transzendentale oder synthetische Einheit der Apperzeption* (vgl. SW X 390-393). Sie sei die absolute Grundform alles Sehens (Wissens) (vgl. SW X 391. 393) oder die "Sehe" (SW X 393). Als ständiger Exponent begleite sie den unendlichen Fluß der Bilder (Schemata), den das bildende, schematisierende Leben, das als absolutes Vermögen eben unbegrenzt, unendlich sei (vgl. SW II 697 u.ö.), von sich gibt (vgl. SW X 393). An jedem möglichen Punkt der unendlichen Reihe von Bildern wird das jeweils Gesehene (Ge-

wußte) nicht anders gesehen (gewußt), als daß es in die Form des Sichse-
hens des Sehens (des Selbstbewußtseins des Bewußtseins) aufgenommen
wird (vgl. SW IX 101). Darin liegt gerade die synthetische Leistung der Apperzeption. Sie besteht in der Synthesis der unendlichen Mannigfaltigkeit
der Bilder (des Gesehenen) zu einer Einheit durch die Subsumption unter
die Einheit des Sehens (vgl. SW X 390. 447f). Sie sei die synthetische Einheit der Einheit und der Einheit der Mannigfaltigkeit (vgl. SW X 391).

In der synthetischen Leistung der Apperzeption wird aber bereits eine
Einheit vorausgesetzt, die nicht erst durch den Akt der Synthesis hergestellt
werden kann: die Einheit des reinen Sehens selbst, als die das Sehen sich in
jedem synthetischen Akt sieht. Darin besteht Fichtes ausdrückliche Kritik
an Kants Theorie der synthetischen Einheit der Apperzeption (vgl. SW IX
176-179 = Tr.Log. S.67-70). Die Aufnahme mannigfaltigen Sehens in das
Sichsehen und die Zusammenfügung der einzelnen Sehenszustände in ein
einziges Sichsehen könnten gar nicht gelingen, wenn dem Sichsehen nicht
immer schon eine reine, nicht-synthetische Einheit zugrundeläge. Im Unterschied zur synthetischen Einheit der Apperzeption sei dies die Einheit einer
"Apperzeption, die nicht wird, sondern schlechthin ist" (SW IX 178 =
Tr.Log. S.69), die Einheit einer "ursprünglichen Identität" (SW IX 179 =
Tr.Log. S.70).

Liegt der Aufnahme mannigfaltigen Sehens in das Sichsehen immer schon
die reine Einheit des Sehens voraus, dann kann auch die synthetische Einheitsleistung selbst nicht als ursprünglich synthetisch verstanden werden:
Die Einheit entstehe nicht "durch Verbindung des Mannigfaltigen", sondern
das Mannigfaltige werde immer schon "durch die Einheit hindurch gesehen". Der synthetischen Einheit liege eine "analytische Einheit" zugrunde
(SW IX 178 = Tr.Log. S.69).

Die reine, ursprünglich-identische Einheit ist die Einheit des Sehens (Wissens) selbst vor aller Synthesis (unendlich) mannigfaltigen Sehens. Sie sei
also Sehen ohne alles Gesehene, Sichtbare, Reale (vgl. SW X 446f), ein Sehen, das nur Sehen ist, ein Sehen von Nichts, reines Sehen, absolut formales
Sehen (vgl. SW X 445) oder "die rein geistige Selbstheit des Sehens selber"
(SW IX 77). Im Unterschied zum Ich als der synthetischen Einheit des
Selbstbewußtseins bezeichnet Fichte die reine Einheit auch als bloßes formales Ich (vgl. SW X 446), die (reine) Ichform (vgl. SW X 446. 41f u.ö.; SW
IX 76) oder die Ichheit (vgl. SW X 440. 448 u.ö.).

Was diese Ichheit in sich selbst ist, läßt sich ablesen an dem, was sie für die synthetische Leistung der Apperzeption bedeutet (vgl. SW X 447-449): Die Ichheit (ursprünglich-identische Einheit) ist diejenige Einheit innerhalb des Ich (der synthetischen Einheit), die es gestattet, was auch immer gesehen werden mag (sichtbar wird), als *Fall* (Beispiel) *von Sichtbarem* zu begreifen und deshalb in die synthetische Einheit des Sehens aufzunehmen (vgl. SW X 448). Sie ist also selbst der *Begriff* des Sichtbaren. Da das, was sichtbar ist, ein Bild (Schema) ist, spricht Fichte von dem (absoluten) Begriff des Bildes (vgl. SW X 447. 448. 449. 43 u.ö.). Der Begriff des Bildes oder des Sichtbaren ist die Bedingung, unter der Sichtbares überhaupt im Sehen (Wissen) aufgenommen und deshalb sichtbar werden kann. Der Begriff des Sichtbaren ist also die *reine Sichtbarkeit* (vgl. SW X 437. 446. 448. 449 u.ö.).

Im wirklichen Wissen kommt diese Einheit, die reine Sichtbarkeit oder Ichheit freilich nicht vor; da werde immer bloß deren Nachbild, die synthetische Einheit, sichtbar (vgl. SW IX 179 = Tr.Log. S.69). Die ursprünglich-identische Einheit ist ja die Einheit des reinen Sehens, die Einheit selbst, ohne Bezug auf jegliches Gesehene oder Sichtbare. Als solche ist sie aber nur in der transzendentalen Reflexion isolierbar. Denn im wirklichen Wissen liegt immer schon eine unmittelbare Vereinigung, eine Verwachsenheit mit der (unendlichen) Mannigfaltigkeit des Gesehenen vor. Die Synthesis der Mannigfaltigkeit zur Einheit als Subsumption unter die Einheit des Sehens läßt diese Einheit selbst zu einer synthetischen werden bzw. als synthetische erscheinen.

In der Auflösung solcher Konkreszenz von Form und Gehalt im wirklichen Wissen bestehe aber gerade die wesentliche Aufgabe der WL (vgl. SW X 436 u.ö.).[101] Indem sie die der synthetischen Einheit (des alles Bewußtsein begleitenden Selbstbewußtseins) zugrundeliegende ursprünglich-identische Einheit, die reine *Form der Sichtbarkeit* als solche sichtbar werden läßt, kann in der transzendentalen Reflexion zugleich erkennbar und durchschaut werden, als was das Absolute im Gegensatz zu der Form der Sichtbarkeit gedacht werden muß: als das rein *Sichtbare* als solches, als Quale und Gehalt der Erscheinung. Das Absolute ist gegenüber der reinen Sichtbarkeit eben "das schlechthin Sichtbare" (SW X 438; Sperrung beseitigt), das "Ursichtbare" (SW X 436; Sperrung beseitigt), "das absolut Objektive" (SW

---

[101] S.o. S.96f. 99.

X 449; Sperrung beseitigt), "das absolute Objekt" (SW X 7), "das Reale" (SW X 449). Innerhalb der optischen Metaphorik, in der Fichtes Begriffsbildungen sich großenteils bewegen, bezeichnet er dieses Ursichtbare als das *Licht* (vgl. SW X 438. 449 u.ö.). In der Lichtmetapher kommt der Gegensatz zu allem Sehen, auch dem reinen Sehen, der Sichtbarkeit, zum Ausdruck. In ihr ist die Objektivität und das Durchsichselbstsein, die Unkonstruierbarkeit des Absoluten als das von sich und durch sich selbst Einleuchten eingefangen (vgl. SW X 438).

Was für die reine Form der Sichtbarkeit gilt, gilt entsprechend auch für das rein Sichtbare, das Absolute als das Licht: Es kommt im wirklichen Wissen nicht als solches vor. Es ist die nur der transzendentalen Reflexion zugängliche, nämlich in ihr gedachte, Urform, in der das Absolute erscheint: das Licht im Gegenüber zur Urform aller Sichtbarkeit. Das Licht *in der* Form der Sichtbarkeit sei die reine und *absolute Apperzeption* (vgl. SW X 42), die "absolute Anschauung" (SW IX 164 = Tr.Log. S.57). Mit ihr ist die oberste Bedingung reflektiert, unter der überhaupt qualitatives Wissen möglich ist, *Wahrheit* im Wissen erscheinen kann (vgl. SW IX 164 = Tr.Log. S.57): die Erscheinung des Absoluten in der Urform seiner Erscheinung, "die absolute Helligkeit" der Ichheit im und durch das Licht (SW X 446).

2. Die Grundweisen des Wissens: Faktisches und ideales Wissen. Das Absolute soll als solches erscheinen (gesehen, gewußt werden). Gesehen wird aber weder das Licht als solches, sondern nur das Licht in der Form seiner Sichtbarkeit: als absolute Apperzeption, noch diese Apperzeption selbst, sondern nur in der Form ihrer Sichtbarkeit: als synthetische Einheit der Apperzeption, als Ich. Als Ich kann aber auch das Absolute als solches erscheinen. Denn es kann erscheinen, wenn auch die Form seiner Erscheinung, die Sichtbarkeit, sichtbar ist (vgl. SW X 440. 442). Diese Bedingung ist in der synthetischen Einheit der Apperzeption erfüllt: Das Ich ist die Gestalt, in der die Sichtbarkeit des Absoluten selbst sichtbar wird. Als Ich ist also die Form der Sichtbarkeit selbst sichtbar. Die Sichtbarkeit der Sichtbarkeit des Absoluten, das Ich, ist notwendige Bedingung dafür, daß das Absolute als solches erscheinen kann.

Damit es auch tatsächlich sichtbar wird, dazu ist die Bedingung freilich nicht hinreichend. Denn: Das Ich ist die absolute Grundform des Sehens; das Sehen sieht sich. Unmittelbar sichtbar ist im Ich also das Sehen. Das Sehen enthält nun zwar Gesehenes. Dies sind die Schematisierungen (Bilder) des Schemas Gottes durch das schematisierende Vermögen. *Daß* das Gesehene dies ist, wird aber *nicht* gesehen; gesehen werden bloß die Produkte, die Schemata, Bilder, aber nicht das Produzieren, Schematisieren, Bilden. Darin besteht, was Fichte das *faktische Sehen (Wissen)* nennt (vgl. SW X 399. 476. 389. 420f. 427. 482; auch SW IX 417-420). Ihm entspricht terminologisch in der WL von 1810 die Anschauung: Es ist ein Wissen (Sehen), bei dem das Prinzip selbst unsichtbar bleibe (vgl. SW II 700). Das dieses faktische Sehen als ständiger Exponent (als das Sich des Sehens) begleitende Ich ist theoretisches oder erkennendes Ich (vgl. SW IV 382; SW X 416). Weil das Schematisieren des Schemas Gottes unsichtbar bleibt und stattdessen lediglich die Produkte des Schematisierens, die Schemata, gesehen werden, werden im faktischen Sehen (Wissen) die Schemata oder Bilder für die Sache selbst, das Sichtbare, das Reale gehalten (vgl. SW X 381f). Damit geht aber das Schema Gottes verloren; es bleibt unsichtbar: Das Absolute kann nicht als solches erscheinen.

Soll das Schema Gottes sichtbar werden, muß das Schematisieren, das bildende Prinzip als solches sichtbar werden. Sichtbar wäre es nur als Gesehenes des Sehens. Gesehen wird es nur in der Grundform des Sehens, als Ich. Das Ich müßte nicht bloß begleitender Reflex des Sehens des faktisch Gesehenen sein; es müßte sich selbst zum bildenden Prinzip (absoluten Vermögen) machen. Die Möglichkeit dazu besteht schlechthin. Denn das Ich ist die Form der Sicherscheinung der Erscheinung; die Sicherscheinung aber ist das absolute Vermögen, bildendes, schematisierendes Leben oder Prinzip.[102] Der Vollzug dieser Möglichkeit sei ein absolutes Schaffen, eine neue Schöpfung (vgl. SW X 407. 417f. 424f). Fichte verwendet dafür auch den religiösen Begriff der Wiedergeburt (vgl. SW XI 156; SW IX 398. 399 = Tr.Log. S.258. 259; auch SW IX 6; SW XI 116). Vollzieht das Ich diese Möglichkeit, wird es praktisches Ich (vgl. SW IV 382f; SW X 416). Als praktisches Ich sieht das Sehen sich nicht mehr als Sehen des faktisch Gesehenen, sondern als absolutes Prinzip des Sichtbaren des Sehens. Das Sehen des Gesehenen ist damit seinerseits kein faktisches Sehen mehr; es erhält die Gestalt des *überfaktischen oder idealen Wissens (Sehens)* (vgl. SW X 476-479 u.ö.; auch SW IX 417-420).

---

[102] S.o. S.91f.

Das Absolute kann nur im idealen Wissen erscheinen. Denn darin ist genau erfüllt, was wir oben (S.99) als Bedingung dafür benannt haben, daß das Absolute als solches erscheinen könne: Nur wenn das absolute Vermögen (das schematisierende Prinzip) des bildenden Lebens mit dem Schematisieren des Schemas Gottes zugleich sich selbst schematisiert, wird die Form der Erscheinung selbst, das schematisierende Leben, als solche sichtbar. Nur dann kann auch das Absolute als solches, im Gegenüber zur Form seiner Erscheinung, erscheinen (sichtbar werden).

3. Freiheit und Rezeptivität im idealen Wissen: Absolute Evidenz und das Absolute als Gesetz. Als praktisches Ich ist die Form der Sichtbarkeit in Freiheit (absolutes Vermögen, Prinzip) verwandelt (vgl. SW X 477). Die Sichtbarkeit ist sich selbst sichtbar als "*ideales*, praktisches Constructionsvermögen", als "wahres Constructionsvermögen rein aus Nichts" (SW X 474). Aus Nichts zu konstruieren heißt: ohne Bezug auf das faktisch Gesehene zu konstruieren. Das so Konstruierte (Schematisierte, Gebildete) ist "ein reines selbstständiges Bild, ohne alle Beziehung auf ein in ihm abgebildetes Sein" (SW X 429). Es sei kein Nachbild, sondern Vorbild eines Seins, reines Ideal, reine Idee (vgl. SW X 409. 429; SW XI 147-151). Das überfaktische oder ideale Sehen (Wissen) sei ein *Ersehen* (vgl. SW X 477. 479).

In dem freien Konstruieren gehe das absolut Sichtbare nicht verloren (vgl. SW X 478). Im Gegenteil: Nur gegenüber der Freiheit kann sich das Durch-sich-selbst-Sein als solches zeigen. Nur gegenüber dem freien Konstruktionsvermögen kann sich das sichtbar machen, was durch sich selbst einleuchtet: das Licht in der Form seiner Sichtbarkeit, "die absolute Evidenz" (SW X 477). Gerade an der Freiheit seines Konstruierens geht dem absoluten Vermögen das absolute "Leben und Werden aus sich, von sich, durch sich", "die *Wahrheit*" (SW X 426) als das Unkonstruierbare auf (vgl. SW IX 217f = Tr.Log. S.103f; exemplarisch SW IX 28. 31). Sichtbar wird die Wahrheit als durch freie Konstruktion bedingte Evidenz (vgl. SW IX 84).

> "Das Sehen hebt allerdings an mit der absoluten Construction eines Bildes [...]: diesem selbstconstruirten Bilde aber kommt entgegen und innerhalb desselben stellt sich dem Sehen ein, als sich selbst machendes und aus sich selbst quellendes, abgebildetes Bild. Unter *Voraussetzung* und *Bedingung* nämlich jener selbstthätigen Construction, sage ich [...]." (SW IX 83)

So enthält das ideale Wissen das Moment der durch Freiheit (Spontaneität) vermittelten *Rezeptivität* (vgl. SW X 432-434). Die Wahrheit kann als durch die Konstruktion eintretende Evidenz nur hingenommen werden.

Evidenz tritt in die Konstruktion nur ein, wenn auf bestimmte Weise konstruiert wird. Das Bestimmtsein ist vermittelt durch die Freiheit des Konstruktionsvermögens. Es zeigt sich als *Gesetz* des Konstruierens.

> "Das Gesetz ist bindend genug; construirt das freie Vermögen nicht, so giebt es kein Sehen; construirt es nicht nach dem Gesetze, so construirt es eben nicht; denn es kann nicht anders construiren denn nach dem Gesetze [...]." (SW X 479)

Das Absolute, Ursichtbare, Reale kann nur gegenüber der Freiheit sichtbar werden. Dann aber werde es sichtbar in der "Form des Gesetzes" (SW X 478).

> "[...] das Reale an der Erscheinung erscheint nur als ein Gesetz." (SW IX 400)

Diese Form des Gesetzes erhalte das Absolute aber auch nur im Gegenüber zur Freiheit (vgl. SW X 478). Für das absolute Vermögen in der Form seiner Sichtbarkeit, dem praktischen Ich, gilt also dasselbe wie für das ursprüngliche schematisierende Leben: Es könne nur nach dem Urbilde, dem Schema Gottes schematisieren und erhalte von diesem das Gesetz seines Schematisierens (vgl. SW X 339. 478).[103] Das ideale Wissen kommt zustande durch Hingabe des freien Vermögens an das Gesetz (vgl. SW X 432). Es ist strukturell in fundamentaler Weise *sittlich* (vgl. SW X 469f).

4. Die Reflexibilität des Sehens: Der Blick. Die Form alles Sehens, das Sichsehen, begleitet das Schematisieren als Einheit über dem unendlichen Fluß der Schematisierungen (vgl. SW X 393). Das Sehen als Einheit von Sichsehen und Sehen des Gesehenen (vgl. SW X 441 u.ö.) ist in dieser Form eines unendlichen Fließens nicht greifbar und faßbar. Es muß aber faßbar: reflexibel sein; sonst kann das Sehen des Gesehenen nicht als bestimmtes Sehen erfaßt werden. Als bestimmtes Sehen des Gesehenen muß es sich aber sehen können, weil nur so eine Unterscheidung möglich wird zwischen unterschiedlich bestimmten Weisen des Sehens, nämlich zwischen faktischem und idealem Sehen (Wissen). Um faßbar, reflexibel, sein zu können, müsse der unendliche Fluß des Gesehenen zu einer stehenden Einheit werden, in

---

[103] S.o. S.92.

der er in *einem Blick* sichtbar und überschaubar wäre (vgl. SW X 395. 403).
Das Sehen müsse daher in seiner Unendlichkeit überhaupt begrenzt sein
(vgl. SW X 402), um eine Einheit zu sein, die reflektiert werden kann. Die
Unendlichkeit des schematisierenden Flusses werde in dieser Einheit selbst
zu einer geschlossenen Einheit des Mannigfaltigen, d.h. zu einer Totalität
(vgl. SW X 394. 395. 402). Eine solche Totalität könne nur in einer Idee, einem geschlossenen Gesicht sichtbar sein (vgl. SW X 393. 395. 480f). Die
Geschlossenheit der Totalität bestehe in der extensionalen Begrenzung und
der qualitativen Bestimmung des im Blick Erblickten (vgl. SW X 396).

5. *Das Gesetz der Unendlichkeit der Blicke.* In dem durch extensionale Be-
grenzung und qualitative Bestimmung zur Einheit beschränkten Sehen, dem
Blick, werde das absolut Sichtbare (das Licht, das Reale, der absolute Ge-
halt) selbst begrenzt; es erscheine nur ein Teil des Lichtes (vgl. SW X 456f).
Das Absolute kann folglich nicht in einem einzigen Blick erscheinen. Nach
Fichte kann es aber auch nicht in einer endlichen Reihe von Blicken er-
scheinen, sondern nur in einer Unendlichkeit von Blicken: Der Blick ist die
Form der Reflexibilität, Faßbarkeit oder Begreiflichkeit des Sehens. In ei-
nem jeden möglichen Blick tritt der absolute Gehalt also in die Form der
Begreiflichkeit (Reflexibilität) und so unter die Form einer Quantität: Es er-
scheint ein Teil von ihm. Der absolute Gehalt selbst aber ist das schlechthin
Unbegreifliche (vgl. SW X 318. 388; SW IX 173 = Tr.Log. S.65 u.ö.).[104]
Als solches aber kann es in keinem möglichen Blick noch in einer endlichen Mannigfaltigkeit von Blicken erschöpft werden. Die prinzipielle Unbegreiflichkeit fordert vielmehr "eine unendliche Reihe des Begreifens (der
Unbegreiflichkeit nämlich)" (SW IX 412). Anders ausgedrückt: Die Differenz zwischen dem absoluten Gehalt und der Summe der Bruchteile dieses
Gehaltes in einzelnen Blicken wird niemals gleich Null. Das Absolute erscheint folglich nicht anders als in einer unendlichen Reihe seiner Bruchteile in einzelnen Blicken. Der Grund der Möglichkeit einer unendlichen Reihe von Blicken liegt in dem absoluten und also unbegrenzten Vermögen des
Schematisierens. Soll das Absolute als solches erscheinen, muß sich das absolute Vermögen selbst in unbegrenzter Folge zu Blicken beschränken. Das
Vermögen stehe unter dem allgemeinen formalen Gesetz der Unendlichkeit
seiner Bestimmbarkeit (vgl. SW X 491).

---

[104] S.o. S.96.

6. Das Gesetz der Fünffachheit der Blicke. Der Blick sei nicht nur in exten-
sionaler (quantitativer) Hinsicht beschränkt, sondern auch qualitativ bestimmt (vgl. SW X 396). Jeder Blick sei "nicht ein Blick überhaupt, sondern
ein bestimmter, nicht der Etwas überhaupt, sondern ein *bestimmtes* Etwas"
erblicke (SW X 402f). Ohne qualitative Bestimmung kann nichts Bestimmtes, also auch nicht das Absolute als solches gesehen werden. Das absolute
Vermögen oder Prinzip beschränkt sich nicht nur überhaupt zu einem
Blick; es sei in jedem Blick auch "auf eine *bestimmte* Weise Prinzip" (SW
X 396). Jede einzelne qualitative Bestimmung setzt logisch mindestens eine
weitere Bestimmung (nämlich ihre Negation) voraus, mit der sie sich als
Wechselbestimmung vollzieht (vgl. exemplarisch SW X 434f), und ist letztlich nur möglich innerhalb eines organischen Zusammenhangs weiterer,
mannigfaltiger Bestimmungen (vgl. SW X 419f. 422). Auf diese Weise ergibt
sich also wiederum eine Mannigfaltigkeit von Blicken. Diese Mannigfaltigkeit ist nicht die Mannigfaltigkeit (nämlich Unendlichkeit) der Akte des absoluten Vermögens, sondern die der unterschiedlichen Weisen oder Formen, in denen das Prinzip (in jeder möglichen Anzahl von Akten) Prinzip
sein kann.

Diese Mannigfaltigkeit unterschiedlicher Weisen des Prinzipseins kann erstens nur eine endliche (numerisch begrenzte) sein. Denn das Vermögen ist
nichts anderes als die Reflexibilität der absoluten Erscheinung.[105] Reflexibilität aber ist die Seinsform der Erscheinung. Dies impliziert den Gedanken:
Die Erscheinung verstehe sich ganz und durchaus. Vollständiges Verstehen
aber ist nur möglich in einer endlichen, geschlossenen Mannigfaltigkeit oder
einer Totalität (vgl. SW IX 410f).[106] Die endliche Mannigfaltigkeit läßt
sich nach Fichte zweitens auf eine fundamentale *Fünffachheit* zurückführen:
Das Vermögen ist immer schon bestimmt durch sein Sein: Reflexibilität. In
den Weisen, Prinzip zu sein, unterliegt das Prinzip der Form seines Seins.
Die Form der Reflexibilität aber ist nach Fichte eine fünffache Synthesis
aus Anschauung und Begriff, Subjekt und Objekt und deren Einheit (vgl.
SW X 356. 367. 47f).[107] Das Vermögen kann nicht anders Prinzip sein als
so, daß es diese Form seiner selbst reproduziert. Die fünffache Mannigfaltig-

---

[105] S.o. S.91-93.
[106] S.o. S.97f.
[107] S.o. S.90f.

keit entsteht nun, indem jeweils die einzelnen Momente der Synthesis zum qualitativ bestimmenden Formprinzip des Prinzipseins werden (vgl. zum Folgenden SW II 686f): Das Vermögen kann schematisieren, ohne sein Schematisieren zu schematisieren; das Vermögen äußert sich so in der Form der Anschauung (vgl. SW II 700). Oder es schematisiert sein Schematisieren, so ist die Anschauung zugleich in der Form des Begriffs. In beiden Formen sind wiederum die beiden Fälle möglich, daß das Prinzip ganz in das Schematisierte (das Objekt) oder in das Schematisieren (das Subjekt) aufgeht. So ergibt sich eine Quadruplizität (vgl. SW X 355) von Anschauung des Objekts, Anschauung des Subjekts, Begriff des Objekts und Begriff des Subjekts. Schließlich kann das Vermögen sich in der Form der synthetischen Einheit selbst äußern, d.h. so, daß die einzelnen Momente der Synthesis in *einem* Blick erscheinen: die Form der vollendeten Reflexibilität, Reflexion.

Der Blick ist qualitativ bestimmt, heißt: Das Prinzip kann auf unterschiedlich bestimmte Weise Prinzip sein. Das wiederum heißt: Das Prinzip unterliegt einem "Gesetz mannigfaltiger und entgegengesetzter Blicke" (SW X 403). Diese Mannigfaltigkeit bestehe in einer "Fünffachheit des Blicks" (SW X 395). Das absolute Vermögen stehe unter dem allgemeinen formalen Gesetz der Unendlichkeit seiner Bestimmbarkeit auf der einen und der Fünffachheit der Form seiner Bestimmbarkeit auf der anderen Seite (vgl. SW X 491).

7. Das System der fünffachen subjektiven Reflexibilität im Überblick. Die fünf Blicke machen zusammen "die Fünffachheit des Systems der subjektiven Reflexibilität" aus (SW X 491). Sie sind die Formen der Reflexibilität, der Verständlichkeit der absoluten Erscheinung. In ihnen sind die Möglichkeiten realisiert, in denen die Erscheinung verstanden werden kann. Sie spiegeln in überschaubaren und gegeneinander abgrenzbaren Standpunkten, Blicken, Gesichten oder Ideen das "gesammte System des Bewußtseins" (SW X 387) wider.

Zusammenfassende Übersichten des Systems der fünffachen Reflexiblität hat Fichte am Ende der "Thatsachen des Bewusstseyns" von 1810/11 (vgl. SW II 686f) und der WL von 1812 (vgl. SW X 489-491) gegeben. Läßt man dabei einige Detailprobleme ihrer Interpretation[108] beiseite, so lassen sich die fünf Blicke inhaltlich kurz und griffig folgendermaßen bestimmen: Es handelt sich dabei um (1.) die Natur oder Sinnenwelt, (2.) die Individuenwelt, Interpersonalität oder Mannigfaltigkeit von Ichen bzw. die diese Mannigfaltigkeit von Ichen bestimmende Idee des Rechtes, (3.) die Sittlichkeit, (4.) die Religion bzw. der Begriff Gottes und (5.) die WL oder Philosophie. Diese Fünffachheit entspricht der Aufzählung der "Reihe der besondern Wissenschaften" (SW XI 8) in der "Sittenlehre" von 1812: Natur-, Rechts-, Sitten- und Religionslehre machen das System der Wissenschaften aus (vgl. SW XI 8); und zwar offensichtlich deshalb, weil in ihnen das System des gesamten Bewußtseins in seinen wesentlichen Teilbereichen objektiviert ist. Zu dieser Vierfachheit käme als fünftes Glied noch die WL hinzu, die in dieser Auflistung deshalb fehlt, weil sie keine besondere Wissenschaft, sondern Wissenschaft des Wissens überhaupt ist und sie entsprechend keinen besonderen materialen Objektbereich, sondern das System des Bewußtseins als System (in seinem systematischen: genetischen Zusammenhang) zum Gegenstand hat.

Der systematische Zusammenhang dieser fünf Blicke besteht darin, Formen der einen Reflexibilität zu sein. Sie sind die zur Klarheit der Idee verdichteten einzelnen, einander setzenden und wechselseitig bestimmenden Momente des Sichverstehens der Erscheinung, die zusammen die Realisation der Reflexibilität sind. Sie machen zusammen also die Bedingungen aus, daß

---

[108] In SW II 686f kann beispielsweise die im Text vorhandene Zählung von 1. bis 5. nicht mit den "fünf Grundformen" (SW II 687) des Wissens identifiziert werden. - In SW X 489-491 wird überhaupt nicht gezählt. Klar ist nur, daß SW X 489 eine "Zusammenfassung" (SW X 489) beginnt, die bei der "W.=L." als selbst vollendend die Fünffachheit des Systems der subjektiven Reflexibilität" (SW X 491) endet. Bei der Identifizierung und Abgrenzung der vier vorausliegenden Glieder ist man immer schon auf interpretative Rekonstruktion unter Zuhilfenahme anderer Texte angewiesen. - Auch gegen Ende der "Thatsachen des Bewußtseins" von 1813 (vgl. SW IX 570-573) findet sich eine Übersicht über "eine vierfache Formation des Verstandes", in der "die vier Haupt- und Grundthatsachen des Bewußtseins" bestehen sollen (SW IX 573). Die Schwierigkeit besteht hier zum einen darin, daß ich in den materialen Ausführungen (vgl. SW IX 570-573 Mitte) - entgegen Fichtes Behauptung einer Vierfachheit (vgl. SW IX 573 ab Mitte) - nur eine Dreifachheit zu erkennen vermag, die sich mit Sinnlichkeit, Sittlichkeit und Interpersonalität identifizieren läßt. Zum anderen lassen sich die gegenüber den materialen Ausführungen (vgl. SW IX 570-573 Mitte) in SW IX 573 (ab Mitte) noch einmal kurz schematisierten vier Momente nicht ohne weiteres mit Fichtes sonstigen Bestimmungen der (abgesehen von der WL) vier Grundformen harmonisieren.

das Absolute als solches erscheinen kann bzw. erscheint. Darin haben sie ihre organische Einheit, und darin finden sie ihre genetische Begründung: Sie sind *notwendige* Formen des Selbstverstehens (vgl. SW II 685. 687), damit das wahre Sein, das Absolute, verstanden werden kann bzw. verstanden wird. Lassen wir die WL, über deren Deduktion und Begriff wir bereits das Nötige gesagt haben, beiseite, dann lassen sich die verbleibenden vier Glieder der Fünffachheit noch einmal in zwei Paare zusammenfassen: Sinnenwelt und Individuenwelt kommen darin überein, daß sie lediglich Bedingungen sind, daß das Absolute gewußt werden kann; in ihnen ist nach Fichte also keine Spur der eigentlichen Realität (vgl. SW IX 307 = Tr.Log. S.174; SW IX 418f; SW X 484f; SW XI 36; u.ö.). Sittlichkeit und Religion hingegen sind die Formen des Bewußtseins, in denen das Absolute im wirklichen Leben (im Unterschied zur Abstraktion der WL) erscheint.

8. Deduktion der Sinnenwelt. Für die notwendige Bedingungsfunktion der Sinnenwelt lassen sich im einzelnen vier Punkte in den Schriften der Spätphilosophie Fichtes ausmachen: *Erstens* sei sie die "Sichtbarkeit der Identität des reinen Bildes eines Ich" (SW X 427). In der Idee der Sinnenwelt oder Natur ist nämlich genau die Bedingung realisiert, unter der das Bild eines Ich in seiner Identität sichtbar, d.h. transzendentales Selbstbewußtsein, Einheit der Apperzeption bewußt sein kann: eine organische Einheit (Totalität) von Mannigfaltigkeit (vgl. SW X 389ff). *Zweitens* ist die Sinnenwelt die Bedingung für ein Selbstverstehen des Ich als eines Verstehenden. Denn für die Idee der Sinnenwelt ist konstitutiv die reine Faktizität der empirischen Realität für das Bewußtsein; ein solches Bild eines schlichten Faktums aber sei der logisch notwendige Gegensatz für das Bild eines Verstehens (vgl. SW IX 292-294 = Tr.Log. S.162-165). *Drittens* stelle die Sinnenwelt die Denkbarkeit des sich selbst schaffenden Ich dar (vgl. SW X 427). Denn die Sinnenwelt ist die Idee eines faktischen Bestimmtseins in einem notwendigen Bewußtsein, d.h. einem Bewußtsein ohne Freiheit (vgl. SW X 397 u.ö.). Die Idee der Sinnenwelt ist damit logisch die Negationsbestimmung, der logisch notwendige Gegensatz: die Denkbarkeit für ein Ich, das sich als absolutes Vermögen versteht. *Viertens* schließlich enthalte die Idee der Sinnenwelt die Form eines Bestimmtseins des Ich durch ein Unkonstruierbares überhaupt, nämlich durch die bestimmte sinnliche Qualität (vgl. zum Folgenden SW IX 307-315 = Tr.Log. S.174-181). Die bestimmte sinnliche Qualität, also z.B. 'rot', sei unkonstruierbar, unbegreiflich oder nicht deduzierbar (vgl.

SW IX 300. 302 u.ö.; SW X 318). Insofern ist das sinnliche Bewußtsein durch etwas bestimmt, was nicht auf die *Form* der Erscheinung, die Begriffsform (das kategoriale Verstehen) reduzierbar ist. Das aber kommt eigentlich nur dem absoluten Gehalt selbst zu. In der Tat zeige sich an der Unkonstruierbarkeit und Unbegreiflichkeit der bestimmten sinnlichen Qualität eine Absolutheit des Bestimmtseins des Bewußtseins (vgl. ausdrücklich SW IX 314 = Tr.Log. S.181). Das in der sinnlichen Qualität erscheinende Absolute kann aber nicht Erscheinung des absoluten Gehalts sein. Denn erstens sei es das Bild eines wandelnden und selbst vielfachen Seins (vgl. SW IX 307 = Tr.Log. S.174), ohne daß Wandel und Mannigfaltigkeit als bloße Formationen der Begriffsform einsichtig gemacht werden könnten; das scheinbare Absolute der sinnlichen Qualität widerspricht also dem Begriff der Einheit und Wandellosigkeit des Absoluten. Und zweitens bestehe die Unbegreiflichkeit des scheinbaren Absoluten gerade in seiner Gesetzlosigkeit (vgl. SW IX 313 = Tr.Log. S. 180). Das Unableitbare als ein Gesetzloses kann aber nicht das Absolute sein. Das Absolute muß nämlich alles andere bestimmen können. Das aber könnte nur ein Unableitbares, dessen Unableitbarkeit sich gerade in der Unableitbarkeit seiner gesetzlichen *Gültigkeit* zeigt. Denn gesetzliche Gültigkeit ist der Modus, in dem mannigfaltiges Anderes bestimmt werden kann. Da die sinnliche Qualität also weder auf die bloße Form noch den wahren Gehalt der absoluten Erscheinung zurückgeführt werden kann, sei sie eben "das absolute Nichts" (SW IX 315 = Tr.Log. S.181; vgl. SW IX 515).[109] Die besondere qualitative Bestimmung der Sinnlichkeit ist nach Fichte völlig bedeutungslos. Von Bedeutung ist lediglich, daß sich an ihr ein faktisches (ohne Zutun der Freiheit) absolut qualitatives Bestimmtsein zeigt und daran die bloße Form des absolut qualitativen Bestimmtseins, also die Bestimmbarkeit durch einen absoluten Gehalt, sichtbar wird. Dazu genüge jede beliebige Besonderheit der sinnlichen Qualität (vgl. SW X 471; SW IX 302 = Tr.Log. S.170). In der Form der Sinnlichkeit also werde die "Bildform der Sittlichkeit" sichtbar (SW IX 307): die Form der Bestimmbarkeit durch unableitbare absolute Qualität.

---

[109] Günter Schulte hat in der Interpretation solcher einschlägigen Stellen bei Fichte vom "Naturnihilismus" gesprochen; vgl. G. Schulte, Vernunft und Natur - Transzendentalphilosophie als Symptom, in: Erneuerung der Transzendentalphilosophie, FS R. Lauth zum 60. Geburtstag, hg. v. K. Hammacher u. A. Mues, Stuttgart / Bad Canstatt 1979, S.345-358, S.345.

Fazit: Die Sinnenwelt ist für Fichte die Bedingung (1.) des Selbstbewußtseins, (2.) des Sichverstehens des Selbstbewußtseins als verstehenden, (3.) des
Sichverstehens des Selbstbewußtseins als Freiheit und (4.) des Sichverstehens
des Selbstbewußtseins als durch das Absolute bestimmbarer Freiheit.

9. Deduktion der Interpersonalität. Für die genetische Deduktion der Individuenwelt (Interpersonalität) lassen sich zwei Gesichtspunkte geltend machen.[110] *Erstens*, das Ich sei die Sichtbarkeit des reinen Sichtbaren. Soll das
Sichtbare als solches sichtbar sein, müsse die Form der Sichtbarkeit (das
Ich) selbst als solche und in ihrer Einheit sichtbar sein (vgl. SW X 479f
u.ö.). Die Einheit des Ich (der Form der Sichtbarkeit) als solche ist sichtbar
nur unter der Bedingung von Mannigfaltigkeit. Mannigfaltigkeit ist der logisch notwendige Gegensatz für Einheit, an dem also Einheit erst *als* Einheit verstehbar wird. Eine Mannigfaltigkeit von Ichen sei also die Sichtbarkeit des Ich in seiner Einheit, Reflexibilität des einen Ich oder Verständlichkeit der Einheit des Ich (vgl. SW X 484-486. 489. 500f; SW IX 545. 548f).
Zweitens ist die Bedingung der Verständlichkeit der Einheit des Ich, die
Mannigfaltigkeit von Ichen, zugleich die Bedingung der Sichtbarkeit der
Freiheit als durch das eine Ich bestimmbarer Freiheit (vgl. SW II 628-634;
SW IX 545).

> "Die wirkliche Erscheinung erscheint sich als eine Mannigfaltigkeit einer, in
> ihrer Selbstanschauung gegebenen Einheit von Ichen dadurch, weil sie sich
> erscheinen soll, als mit *Freiheit innerhalb* dieser gegebenen Mannigfaltigkeit,
> und von ihr aus sich *erhebend zur Einheit*." (SW IX 551)

10. Deduktion der Sittlichkeit. Die Sittlichkeit ist die Bewußtseinsrealisation des idealen Wissens. Mit der Einsicht in die Notwendigkeit des idealen
Wissens ist die Deduktion der Sittlichkeit im Grunde schon vollzogen: Das
Absolute kann nicht anders erscheinen als in der Form eines sichverstehenden Für-sich-Seins der Erscheinung; dieses Für-sich-Sein ist bildendes Prinzip, absolutes Vermögen; dem Vermögen oder der Freiheit gegenüber er-

---

[110] Zur Verhandlung der Interpersonalitätsthematik vgl. Heller, Interpersonalität [Anm.
37]. Heller weist zurecht darauf hin, daß die "Thatsachen" von 1810/11 noch keine
Deduktion der Interpersonalität beinhalten (vgl. a.a.O., S.288f. 291); eine solche Deduktion liege aber in den "Thatsachen" von 1813 und im "System der Rechtslehre" von
1812 vor (vgl. a.a.O., S.296ff). Bei Heller nicht genannt ist die Durchführung einer genetischen Ableitung der Interpersonalität in der WL 1812 (vgl. SW X 484f im Kontext
von 479f)

scheint das Absolute eben als Gesetz an die Freiheit.[111] So gewiß also das Absolute als solches erscheinen soll, so müsse es erstens zu einem Blick kommen, in dem das absolute Prinzip als solches erscheine (vgl. SW X 405); und so müsse zweitens auch das Gesetz als solches hervortreten. *Als* Gesetz, also sichtbar, könne es aber nur hervortreten nicht als faktisch wirkendes, sondern als Gesetz an die Freiheit, als Soll: das Sittengesetz (vgl. SW X 465-467. 472; SW IX 399 = Tr.Log. S.259).

Mit dem Bewußtsein eines freien Vermögens und des Gesetzes an diese Freiheit, des Sittengesetzes, ist die Sittlichkeit in ihrer allgemeinen Form abgeleitet. Damit ist aber das Phänomen der Sittlichkeit noch nicht erschöpfend erfaßt. Gegenüber der allgemeinen Form des idealen Wissens ist die Sittlichkeit als Bewußtseinsgestalt, also als Glied der fünffachen subjektiven Reflexibilität, durch weitere, spezifische Differenzen ausgezeichnet. Diese beruhen darauf, daß das faktische Bewußtsein, die Sinnenwelt und die Mannigfaltigkeit von Ichen, die Voraussetzung für das sittliche Bewußtsein ist. Anders könnte es gar nicht zum sittlichen Bewußtsein kommen. Aus dieser Voraussetzung lassen sich weitere Bestimmungen deduzieren, die das Phänomen der Sittlichkeit ausmachen. Vier solche Bestimmungen lassen sich aus den Texten der Spätphilosophie erheben.

Erstens, unter der Voraussetzung der Sinnenwelt wird das absolute Vermögen zu einem *realen* Prinzip. Denn die faktische Welt sei fertig und in sich geschlossen; soll das Ich in dieser geschlossenen Welt des Seins freies Prinzip unter dem Gesetz an seine Freiheit sein, so müsse das Ich nicht bloß Prinzip der Anschauung, sondern Prinzip des Seins, nämlich gegenüber dem faktischen Sein *neuen* Seins sein: das Ich müsse wirken (vgl. SW X 466f; auch SW X 483 u.ö.). *Zweitens* ergibt sich erst aus der Voraussetzung der Sinnenwelt und der Mannigfaltigkeit der Individuen das eigentliche Bewußtseinsphänomen der Sittlichkeit, das *Wollen*. Denn Wollen ist Vermögensvollzug eines Individuums, das selbst Teil der Sinnenwelt ist. Es setzt erstens überhaupt ein individuelles Vermögen voraus und zweitens ein solches individuelles Vermögen, das selbst bereits ohne Freiheit, also natürlich-sinnlich bestimmt ist: einen Trieb oder Naturwillen. Nur so kann das freie Vermögen als freies bewußt werden. Diese Voraussetzung verschwindet nicht einfach in der Sittlichkeit. Der individuell-sinnliche Vermögens-

---

[111] S.o. S.105f.

vollzug erhält in der Sittlichkeit vielmehr eine modifizierte Gestalt: das Wollen, als Synthese des freien Vermögens mit dem natürlichen Vermögen eines Individuums unter der Herrschaft des freien Prinzips. Wollen ist die Indienstnahme des natürlichen Vermögens durch das absolute Vermögen, das Vermögen aus und mit Freiheit (vgl. SW II 670f; SW X 486f; SW IX 361 = Tr.Log. S.224; SW IX 459-467). *Drittens*, im Gegenüber zur Sinnenwelt erhalte das Gesetz in der Sittlichkeit seinen allgemeinen Inhalt als Ideal einer *Ordnung*, nach der die faktisch bestehenden Verhältnisse innerhalb der Sinnenwelt durch das wirkende sittliche Prinzip bestimmt werden sollen (vgl. SW X 479. 486; SW IX 474f; 482f; u.ö.). *Viertens*, im Gegenüber zur Sinnenwelt und unter der Voraussetzung der Mannigfaltigkeit individueller Iche erhalte das Sittengesetz seinen jeweils besonderen Inhalt durch die jeweilige Lage, in der das jeweilige Individuum sich jeweils in der jeweiligen natürlich-faktischen Weltsituation vor- und befinde, also dadurch, daß das allgemeine Sittengesetz auf die jeweilige Situation bezogen wird (vgl. SW X 486; SW IX 480-487. 500-503; SW XI 163).

In der Sittlichkeit kann der qualitative Gehalt des Absoluten in das Bewußtsein treten, weil zugleich die Freiheit, das absolute Vermögen, bewußt ist. Die Sittlichkeit sei daher "das absolut qualitative Bild der Erscheinung" (SW IX 307 = Tr.Log. S.174; vgl. auch SW IX 327 = Tr.Log. S.193). In ihr erscheine "das eigentliche Sein" (SW IX 307; vgl. SW XI 34). Der sittliche Wille sei "die einzige Realität im Leben" (SW IX 570).

11. Deduktion der Religion. Fichte führt die Deduktion der Religion als Reflexion auf die Sittlichkeit durch. Seine ausführlichste Gestalt findet dieses Verfahren der Religionsbegründung in den "Thatsachen des Bewusstseyns" von 1810/11 (vgl. SW II 680-685). Wir haben Fichtes Gedankengang bereits in extenso referiert[112]: Der gegenüber der Freiheit eines natürlichen Vermögens in der Gestalt des Sittengesetzes sich bekundende sittliche Endzweck sei selbst nicht das Sein schlechtweg, das Absolute, sondern bereits dessen Erscheinungsgestalt, die das Absolute unter der Bedingung der Form des Lebens annehme. Einen entsprechenden Reflexionsgang unternimmt Fichte am Ende der WL von 1812 (vgl. SW X 490f): In der Sittlichkeit erscheint das Absolute als Gesetz an das absolute Vermögen, die Freiheit. Reflektiere man nun auf das bloße Vermögen, also darauf, daß es bloß

---

[112] S.o. S.40ff.

und lediglich Vermögen sei, werde einsichtig, daß es nichts als die bloße "Sichtbarkeit des *Absoluten*" sei (SW X 491); das Absolute werde so gedacht als Grund des Vermögens; der Gedanke des Absoluten als des Grundes des Vermögens sei der "Begriff *Gottes*" (SW X 491). Voraussetzung dieser Argumentation ist dabei offensichtlich, daß der *Grund* des Vermögens nicht identisch sein kann mit dem, was bereits *gegenüber* dem Vermögen das Absolute ist, also als Absolutes erscheint.

Das Gemeinsame der beiden Durchführungen einer Reflexion auf die Sittlichkeit ist die Einsicht in die *Form* der Sittlichkeit, die dazu führt, daß zwar der absolute Gehalt, aber noch nicht als Gehalt *des Absoluten* als solchen im Bewußtsein erscheint. Ein Bewußtsein, in dem das Absolute als solches bewußt ist, muß aber möglich sein. Dies eben ist die *Religion*. Erst in ihr wird dasjenige als absolute Realität gewußt, das in der Sittlichkeit im Gegenüber zur Form des Vermögens als der durch dieses Vermögen zu realisierende sittliche Gehalt erscheint. Da aber unverändert gilt, daß das Absolute nur in der Form des idealen Wissens erscheinen kann, folglich nur in einem Schematisieren des Schemas Gottes unter gleichzeitigem Schematisieren des Schematisierens, erscheint auch in der Religion nicht das Absolute selbst und unmittelbar, sondern sein schematisiertes Schema als Prinzipiat des Schematisierens als Prinzip: der *Begriff Gottes* (vgl. SW II 686; SW X 491).

12. Religion und Sittlichkeit. In dem "Begriffe von Gott" erscheint nicht Gott als er selbst, sondern lediglich "die bloße leere Form" seiner Sichtbarkeit (SW X 491). Darin besteht ja gerade der *Begriff*: ohne wirklichen qualitativen Gehalt zu sein. Der Begriff ist lediglich der Reflex einer qualitativen Anschauung. Im Begriff ist die Anschauung zur "Klarheit der Erkenntniß" gebracht (SW X 491). Die dem Begriff Gottes korrelierende Anschauung kann nur die sittliche sein. In ihr kommt der qualitative Gehalt zu Bewußtsein. Religion und Sittlichkeit verhalten sich folglich zueinander wie Begriff und Anschauung. Der Gottesbegriff, Religion, ohne sittliche Anschauung ist formal und leer, sittliche Anschauung ohne Gottesbegriff ist blind. Religion ist die lebendige Durchdringung von Sittlichkeit und Gottesbewußtsein. Gottesgedanke und Sittlichkeit sind konstitutiv für den Religionsbegriff. Religion ist eo ipso sittliche Religion.

IV. Zusammenfassung

Fichtes transzendentale Theorie der Religion ist Theorie des religiösen Bewußtseins. Sie begreift das religiöse Bewußtsein als konstitutives Moment der sich manifestierenden Vernunft. Aus und in diesem Begreifen ergibt sich die Bestimmung von Umfang und Inhalt des Religionsphänomens und erfährt das religiöse Bewußtsein seine Begründung. Beides, Bestimmung und Begründung, macht den transzendentalen Begriff der Religion aus. Indem Religion als Phänomen, Erscheinung, der Vernunft durchsichtig gemacht wird, findet sie ihre genetische Verankerung im Rahmen einer Theorie des Unbedingten.

Fichtes Theorie des Absoluten ist transzendentalphilosophische Wissenslehre und umgekehrt. In ihr wird Gott angemessen gedacht, weil die Gottheit Gottes festgehalten wird und entsprechend gerade die *Grenze* der Denkbarkeit Gottes mitgedacht ist. Ermöglicht wird dies durch die kritische Selbstbegrenzung des Wissens, die der Selbstreflexion des Wissens entspringt. In ihr kann Gott überhaupt angemessen *gedacht* werden, weil mit dem Gewußten zugleich das Wissen des Gewußten präsent ist: Es wird nicht nur Gott gewußt, sondern auch warum und unter welchen Bedingungen dies möglich, wirklich und notwendig ist. Fichtes Theorie des Absoluten liefert keine einfache Gotteslehre, sondern eine Gotteslehre, die zugleich eine Begründungstheorie ihrer selbst ist. Sie ist Theo-Logie als "Einheit von Gnoseologie und Metaphysik"[113]. Wollte man dafür ein Begriffsungetüm bilden, so könnte man von Ratio-Theo-Logie oder Gnoseo-Theo-Logie sprechen oder, sofern der Mensch Vernunftwesen ist, von *Anthropo-Theo-Logie*.

Die Vernunft, das absolute Wissen, denkt Fichte als das Wort Gottes, seine Offenbarung (vgl. SW IV 381f; SW XI 117; SW X 345; SW IX 27). Sie ist die letzte Bedingung dafür, daß wirklich etwas mit Gewißheit gewußt

---

[113] R. Lauth, Die grundlegende transzendentale Position Fichtes, in: Der transzendentale Gedanke. Die gegenwärtige Darstellung der Philosophie Fichtes, hg. v. K. Hammacher, Schriften zur Transzendentalphilosophie Bd. 1, Hammburg 1981, S.18-24, S.18.

werden kann; denn sie ist die Wahrheit selbst im Wissen. Sie markiert zugleich auch die Sphäre, innerhalb derer überhaupt Wissen ist: innerhalb der Grenzen der bloßen Vernunft. Die Grenze der Vernunft ist das absolute Sein. Der Gottesbegriff markiert diese Grenze: Er ist *der* Grenzbegriff der Vernunft. Begreifbar aber ist auch er nur innerhalb der Grenzen der Vernunft. Die Gottesprädikation verdankt sich immer schon dem Wort Gottes: der Vernunft, dem absoluten Wissen.

Das absolute Wissen wird selbst nicht unmittelbar gewußt. Es ist nur im Begriff seiner selbst, in der Verstandes- oder Begriffsform. Aus dieser Reflexibilität des absoluten Wissens ergibt sich das gesamte System des Wissens. Das Absolute erscheint dabei in der doppelten Gestalt der sittlichen Anschauung und des religiösen Begriffs Gottes.

Blicken wir auf die Ergebnisse und Problemstellungen zurück, die sich aus der Interpretation zum Religionsbegriff in den "Thatsachen des Bewusstseyns" von 1810/11 ergeben haben (II.), so lassen sich von der Durchführung der Theorie des Absoluten als WL her (III.) eine Reihe von Bestätigungen und weiteren Klärungen zu Fichtes transzendentaler Theorie der Religion benennen:

Erstens, in seiner Anthropo-Theo-Logie kann Fichte die Einheit mit dem Absoluten als Voraussetzung alles qualitativ bestimmten Wissens widerspruchsfrei denken. Diese Leistung beruht im wesentlichen darauf, daß die Widersprüchlichkeit des Gottesgedankens durch die kritische Selbstreflexion des Begriffs als der Wissensform zur Auflösung gebracht wird. Die als dialektisch explizierte Einheit mit dem Absoluten im absoluten Wissen, der Vernunft, bietet ein Fundament, von dem aus das materialiter und formaliter bestimmte Bewußtsein die transzendentale Begründung seiner Bestimmungen erhält.

Zweitens, von dieser Voraussetzung der Einheit des Wissens mit dem Absoluten im absoluten Wissen aus erhalten sittliches und religiöses Bewußtsein in der systematischen Durchführung der Reflexion der Reflexibilität, der WL, ihre genetisch-deduktive Begründung als notwendige Formen, in denen das Absolute im Bewußtsein erscheint. - Damit sind zwei wesentliche Desiderate erfüllt, die sich aus der Interpretation der transzendentalen Phänomenologie des Bewußtseins in Fichtes "Thatsachen"-Vorlesungen ergeben haben.[114]

Drittens wird zugleich mit und in der Deduktion von Religion und Sittlichkeit auch deren beider Verhältnis einsichtig: Sie verhalten sich zueinander wie Anschauung und Begriff. Darin besteht ihre wechselseitige Verschränkung und reziproke Implikation. Daraus ergibt sich der Begriff von Religion: Sie ist Sittlichkeit, die sich selbst als Vollzug des Bildes Gottes versteht. Das entsprechende Ergebnis unseres Untersuchungsteiles zu den "Thatsachen"-Vorlesungen von 1810/11 erfährt hierin seine Bestätigung. Indem sich das Verhältnis von Sittlichkeit und Religion als eines von Anschauung und Begriff erfassen läßt, ist verständlich, wieso Fichte einerseits der Sittlichkeit innerhalb der Fünffachheit der Reflexibilität die Religion überordnen und eine Philosophie, deren höchstes Prinzip die Sittlichkeit sei, als unvollendet kritisieren kann (vgl. SW XI 4f): Das Absolute erscheint in der sittlichen Aufgabe als stets erst zu Realisierendes, ohne daß die genetische Bedingtheit durch die Form der (endlichen) Freiheit für das sittliche Bewußtsein selbst durchschaut wäre. Der Realgrund des sittlichen Sollens, die *Realität* dessen, was in der Form der Freiheit als das *zu Realisierende* erscheint, bleibt unsichtbar. Zugleich ist aber klar, wieso Fichte andererseits die Sittlichkeit "das eigentliche Sein" (SW IX 307), den sittlichen Willen "die einzige Realität im Leben" (SW IX 570) nennen kann: Es gibt eben keine unmittelbare Anschauung der wahren Realität, des absoluten Gehaltes, außer der durch die Freiheit vermittelten einer sittlichen Aufgabe (vgl. SW II 685). Auch das religiöse Bewußtsein besitzt im Gottesgedanken keine qualitative Anschauung der göttlichen Realität, sondern lediglich einen Begriff dieser Realität.

Viertens läßt sich als Gesamtergebnis festhalten: Der Religionsbegriff ist in der transzendental-idealistischen Theorie des Absoluten in seinen beiden konstitutiven Momenten begründet. Erstens ist der Gottesgedanke selbst in einer genetischen Theorie als notwendiger Vernunftbegriff begründet. Zweitens, da Fichte das Verhältnis von Sittlichkeit und Religion als das Verhältnis von Anschauung und Begriff aus dem Begriff des Absoluten bzw. der absoluten Erscheinung deduktiv-genetisch entwickeln kann, bleibt insofern - anders als in der Religionsbegründung der "Thatsachen des Bewusstseyns"

---

[114] S.o. S.30-32. 53f.

von 1810/11 - der Ausgangspunkt bei der Sittlichkeit nicht hypothetisch: Sie ist als die Form, in der das absolute Quale im Bewußtsein erscheint, abgeleitet und bestimmt so zurecht den Begriff der Religion.

Freilich wird man *fünftens* darauf hinweisen müssen, daß die genetisch-deduktive Theorie, in der Sittlichkeit und Religion aus dem Begriff der absoluten Erscheinung abgeleitet werden, wesentlich von der Sittlichkeit bestimmt bleibt. Schon der Ausgangspunkt dieser Ableitung, der Gottesgedanke, wird nämlich in der Perspektive des sittlichen Bewußtseins begriffen: Das Absolute wird als Selbstbestimmtheit gedacht. Diese Bestimmung verdankt sich bereits dem sittlichen Selbstverständnis von Autonomie.[115] Die kategorial ethische Bestimmung präfiguriert alle weiteren Entwicklungen innerhalb der genetischen Theorie der absoluten Erscheinung; denn sie legt diese Theorie darauf fest, die Bedingungen zu entwickeln, unter denen diese gedachte Selbstbestimmtheit überhaupt gedacht werden kann. Die Entwicklung dieser Bedingungen stellt zugleich die Ableitung der Folgen dar, die sich für die gedachte Selbstbestimmtheit ergeben, wenn sie für das Bewußtsein und ihm erscheinen soll. Die genetische Evidenz, die in der WL sichtbar gemacht werden soll, bleibt somit strukturell abhängig von der faktischen Evidenz des sittlichen Bewußtseins. Diese Einsicht macht als solche das Unterfangen der genetischen Theorie nicht obsolet, beschränkt aber die Reichweite ihrer Leistungsfähigkeit. Diese Beschränkung läßt sich zugleich positiv als Präzisierung des Begriffs einer WL verstehen: WL ist der lediglich formale Begriff des material bestimmten Bewußtseins. Ihr Begreifen der absoluten Erscheinung ist bleibend abhängig davon, *daß* das Absolute und *wie* es im Bewußtsein erscheint.

---

[115] S.o. S.58f.

B. Die geschichtsphilosophische Theorie des Christentums

I. Hinführung und Überblick

Die transzendentale Religionstheorie gestattet es, das Phänomen der Religion hinsichtlich seines Begriffsinhalts vernünftig-kritisch zu bestimmen und im Hinblick auf seine Vernünftigkeit zu begründen. Dabei hat es die WL innerhalb ihrer Theorie der fünffachen Reflexibilität der absoluten Erscheinung lediglich mit dem transzendentalen Begriff der Religion zu tun. In gleicher Weise thematisiert auch die Phänomenologie des Bewußtseins in den "Thatsachen"-Vorlesungen von 1810/11 nur den Begriff der Phänomene; ihre Bewußtseinstatsachen entsprechen den Blicken, Ideen oder Begriffen der Fünffachheit aus der WL. Die transzendentale Religionstheorie hat die *Idee* oder den *Vernunftbegriff* von Religion zum Gegenstand. Die *konkret-geschichtliche Gestalt* des Religionsphänomens hingegen wird innerhalb dieser Theorie ausgeblendet.

Daneben finden sich nun allerdings innerhalb der Spätphilosophie Fichtes hier und da Ausführungen zu einzelnen religionsgeschichtlichen Phänomenen.[116] Unter diesen Ausführungen nehmen diejenigen zum Christentum aus dem Jahre 1813[117] eine herausragende und unvergleichliche Position

---

[116] S.o. S.27.

[117] Als Hauptquelle für die Theorie des Christentums muß die sogenannte "Staatslehre" von 1813 gelten. Ihr Text geht auf eine Vorlesung zurück, die Fichte vom 26. April bis zum 13. August 1813 gehalten hat (vgl. FiG, Bd. 5, S.48 (Anm.). Das Vorlesungsmanuskript ist zuerst 1820 in Berlin unter dem Titel "Die Staatslehre, oder über das Verhältnis des Urstaates zum Vernunftreiche" veröffentlicht worden und dann mit gleichem Titel in die Sämmtlichen Werke aufgenommen worden (vgl. SW IV 367-600). Im Anschluß an Fichtes eigene Formulierung (vgl. SW IV 369) hat der Text unter der Überschrift "Vorträge verschiedenen Inhalts aus der angewandten Philosophie" Eingang in die Werkausgabe von Fritz Medicus gefunden (vgl. Werke VI, S.417ff). Daneben kommt ein weiteres Manuskript in Betracht, das teilweise als "Excurse zur Staatslehre" von Fichtes Sohn publiziert worden ist (vgl. SW VII 574-613). Hierbei handelt es sich eigentlich um ein fortlaufendes Diarium Fichtes vom April bis August 1813. Es enthält Vorüberlegungen, die Fichte dann z.T. in der "Staatslehre" aufgenommen hat. Günter Meckenstock hat das Manuskript in den theologisch relevanten Teilen in seiner Dissertation veröffentlicht (vgl. Meckenstock, Fünffachheit [Anm. 13], S.59-84). Ich

ein. Dies gilt sowohl hinsichtlich ihres quantitativen Umfangs und ihrer thematischen Intensität als auch und vor allem im Hinblick auf ihre systematische Bedeutung für das Ganze der Fichteschen Philosophie. Die Ausführungen zum Christentum lassen sich so lesen, daß in ihnen das Christentum als die geschichtliche Verwirklichung der Idee oder des Begriffs der Religion expliziert wird. Das Christentum ist das historisch identifizierbare geschichtliche *Phänomen*, das dem *Begriff* von Religion entspricht.

Wird die Frage nach der geschichtlichen Wirklichkeit der Religion innerhalb ihrer transzendentalen Theorie auch nicht beantwortet, ja eigentlich gar nicht gestellt, so lassen sich doch aus der WL allgemeine Gesichtspunkte für diese Fragestellung gewinnen, die dann auch die Fichtesche Theorie des Christentums als der Realisation des Religionsbegriffs maßgeblich beeinflussen:

Gemäß dem Begriff der WL leitet sie die Formen, in denen das absolute Wissen sich selbst vollständig versteht, ab. Sie produziert diese Formen nicht, sondern rekonstruiert in dieser Ableitung den absoluten Verstand, die Reflexibilität der absoluten Erscheinung. Produkt der WL ist lediglich die Sichtbarkeit (das Sichtbarsein) dieser Wissensformen in ihrer reinen, isolierten Formalität sowie die Sichtbarkeit der genetischen Notwendigkeit und des systematischen Zusammenhangs dieser Wissensformen. Die WL weist die logische Notwendigkeit der fünf Grundformen der Reflexibilität nach. Dabei besteht ein grundlegender Unterschied zwischen Sinnlichkeit und Interpersonalität als faktischem Wissen auf der einen und Sittlichkeit, Religion und WL als idealem (überfaktischem) Wissen auf der anderen Seite. Im ersten Fall impliziert die logische Notwendigkeit zugleich die Wirklichkeit: Das faktische Wissen *ist* ohne Zutun der Freiheit; ist es notwendig, so ist es auch wirklich. Im Fall des idealen Wissens hingegen ist die Wirklichkeit vermittelt durch die Freiheit. Logische Notwendigkeit und Wirklichkeit treten auseinander. Logisch notwendig ist die Möglichkeit des idealen Wissens, die Reflexibilität, nicht die Wirklichkeit, der Vollzug der Reflexibilität, die Reflexion.

Für die Wirklichkeit der Religion bedeutet dies: Religion ist erstens notwendig möglich. Zweitens ist dabei ihre Wirklichkeit nicht abhängig von der transzendentalen Einsicht der WL in die Notwendigkeit der Religion.

---

zitiere diesen Text unter dem Sigle D nach Meckenstocks Veröffentlichung.

Denn Religion ist selbständiges Glied der Fünffachheit der Reflexibilität der absoluten Erscheinung. Damit ist klar, daß Religion als eigenständige Bewußtseinsgestalt wie von der Sittlichkeit so auch von der transzendentalen Einsicht des Wissenschaftslehrers unterschieden ist. Religiöses Bewußtsein, und zwar auch das dem Begriff von Religion entsprechende wahre sittlich-religiöse Bewußtsein verdankt sich nicht seiner transzendentalphilosophischen Begründung. Die WL ist ihrem Begriff zufolge nicht Stifterin der (wahren) Religion; sie stiftet lediglich die Einsicht in die logische Notwendigkeit der Religion. Die Religion ist aber drittens nicht notwendig wirklich. Sie ist nicht einfach mit dem natürlichen Dasein des Menschen gegeben, sondern bedarf - wie alles ideale Wissen - erst der geistigen Wiedergeburt. Die fehlende Notwendigkeit dieser Wirklichkeit läßt die Frage nach ihrer geschichtlichen Verwirklichung überhaupt erst sinnvoll erscheinen.

Diese allgemeinen Einsichten der WL zur Frage nach der Wirklichkeit der Religion haben Folgen für die *Theorie* des Christentums als der Wirklichkeit des seinem Begriff entsprechenden Phänomens. Die Identifikation eines geschichtlich-wirklichen Phänomens als die dem Begriff von Religion entsprechende Wirklichkeit ist eine *historisch-empirische* Aufgabe. Denn die Wirklichkeit eines begriffskompatiblen Phänomens ist im Falle der Religion logisch zufällig, weil von der Freiheit abhängig. Die Identifizierbarkeit dieses geschichtlichen Phänomens mit dem Begriff ist dann davon abhängig, daß das Phänomen tatsächlich so ist, wie es dem Begriff entspricht. Es muß also selbst sich historisch-empirischer Rezeption erschließen. Genau das wird bei Fichtes Theorie des Christentums explizit zur methodischen Maxime erhoben: Das Christentum will Fichte "schildern", "als eine geschichtliche Erscheinung es *auffassend* (nicht etwa erdenkend)" (SW IV 530). Diese historisch-rezeptive Identifikation des Christentums ist die Probe aufs Exempel, daß es sich wirklich um die *geschichtliche Wirklichkeit* der dem Begriff entsprechenden Religion handelt. Als Realität des Religionsbegriffs ist ein Phänomen aber auf der anderen Seite nur identifizierbar, wenn es sich historisch so beschreiben läßt, daß es zugleich durchsichtig wird auf seinen vernünftig-spekulativen Gehalt. Die Vernünftigkeit der Religion, die in ihrem Begriff innerhalb der Theorie der fünffachen Reflexibilität der Vernunft zum Ausdruck gebracht ist, muß sich am Phänomen, das diesem Begriff entsprechen soll, ausweisen lassen. Die spekulative Begreifbarkeit ist die Probe aufs Exempel, daß es sich wirklich um die geschichtliche Wirklichkeit der *dem Begriff entsprechenden* Religion handelt. Auch dies findet seinen angemessenen Ausdruck in einer expliziten Formulierung der Interpretationsintention Fichtes: Das Christentum soll als in sich selbst begreifbar und verständlich dargestellt werden - in ausdrücklicher Ablehnung solcher Christentumsbegriffe, denen gerade "das Unverständliche und Unverständige" das Wesentliche am Christentum sind (SW IV 530). Methodisch hat dies für Fichte zur Folge, daß - gemäß der allgemeinen Leistung des Begriffs - die Mannigfaltigkeit des historischen Phänomens auf einen Einheitsbegriff zurückgeführt und dann aus diesem wieder entwickelt werden soll (vgl. SW IV 530).

Die Theorie des Christentums kann also offensichtlich für Fichte weder rein spekulativ-deduktiv noch rein empirisch-deskriptiv verfahren. Diese von uns im Anschluß an seine eigenen Erörterungen (vgl. SW IV 530) interpretierte Theorie scheint demnach ähnliche Alternativen vermeiden zu wollen wie die Schleiermachers.[118] Eine detaillierte Studie hätte hier Unterschiede und Gemeinsamkeiten zu untersuchen. Jedenfalls stellt Fichtes Theorie des Christentums auch unter metatheoretischem (theorietheoretischem) Aspekt einen wenig beachteten eigenständigen Beitrag dar. Das Besondere dieses Beitrags liegt in jener Verschränkung von spekulativer Durchdringung und historischer Beschreibung des geschichtlichen Phänomens der christlichen Religion. Diese Verschränkung läßt sich eben als notwendiges Implikat des Anliegens einsichtig machen, das Christentum als geschichtliche Verwirklichung des Begriffs von Religion darzustellen. Daß sich dieser Zusammenhang - zwischen der besonderen Art und Weise des theoretischen Umgangs mit dem Phänomen des Christentums und den allgemeinen Einsichten der WL zur Wirklichkeit von Religion - in dieser Weise herstellen läßt, liefert bereits auf der Ebene der Interpretation der Metatheorie und noch vor Eintritt in die Interpretation der materialen Ausführungen zum Christentum ein erstes Indiz für die Sachgemäßheit der hier vorgelegten Gesamtthese.

Daß dieser Zusammenhang Fichte selbst bewußt gewesen wäre, ist freilich nirgendwo eindeutig ersichtlich. Für Fichte ergeben sich seine metatheoretischen Ausführungen zur Theorie des Christentums (vgl. SW IV 530)

---

[118] Vgl. F.D.E. Schleiermacher, Kurze Darstellung des theologischen Studiums zum Behuf einleitender Vorlesungen, Berlin 1811, Einleitung § 22; Erster Theil. Einleitung § 1.

vielmehr aus der dem Thema der "Staatslehre" erwachsenden Aufgabe, das geschichtliche Prinzip der neueren Geschichte historisch zu eruieren (vgl. SW IV 521f). Das signifikante Charakteristikum dieser neueren Geschichte erblickt Fichte in der fundamentalen Gewißheit sittlicher Selbstbestimmung (Autonomie). Dieses Bewußtsein vernünftiger Freiheit identifiziert er mit dem grundlegenden menschlichen Selbstverständnis des Christentums (vgl. SW IV 522). Das Christentum sei "darum das gesuchte Princip der neuen Geschichte" (SW IV 522). Die "Staatslehre" thematisiert so das Christentum als die die gegenwärtige Kultur in exzeptioneller Weise prägende Geschichtsmacht. Dem Christentum fällt in dieser Perspektive die entscheidende Rolle für die kulturgeschichtliche Genese des sittlich-religiösen Selbstverständnisses der Neuzeit zu.

Dies findet seinen wesentlichen Ausdruck darin, daß Fichte das Christentum in dessen historischer Rekonstruktion als *Religion der Freiheit* zur Darstellung bringt. Denn nur insofern sich das Christentum historisch rekonstruieren läßt als diejenige Religion, in der das explizite Gottesverhältnis die vernünftige Selbstbestimmung nicht (nur nicht) ausschließt, sondern (unaufgebbar und wesentlich für das Gottesverhältnis) umfaßt, kann es als die Geburts- und Ursprungserscheinung des eigenen neuzeitlichen Selbstverständnisses in Anschlag gebracht werden. Genau dann aber erfüllt es auch die Bedingung, der in der Idee von Religion begriffenen Verschränkung von Sittlichkeit und Gottesbegriff zu entsprechen: Als Religion der Freiheit ist das Christentum die geschichtliche Verwirklichung des Begriffs der Religion. (II.)

Hinter Fichtes kulturhistorischer Analyse der Wurzeln des neuzeitlichen Bewußtseins lassen sich aber noch die tiefergehenden und im eigentlichen Sinne philosophischen Anliegen, Motive und Probleme der "Staatslehre" ausmachen, die ihre Theorie des Christentums erst zur Geschichtsphilosophie werden lassen. Die Bedeutung der kulturhistorischen Analyse erschöpft sich nicht in der Feststellung des faktischen Sachverhaltes, daß die kulturelle Gesamtlage eben durch das Christentum geprägt sei. Vielmehr dient der kulturhistorische Rekurs auf das Christentum zugleich zur Lösung eines fundamentalen philosophischen Konstitutionsproblems des autonomen Selbstverständnisses. Das autonome Selbstverständnis drängt auf eine umfassende Realisierung der ihm entsprechenden gesellschaftlichen Verhältnisse. Medium und Bedingung zugleich für die gesamtgesellschaftliche Verwirkli-

chung und Durchsetzung von Autonomie ist die Erziehung oder Bildung
der Individuen zu vernünftiger Selbstbestimmung und einem ihr entsprechenden Leben (vgl. SW IV 396 u.ö.). Diese Erziehung bedarf solcher Erzieher, die schon eine entsprechende Erziehung genossen haben müßten, und
zwar durch Erzieher, die ihrerseits wiederum bereits erzogen sein müßten,
usw. Hier tut sich in gesamtgeschichtlicher Perspektive ein geschichtsphilosophischer Fragehorizont nach der Erziehung des Menschengeschlechts auf,
der auf die Alternative hinausläuft zwischen einem regressus ad infinitum
oder der Konstruktion eines ersten, nichterzogenen Erziehers (vgl. SW IV
448-458. 464f. 470ff).

Dieser Konstruktion dient Fichtes Christologie. Sie sucht den drohenden
geschichtlichen Konstitutionsregreß zum Stehen zu bringen, indem sie Jesus
von Nazareth als den nichterzogenen Erzieher des Menschengeschlechts zur
Darstellung bringt (vgl. SW IV 538ff). Damit wird aus der historischen Beschreibung der faktisch-kontingenten Bedeutung, die das Christentum für
das neuzeitliche Selbstverständnis von Autonomie hat, die spekulative Einsicht in die geschichtsphilosophisch-notwendige Bedeutung, die dem Selbstbewußtsein Jesu für das neuzeitliche Selbstverständnis zukommt. Die Theorie des Christentums wird zur Geschichtsphilosophie, und diese Geschichtsphilosophie ist christologisch konzipiert. Die geschichtsphilosphische Theorie durchdringt dabei als spekulative Einsicht in die Notwendigkeit dasjenige geschichtliche Phänomen, das die kulturhistorische Deskription ihr
bereitstellt: das Christentum, und rekonstruiert es historisch dergestalt, daß
es in seinen spekulativen Gehalten und Motiven sichtbar wird. Nur so kann
das Christentum als historisch identifizierbare geschichtliche Erscheinung
des Vernunftbegriffs von Religion zur Darstellung kommen. Fichtes Theorie des Christentums kulminiert also in der Christologie, in der zum einen
das Selbstbewußtsein des geschichtlichen Individuums Jesus von Nazareth
als genau dem Verhältnis von Selbstbestimmung und Gottesbezug entsprechendes sittlich-religiöses Selbstverständnis historisch rekonstruiert wird
und in der zum anderen die kontingent-geschichtliche und die notwendig-
geschichtsphilosophische Bedeutung dieses Selbstverständnisses reflektiert
wird. (III.)

Interpretiert man Fichtes Theorie des Christentums als Explikation der
Verwirklichung des Begriffs der Religion, dann stellt diese Theorie keineswegs eine Marginalie zur WL dar, sondern ist deren konstitutiver Bestand-

teil: Als Transzendentalphilosophie versteht sich die WL als theoretisch-abstrahierende Rekonstruktion des bildenden Lebens der Vernunft, der Erscheinung Gottes; sie muß diesem Selbstverständnis entsprechend voraussetzen, daß das Leben der Vernunft sich selbst - unabhängig von der genetischen Reflexionseinsicht der WL, aber in einer den in dieser Reflexionseinsicht zur Sichtbarkeit gebrachten Formen entsprechenden Weise - realisiert. In der Theorie des Christentums als der Realisation des Begriffs der Religion versichert sich die WL also der Realität des von ihr Gedachten und des Begriffs ihrer selbst. Damit aber nicht genug, thematisiert sie mit dem Christentum zugleich ihre eigene Ermöglichungsbedingung. Denn sie ist als Vollzug transzendentaler Reflexion davon abhängig, daß und wie das Absolute im Bewußtsein erscheint. Das aber heißt: Sie kann ihre transzendentale Theorie der Religion nur entwickeln, weil und insofern das Objekt dieser Theorie, die Religion, zur Erscheinung gekommen, Phänomen geworden ist. Auch der Explikation dieser sachlichen Priorität des Phänomens, des Christentums, vor seinem Begriff, der WL, dient Fichtes Theorie des Christentums. (IV.)

Deren Besonderheit in ihrer Gestalt von 1813 wird abschließend noch einmal profiliert und zusammengefaßt durch die Einzeichnung in die Entwicklungsgeschichte der Fichteschen Philosophie. (V.)

II. Die historische Rekonstruktion des Christentums

Entsprechend dem programmatischen Grundsatz, das Christentum als geschichtliche Erscheinung zu schildern (vgl. SW IV 530), unternimmt Fichte eine detaillierte historische Rekonstruktion des Christentums. Diese umfaßt im wesentlichen zweierlei: zum einen die Aufarbeitung des religions- und kulturgeschichtlichen Kontextes und zum anderen die Darstellung der Grundsätze und Lehren des Christentums selbst. Dabei dient Fichte die Einbettung in den religions- und kulturgeschichtlichen Kontext zugleich der Ermöglichung einer Unterscheidung dessen, was am Christentum lediglich als zeit- und umweltbedingt verstanden werden muß und was auf der anderen Seite das Wesen des Christentums ausmacht (vgl. SW IV 534f).

a) Die Religion der Alten Welt als Voraussetzung für das geschichtliche Verständnis des Christentums

Die Folie für das Verständnis des Christentums als eines geschichtlichen Phänomens ist für Fichte die Kultur der Spätantike. Bei deren Beschreibung verfährt Fichte so, wie er es für die Erfassung des Christentums explizit zum Programm erhebt (vgl. SW IV 530)[119]: Die einzelnen Phänomene werden so beschrieben, daß sie als zusammenhängendes Ganzes sichtbar werden. Die mannigfaltigen Erscheinungen werden nicht einfach nebeneinander hingestellt, sondern in und aus dem Zusammenhang begriffen und so aus einem geschichtlichen Einheitsprinzip genetisch verstanden.

Das letzte Prinzip des gesamten Wirklichkeitsverständnisses der antiken Kultur findet sich nach Fichte in dem spezifisch heidnischen Gottesverständnis. Dieser Gott ist wesentlich "Naturgott" (SW VII 600; D 62). Dabei denkt Fichte nicht in erster Linie daran, daß Gott oder Götter Personifizierungen von Naturkräften oder -erscheinungen sind (vgl. aber D 62). Natur-

---

[119] S.o. S.126.

gott meint in diesem Zusammenhang vielmehr einen Gott des bestehenden und faktischen Seins, der Welt, wie sie ist: Der Gott der Alten Welt ist wesentlich ein "Gott dieser Welt" (SW VII 605; vgl. D 63f). Dies führt sozusagen zum Fehlschluß vom Sein auf das Sollen: Die Welt, wie sie ist, soll nach Gottes Willen so sein: Der Gott dieser Welt ist ihr "Schöpfer" und "sezer einer gewissen gegebnen Ordnung" (D 62; vgl. SW VII 600). Die gegebene Ordnung der gesamten Weltverhältnisse sei "durchaus factisch und eben schlechthin anzuerkennen" (SW VII 600). Denn der Ausgang bei der Gegebenheit, Faktizität, läßt keinerlei Einsicht in vernünftige Gründe für diese Faktizität zu. Der Gott dieser Welt ordne sie "nach einem unbegreiflichen Rathschluss" (SW VII 605). Letztes Prinzip des antiken Wirklichkeitsverständnisses ist ein Gott, dessen *absoluter Willkür* sich die bestehenden Verhältnisse verdanken (vgl. SW IV 521). Das diesem Gottesverständnis entsprechende Gottesbewußtsein ist *Autoritätsglaube* (vgl. SW IV 500. 509).

Von dem rekonstruierten Gottesbegriff der Alten Welt aus gelingt es Fichte nun, zahlreiche Phänomene der antiken Religions- und Kulturgeschichte als Implikate dieses Gottesbegriffs einsichtig zu machen.[120] Die diesem Gottesverständnis wesentliche Willkürfreiheit macht den Willen Gottes unbegreiflich. Er ist nachvollziehbarer selbsteigener Einsicht nicht zugänglich. Das gesamte *Orakelwesen*, das Loswerfen, die Beobachtung des Vogelflugs, das Lesen in den Eingeweiden von Opfertieren u.ä., lasse sich von daher begreifen. Es sind Versuche, den Willen Gottes angesichts dessen Unbegreiflichkeit zu ergründen (vgl. SW IV 498f; auch SW VII 590). Auch das Phänomen des *Polytheismus*, der "Vielgötterei" (SW IV 502), hängt an dem grundsätzlichen Gottesverständnis des Willkürgottes (vgl. SW IV 501-503): Da dieses Gottesverständnis sich wesentlich im Bezug auf die bestehende Welt, die Faktizität entwickelt, verdankt sich der Gottesbegriff nicht der "Speculation" (SW IV 502); es sei kein metaphysischer Begriff, sondern ein "Erfahrungsbegriff" (SW IV 501). Die Erfahrung aber liefert ein Feld mannigfaltiger zufälliger Begebenheiten. Besondere Ereignisse und Begebenheiten werden mit dem Gott in Verbindung gebracht, in denen er sich erwiesen haben soll. Der Glaube an den Gott gründe sich so "auf wahr geglaubte

---

[120] Darauf hat bereits Emanuel Hirsch aufmerksam gemacht, ohne dies jedoch an der Durchführung dieser Ableitung bei Fichte tatsächlich nachzuweisen (vgl. Hirsch, Christentum und Geschichte [Anm. 13], S.56 Anm. 7).

Geschichte" (SW IV 502). Der Mannigfaltigkeit von Erfahrungen zu unterschiedlichen Zeiten oder bei verschiedenen Völkern entspricht die Vorstellung einer Mannigfaltigkeit von Göttern. Dabei werde dann der je eigene Gott als der Höchste und Mächtigste angesehen, ohne daß die Existenz der anderen Götter bestritten wird (vgl. SW IV 502f).

Der Partikularität des Gottes entspricht eine Partikularität der Gesellschaft von Menschen, deren Gott er ist. Er ist wesentlich "Volksgott" (SW
VII 600). Da nach dem Wirklichkeitsverständnis der Alten Welt Gott der
Urheber der gegebenen Ordnung und faktischen Verhältnisse ist, bestimmt
er die Ordnung "auch unter Menschen" (SW VII 600; vgl. SW IV 521). Der
Gott der Alten Welt ist *"politischer Staats- und Volksgott"* (SW VII 600, Hervorhebung vom Vf.; vgl. SW IV 500f; D 62). Dem entspricht als Staatsform
der Alten Welt die *Theokratie* (vgl. SW IV 500. 504; D 62; auch SW VII
613). Dieses antike Verständnis des Gottes als eines Staats- und Volksgottes
ist nach Fichte historisch verantwortlich für diejenige soziokulturelle Ge-
samtsituation, die den geschichtlichen Erfolg des Christentums ermöglicht.
Das Gottesverständnis der Alten Welt produziert nämlich ein Defizit an religiöser Identifikationsmöglichkeit. Dies gilt *erstens* prinzipiell für das individuelle Gottesverhältnis: Der Staats- und Volksgott habe "durchaus keine
Beziehung auf die Menschen, ausser mittelbar durch den Staat" (SW IV
500). Das Individuum gehe ganz im Staat unter, und zwar - nach dem eigenen antiken Gottesverständnis - dem Willen Gottes selbst entsprechend
(vgl. SW IV 501). Das Individuum muß sich also durch die Gottheit selbst
von dem Verhältnis zu ihr ausgeschlossen fühlen. Die Existenz von eigenen
Haus- und Familiengöttern belegt nach Fichte gerade den Kompensationsbe-
darf gegenüber der im Staatskult vermittelten Gottesbeziehung (vgl. SW IV
501). Dasselbe Phänomen gilt *zweitens* aber auch für ganze gesellschaftliche
Gruppen und Teile der Menschheit in der konkreten geschichtlichen Situation des Römischen Reiches: Unterworfene Völker, die ihre staatliche Selbständigkeit verloren haben, die Sklaven und das ganze weibliche Geschlecht
seien zugleich mit dem Ausschluß vom bürgerlichen Leben von der Teilhabe an der staatlich-politisch vermittelten Gottesbeziehung ausgeschlossen
(vgl. SW IV 519f. auch 501). Genau diese gesellschaftlichen Gruppen seien
"hernachmals bei Verbreitung des Christenthums die ersten, und allen voraus" gewesen (SW IV 520). Beide Aspekte zusammen machen die zeit- und
geistesgeschichtliche Situation aus, für die nach Fichte "das damals verbrei-

tete Gefühl des Ausgestossenseyns von Gott, der *Sündhaftigkeit*, des Zornes Gottes" bestimmend ist (SW VII 605; vgl. D 64). Dem Mangelbewußtsein steht entsprechend ein Bedürfnis nach Versöhnung und eine Sehnsucht nach religiöser Partizipation gegenüber, das sich nach Fichte u.a. auch in der Verbreitung der Mysterienreligionen zeigt (vgl. SW IV 520).

"So hatte sich gegen Anfang der römischen Weltherrschaft überall verbreitet ein Erschrecken über die Sünde und Unheiligkeit, und ein angstvolles Streben, in das Bewusstseyn, den Schutz, die Liebe einer Gottheit aufgenommen zu werden [...]." (SW IV 520)

Dieses Bedürfnis, dieser "Durst" sollte dann durch das Christentum "auf eine ganz andere Weise" gestillt werden (SW IV 520).

b) Das Wesen des Christentums und sein historisch-dogmatischer Inhalt

1. Das christliche Gottes- und Selbstverständnis. Mit dem Christentum vollzieht sich nach Fichte "die totale Umkehrung" gegenüber der Alten Welt (D 64; vgl. SW VII 605). Diese epochenmachende Wende besteht in der völlig veränderten "Ansicht des Gottes, u. der Menschheit" (D 64; vgl. SW VII 605; IV 522f), also in einem neuen Gottes- und menschlichen Selbstverständnis. Das Neue des Gottesverständnisses liegt darin, daß Gott nicht mehr als Willkürmacht begriffen wird (vgl. D 64; SW VII 605). Die Freiheit Gottes wird nicht als Unbestimmtheit, sondern als Selbstbestimmung durch das eigene Wesen verstanden.

"[Gott] ist nach *dem Alterthume* ein qualitativ unbegreiflicher Geschichts- und Natur-Anheber: - nach unserer Weise angesehen, grundlose Willkür, der man sich fügen muss: eine Zwangsgewalt. *Nach dem Christenthume*, ein durch sein inneres Wesen bestimmtes Heiliges, ohne alle Willkür." (SW IV 522)

Das Neue des menschlichen Selbstverständnisses im Christentum liegt in dem Bewußtsein der Freiheit (vgl. D 64; SW VII 605; SW IV 523). Es korrespondiert dem veränderten christlichen Gottesbegriff und der aus ihm folgenden Art des Gottesverhältnisses: Ist Gott nicht mehr als Willkürgott, sondern als durch sein Wesen bestimmtes Heiliges verstanden, wird sein Wille begreifbar. Ihn zu erkunden bedarf es keiner Orakel mehr; er erschließt sich der eigenen Einsicht. Diese Begreiflichkeit beruht auf der *Bestimmung* Gottes durch sich selbst. Solange er wesentlich unbestimmt ver-

standen wird, bleibt sein Wille eben auch unbegreiflich, weil er ständig ver-
änderlich ist. Die Unveränderlichkeit und Selbstbestimmtheit äußert sich als
Gesetzlichkeit, demgegenüber der Willkürgott wesentlich durch Ungesetz-
lichkeit charakterisiert ist. Das Gottesverhältnis realisiert sich in der eigenen
freien Einsicht in die Gesetzlichkeit. Diese Freiheit ist die Voraussetzung
und Bedingung der Begreiflichkeit des Willens Gottes und so der Realisation des Gottesverhältnisses (vgl. D 62; SW VII 600; SW IV 521f). Denn nur
unter der Bedingung der Freiheit erscheint die Selbstbestimmung Gottes als
Bestimmung, der die Menschen entsprechen sollen. Gott ist wesentlich *sittlicher Gesetzgeber* (vgl. D 62; SW VII 600; SW IV 522. 529). Das christliche
Gottesverhältnis verwirklicht sich in freier "Liebe, u. Gehorsam gegen
Gott" (D 62; vgl. SW VII 600).

> "[Die Menschheit] stimmt mit dem göttlichen Willen überein nicht durch ir-
> gend ein gegebenes Seyn, sondern durch ein Thun: ist also schlechthin *frei*:
> metaphysisch: jeder soll thun nach seinem *eigenen* Begriffe, zwischen wel-
> chem und dem Willen Gottes durchaus kein Mittelglied eintreten darf: er hat
> darum keinen Herrn ausser physisch sich selbst, sittlich Gott: ist also auch
> *politisch* frei und unabhängig von jeder Obergewalt. Menschheit ist nichts,
> denn diese mit dem göttlichen Willen übereinstimmensollende Freiheit. Dar-
> in besteht ihr - *der Menschheit* - Wesen." (SW IV 523)

Das Christentum ist mit seinem Gottes- und Selbstverständnis "das Evangelium der Freiheit" (SW IV 523), "die Religion [...] der Freiheit" (SW VII
599). Daran wird ersichtlich, daß und inwiefern das Christentum bei Fichte
die *Verwirklichung des Begriffs der Religion* darstellt: Vernünftige Selbstbestimmung und Gottesverhältnis, Sittlichkeit und Religion, sittliche Anschauung und Gottesbegriff sind im Christentum ihrem wahren Verhältnis
gemäß zueinander vermittelt.

2. Der Einheitsbegriff des Christentums: Das Himmelreich. Das christliche
Gottes- und Selbstverständnis verdankt sich einer gänzlich neuen Dimension des Wirklichkeitsverständnisses. Ausgangspunkt des religiösen Selbstverständnisses der Alten Welt ist die Wirklichkeit in ihrer Faktizität und Gegebenheit. Der Gott ist Gott dieser Welt, Urheber ihres Daseins und der in
ihr vorhandenen Verhältnisse, ihres Soseins. Das faktische Sein wird als Verwirklichung des göttlichen Willens verstanden. Das Sein ist Ausdruck und
Norm des Sollens. Dem steht das christliche Gottesverständnis diametral
entgegen:

> "Das Gegentheil: ein Gott, dessen Wille durchaus *nicht* geht auf ein *gegebenes*
> Seyn, sondern auf ein solches, das da seyn soll, - auf ein Werdendes, in alle

Ewigkeit, und seyn soll nicht aus irgend einer Willkür Gottes, sondern zufolge seines inneren Wesens [...]." (SW IV 521)

Die gegebene Wirklichkeit büßt im Christentum ihre normative Kraft des Faktischen ein. Das Sollen wird als eigene Realität entdeckt, die sich nicht aus dem Sein ableiten läßt, sondern dieses vielmehr bestimmen soll. Der gegebenen Welt steht eine übersinnliche Welt der Freiheit gegenüber. Genau dies macht nach Fichte "den Begriff des *Himmelreichs*, im Gegensatze des *Reiches von dieser Welt*" aus (SW IV 522; vgl. D 65; SW VII 606). Das Himmelreich sei daher "die Grundansicht des Christenthums" (SW IV 522) und sein "*wesentliche[r] Einheitsbegriff*" (SW IV 531). Himmel bedeute "das Uebersinnliche, durchaus nicht Erscheinende, rein Intelligible, die Freiheit" (SW IV 531). Der Begriff meint also keine lokale oder temporale Gegenwelt zur raumzeitlichen Welt. Treffend und gelungen formuliert gibt Joachim Widmann die Auffassung Fichtes wider:

"Himmel ist streng verstanden bei Fichte überhaupt kein Ausdruck für einen *Teil* der Gesamtwirklichkeit, sei dieser noch so hoch und erhaben gedacht - sondern die Bezeichnung für die *Wahrheit* der einen Erscheinungswelt, außer der es überhaupt keine andere Wirklichkeit gibt."[121]

Mit der Botschaft vom Himmelreich bringt das Christentum also historisch ein neues Gesamtverständnis der Wirklichkeit zur Geltung. Die "Offenbarung dieses Reiches" macht nach Fichte gerade den absoluten Zweck und das Wesen des Christentums aus (SW IV 534). Dieses christliche Wirklichkeitsverständnis deckt sich offenkundig mit dem der WL.

3. Die Teilhabe am Himmelreich: Wiedergeburt und Leben im Geist. Die Offenbarung des Himmelreichs durch das Christentum umfaßt zugleich "die Einladung, Glieder desselben zu werden, und die allgemeine Anweisung, wie dies zu machen" (SW IV 534). Da das Himmelreich weder ein unzugänglicher unweltlicher Ort ist, noch eine der Gegenwart unzugängliche zukünftige Zeit meint, kann jeder Mensch zu jeder Zeit an ihm partizipieren (vgl. SW IV 532). Dies geschieht, wo "das freie Subject mit gänzlicher Absterbung des eigenen Willens" sich Gott hingebe (SW IV 531). Das Christentum vertritt nach Fichte also, wenn man so will, eine präsentische Eschatologie. Im Gegensatz zur heidnischen Vorstellung, die die "Elysaischen Felder" als "Fortsetzung des hiesigen Lebens" erwartet, liege im Chri-

[121] Widmann, Fichte [Anm. 37], S.248.

stentum vielmehr eine "Versetzung des ewigen [Lebens] in dieses [Leben]" vor (D 65; vgl. SW VII 606). Fichte versteht die Vorstellung, erst nach dem Tod am Leben des Himmelreichs teilnehmen zu können, bereits ausdrücklich als Umdeutung des ursprünglichen christlichen Sinns (vgl. SW IV 532f): Tod meine ursprünglich das Absterben der Welt und des eigenen Willens, Leben entsprechend das Aufgehen des eigenen Willens in den Willen Gottes. Der Übergang vom Tod zum Leben sei "die neue Geburt" (SW IV 533; vgl. 535). Sie stellt den "Durchbruch zum wahren Seyn und Leben" dar (SW IV 533f) und markiert die Grenze zweier "Lebensweisen": Leben "*aus der sinnlichen Persönlichkeit*" oder Leben "*aus Gott*" (SW IV 562). Jene "zwei Zustände" fänden innerhalb der "unsterblichen Schriften des Neuen Testamentes" ihre begriffliche Entsprechung in den Bezeichnungen "Wiedergeburt und Tod" - so bei Johannes - und "Leben im Geiste und im Fleische" - so bei Paulus (SW IV 535). Die christliche Lehre von der Wiedergeburt und dem Leben im Geist als Teilhabe am Himmelreich entspricht also in ihrer ursprünglichen Bedeutung nach Fichtes Interpretation seiner eigenen Lehre vom sittlich-religiösen Lebensvollzug als Verwirklichung der ursprünglichen Einheit mit dem Absoluten (vgl. ausdrücklich SW IV 562).

4. *Die Rechtfertigung aus Glauben.* Die präsentisch-eschatologisch verstandene Partizipationsmöglichkeit am Himmelreich spiegelt sich in der "Lehre von der *Rechtfertigung*" (SW IV 555) wider: Der Mensch als Mensch "ist fähig ins Himmelreich zu kommen" (SW IV 555; vgl. D 64). Die Möglichkeit steht jedem Menschen offen; es gibt im Unterschied zur Alten Welt keine Zulassungsbeschränkungen durch einen willkürlich Grenzen ziehenden und Ordnungen setzenden Gott. Das "Reich der Himmeln" ist "UniversalReich, schlechthin für alle Menschen ohne Ausnahme" (D 65; vgl. SW VII 606). Es bedürfe auch keiner besonderen "Erwählung" und "Gnadenwahl" (SW IV 556; vgl. D 69); darin sieht Fichte eine ausdrückliche Kritik des ursprünglichen Christentums am Judentum (vgl. SW IV 556). Das Christentum ist mit diesem universalen Verständnis des Himmelreichs "die Religion der Gleichheit der Menschen vor Gott" (SW VII 599), das "Evangelium der Freiheit und Gleichheit" (SW IV 523).

Die Rechtfertigung geschehe "allein durch den Glauben an das Evangelium" (SW IV 558), nämlich an das Evangelium vom Himmelreich, an dem alle Menschen und zu jeder Zeit teilhaben können durch das Aufgehen des eigenen Willens in den Willen Gottes, durch ein Leben aus Gott (vgl. SW

IV 562). Außer dieser Voraussetzung des Glaubens bedürfe es keiner weiteren Bedingungen (vgl. SW IV 558). Mit ausdrücklichem Bezug auf die Kritik des Paulus am Judentum und Luthers Polemik gegen die "Papisten" (SW
IV 565) im Hinblick auf eine "Verfälschung der Lehre von der Rechtfertigung allein durch den Glauben" (SW IV 565f) wendet Fichte sein Verständnis der ursprünglichen Bedeutung der christlichen Rechtfertigung zur Kritik
am kirchlichen Christentum: Ebensowenig wie die Beschneidung eine notwendige Voraussetzung der Rechtfertigung sei, sei auch "das Erlernen und
Bewundern" des Katechismus eine "Bedingung der Rechtfertigung" (SW IV
565). An anderer Stelle dehnt Fichte diese Kritik auch auf die evangelischen
Sakramente aus (vgl. SW VII 556; SW IV 557f): Auch Taufe und Abend-
mahl können für ihn keine wesentliche Bedeutung für die Heilsvermittlung
haben. Der Glaube ist konkurrenzlos Bedingung und Medium der Rechtfertigung zugleich.

  5. *Sünde und Versöhnung.* Die Rechtfertigungslehre bringt die christliche
Auffassung von der Gleichheit aller Menschen vor Gott und der für alle
Menschen aufgeschlossenen Möglichkeit der Teilhabe am Leben in und aus
Gott zum Ausdruck. Das Christentum ist mit dieser Auffassung das "Evan-
gelium der Versöhnung und Entsündigung" (SW IV 524). Dabei erweist sich
Fichtes Verständnis von Sünde und Versöhnung als Beispiel einer subjekti-
ven Versöhnungstheorie:

> "Nichts, was Menschengesicht trägt, ist ausgeschlossen von der gleichen Gna-
> de, nichts sündig oder verworfen. Ein Evangelium der Versöhnung und Ent-
> sündigung - historisch genommen, nicht metaphysisch: d.h. nicht, als ob in
> Gottes ewigem Wesen bis auf Jesus wirklich es so ausgesehen hätte, wie in
> dem Gotte des Alterthums, sondern nur, dass erst jetzt in der Erkenntniss
> der Menschen diese Ansicht von ihrem Verhältnisse zur Gottheit treten soll
> an die Stelle der früheren, tief eingewurzelten." (SW IV 524; vgl. D 64)

Die Versöhnung und Entsündigung versteht Fichte entsprechend als den
geistes- und bewußtseinsgeschichtlichen Veränderungsprozeß, den das Christentum bewirkt hat: Das Christentum beseitigt mit seiner Lehre das antike
Lebensgefühl der Sündhaftigkeit. In diesem überindividuellen, kollektiven
religiös-kulturellen Milieu sieht Fichte den historischen Kern des christlichen Begriffs der Erbsünde oder der Sünde des Geschlechts (vgl. SW IV
560; D 70). Erbsünde ist die "von der Vorwelt geglaubte Verworfenheit von
Gott" als Gemeinbewußtsein (SW IV 560). Für diese Sünde im Sinne eines
kollektiven Bewußtseins der Gottesferne habe Jesus genuggetan, indem er

dem diesem Bewußtsein zugrundeliegenden Bild des Willkürgottes sein eigenes, neues Gottesverständnis entgegensetzt. An diesem Prozeß einer kollektiven Bewußtseinsveränderung durch Jesu Gottesbewußtsein hat die klassische Satisfaktions- oder Genugtuungstheorie ihren einsichtigen und vernünftigen Anhaltspunkt (vgl. SW IV 560; D 66. 70. 71).

Voraussetzung für Fichtes gesamte Theorie des christlichen Versöhnungsgeschehens ist, daß es keine Sünde im metaphysischen Sinne gebe (vgl. SW IV 557; D 64). Diese Voraussetzung dürfte sich aus Fichtes eigenen philosophischen Einsichten geradezu notwendig ergeben: Erstens läßt die als fundamental gedachte Einheit mit dem Absoluten einen Begriff der Sünde als ihrerseits fundamentaler Zerstörung des Gottesverhältnisses nicht zu. Zweitens macht die Freiheit, die dem schematisierenden Leben zugeschrieben werden muß, den Gedanken unmöglich, der Vollzug des Vernunftlebens könnte durch eine ihm in irresistenter Weise Widerstände setzende oder gar die Freiheit zerstörende Gegeninstanz verhindert werden. Sünde als ein der Freiheit mindestens ebenbürtiges Prinzip ist undenkbar.

Mit dem Prozeß der subjektiven Entsündigung ist das Christentum nach Fichtes Einschätzung erfolgreich gewesen: Die Sünde sei "rein ausgetilgt und weggenommen aus der Welt" (SW IV 557) und "seit Erscheinung des Evangeliums [...] vernichtet" (SW IV 560).

> "Aller Welt Sünde weggetragen: nicht die Einzelnen sondern alle - Diese Furcht vor Gott ist weg: die Entsündigung ist WeltZustand." (D 68)

Ein Indiz für diesen Erfolg des Christentums sieht Fichte darin, daß der Begriff Sünde gar nicht mehr richtig verstanden werde.[122] Das zeitgenössische Verständnis der Sünde als Unsittlichkeit entspringt gar nicht dem religiösen Leben; es verdanke sich vielmehr einer philosophischen Abstraktion, die zudem auch noch den ursprünglichen Sinn der Gottesferne und Verworfenheit verfehlt (vgl. SW IV 557. 561f; D 65. 70f). Die "alte Bedeutung des Wortes Sünde" sei eben die "Ausgestossenheit von der Gottheit, Unheiligkeit" (SW IV 556). Die Kritik Fichtes am zeitgenössischen Sündenverständnis erschöpft sich freilich nicht im Interesse einer philologischen oder historischen Richtigstellung. Sie hat auch einen sachlichen Aspekt. Als Unsittlichkeit verstanden, reduziert sich der Sündenbegriff auf den der Tatsünden. Damit wird aber eine Tiefendimension des Sündenbegriffs verfehlt:

---

[122] Vgl. auch Meckenstock, Fünffachheit [Anm. 13], S.65.

"Die eigentliche Sünde hat ja ihren Sitz gar nicht in den Erscheinungen der grösseren oder kleineren Gesetzwidrigkeit, und zu deren Erkenntniss wird er [nämlich: der Sünder] durch keine empirische Selbstprüfung kommen, welche die eigentliche Sündlichkeit erst recht befestigt, sondern durch den schlechthin apriorischen Satz des Christenthums, dass alles, was aus dem eigenen Willen hervorgeht, und nicht aus Gott, nichtig sey und, wenn man so reden will, Sünde." (SW IV 564)

Fichtes Begriff der Sünde sucht also deutlich einer Verharmlosung von Sünde auf dem Wege ihrer Moralisierung zu wehren. Positiv läßt sich das Anliegen verstehen als Versuch, zwei wesentliche Elemente reformatorischen Sündenverständnisses zur Geltung zu bringen: Zum einen, Sünde ist kein primär ethischer, sondern ein theologischer Begriff; er dient als Interpretament der (verfehlten) Gottesbeziehung. Zum anderen, der Sündenbegriff bezieht sich nicht primär auf die Ebene einzelner Handlungen, sondern auf die Ebene der den Handlungen zugrundeliegenden fundamentalen Ausrichtung des Menschen.

6. Eschatologie: Die Verheißung des heiligen Geistes und des Reiches Gottes. Zum Verständnis des Christentums gehören, so Fichte, wesentlich "die Weissagungen desselben von sich selber" (SW IV 566). Dabei gebe es "zwei Hauptweissagungen": Erstens, die "Stiftung des Himmelreiches" werde erfolgreich sein; es werde zur Verwirklichung des Reiches Gottes kommen. Zweitens wird "das sichere und entscheidende Mittel" für diese Realisierung des Reiches Gottes verheißen (SW IV 566); dies besteht in der Sendung des heiligen Geistes. Fichte zitiert die Parakletverheißung aus den johanneischen Abschiedsreden Jesu (vgl. SW IV 567). Im christlichen Lehrstück vom heiligen Geist geht es um die subjektive Voraussetzung des Glaubens an das Himmelreich: Die Lehre Jesu setze "eine Empfänglichkeit im Subjecte" voraus. Diese Empfänglichkeit sei "ein Geschenk des Vaters, nicht des Sohnes" (SW IV 568); Jesus müsse sie vielmehr schon voraussetzen (vgl. SW IV 568). Fichte gibt in diesem Zusammenhang ausdrücklich der ostkirchlichen Version des Credo recht und lehnt das 'filioque' ab (vgl. SW IV 567). Die Empfänglichkeit interpretiert Fichte als allgemeine, dem Menschen wesentliche Disposition: Sie sei "eine natürliche und unabhängig von der Lehre Jesu in den Menschen liegende Verwandtschaft zur übersinnlichen Welt" (SW IV 568), und zwar im Sinne "einer *im ganzen Menschengeschlechte* liegenden Anlage" (SW IV 569). Diese Anlage sei nichts anderes als der "*natürliche allgemeine Verstand*" (SW IV 569). Die Empfänglichkeit für das Himmelreich durch den heiligen Geist bedeutet folglich "die Anerkennung und Auffindung" der übersinnlichen Welt "durch das natürliche Licht des Verstandes" (SW IV 569). Daß dies ein Geschenk des Vaters sei, kann Fichte entsprechend nicht als besonderen Akt Gottes denken - solche besonderen Akte sind ohnehin von Fichtes Gottesbegriff ausgeschlossen[123]; im Hintergrund der aneignenden Interpretation dieser christlich-kirchlichen Vorstellung dürfte vielmehr Fichtes Theorie der Reflexibilität der absoluten Erscheinung stehen: Es gehört zum Wesen des Absoluten (des Vaters) zu erscheinen; diese Erscheinung ist notwendig sichverstehende Erscheinung; der Verstand läßt sich aus dem Begriff der Erscheinung des Absoluten genetisch ableiten: In diesem Sinne ist er Geschenk Gottes selbst.

Die Verheißung des heiligen Geistes kann in Fichtes Interpretation nur bedeuten, daß es dem Verstand gelingt, den Glauben an die übersinnliche Freiheits- und Vernunftwelt, das Himmelreich, in die Form selbsteigener Einsicht zu überführen und so auf dem Wege begrifflich-argumentativer Vermittlung zum - eben durch diese Einsicht - verfügbaren geistigen Besitz zu machen. Dies geschieht im Zuge der geschichtlichen Ausbildung philosophischer Reflexion. Dieser Prozeß nimmt nach Fichte seinen Ausgangspunkt bei Sokrates und führt über die Entdeckung der Transzendentalphilosophie bei Kant zur vollendeten Gestalt einer vollständigen genetischen Reflexion in Fichtes eigener WL. Fichte begreift daher seine eigene Zeit als die Erfüllung der Weissagung der Sendung des heiligen Geistes (vgl. SW IV 570. 589; D 73f. 80).

Die Sendung des heiligen Geistes ist lediglich Mittel und Bedingung der Realisierung des Reiches Gottes. Das kirchlich-christliche Verständnis einer apokalyptisch-eschatologischen Verwirklichung des Gottesreichs lehnt Fichte ausdrücklich als Mißverständnis der ursprünglichen Bedeutung dieser Verheißung ab (vgl. SW IV 577f; D 77f). Ausgangspunkt für ein angemessenes Verständnis der urchristlichen Eschatologie ist für Fichte der Zusammenhang der Vorstellung von der Wiederkunft Christi mit der Aussage der ständigen Gegenwart Christi in Mt 28, 20 (vgl. SW IV 574f. 580). Die Gegenwart Christi wird von Fichte weder mystisch noch sakramental verstanden. Sie bestehe in der "Fortwirkung" Jesu "durch die Folgen seines Daseyns" (SW IV 574). Fichte begreift die Gegenwart Christi als die das Bewußtsein bestimmende Wirkungsgeschichte der Lehre Jesu: Durch die Leh-

---

[123] S.o. S.58.

re der christlichen Gemeinde hindurch erweist sich Jesus selbst als gegenwärtig wirksam (vgl. SW IV 574f; D 77f).

Diese wirkungsgeschichtlich verstandene Präsenz Christi *erschöpft* sich aber nicht in dem bloßen Fortbestand seiner Lehre; die Parusievorstellung impliziert nämlich, daß Jesus "in aller Kraft realen Wirkens" erscheine (SW IV 575). Diese Vorstellung aber müsse man richtig, nämlich wiederum von der Gegenwart Christi her verstehen (vgl. SW IV 580): Ihre Bedeutung sei, daß das Christentum "nicht etwa bloss Lehre", sondern "Princip einer Weltverfassung" sei (SW IV 577; vgl. SW IV 526. 527. 579; D 60); es sei "Staatsstiftung" (D 60; vgl. SW VII 601. 608-610). Dabei darf man freilich nicht an ein lediglich rechtlich-institutionelles Gebilde denken; Staat hat bei Fichte die weitere Bedeutung der sittlich-kulturellen Gemeinschaft (vgl. SW XI 104); der Begriff entspricht eher dem heutigen Verständnis von Gesellschaft. Lehre also sei das Christentum lediglich für eine Übergangszeit, solange nämlich, bis alle Menschen wahrhafte Christen geworden seien; damit ist dann die Bedingung für eine umfassende Realisierung der Gottesherrschaft erfüllt, in der alle Verhältnisse nach dem Willen Gottes in und durch die sittliche Freiheit aller geordnet werden (vgl. SW IV 577. 579f).[124] Dieser Zustand wäre die Verwirklichung der wahren Theokratie, die im Gegensatz zur Theokratie der Alten Welt nicht auf der Willkür Gottes und dem ihr entsprechenden Autoritätsglauben gegründet wäre, sondern auf der vernünftig-sittlichen Einsicht, die eo ipso dem heilig-sittlichen Wesen und Willen Gottes entspricht (D 84; SW VII 613; SW IV 582f).

> "Das Christenthum ist nicht blosse Lehre, es soll eben dadurch werden Princip einer Verfassung; es muss dazu kommen, noch auf dieser Welt, dass Gott allein und allgemein herrsche, als sittliches Wesen, durch freien Willen und Einsicht; dass schlechthin alle Menschen wahrhafte Christen, und Bürger des Himmelreichs werden, und dass alle andere Herrschaft über die Menschen rein und lauter verschwinde." (SW IV 579f; vgl. D 78)

---

[124] Fichtes eigene Eschatologie ist mit der Idee einer Gottesherrschaft auf Erden nicht erschöpft. Er rechnet offensichtlich mit einem höheren, künftigen oder ewigen Leben, für das allerdings das auf Erden realisierte vernünftig-sittliche Reich die Voraussetzung zu sein scheint (vgl. SW IV 541; SW IX 560f). In den "Thatsachen des Bewusstseyns" von 1810/11 findet sich die Vorstellung einer ganzen Reihe künftiger Welten (vgl. SW II 676-679). Der ganze Themenkomplex bedarf einer eigenen Untersuchung im Zusammenhang mit Fichtes Theorie der Unsterblichkeit bzw. Ewigkeit des sittlichen Individuums (s.o. Anm. 43).

Auf dem Weg zu der umfassenden Realisierung der Gottesherrschaft ist
die Lehre nur ein erster Schritt, durch den die Menschheit "zu einer gewissen Einsicht, zur absoluten, des Verhältnisses der Menschheit zu Gott" gebildet werde (SW IV 525). Auf dem Wege dieser Bildung bewirkt das Christentum die "durchgreifende historische Umschaffung des Menschengeschlechtes, bis hinein in die Wurzel" (SW IV 527). Erst wenn dieses Ziel erreicht sein wird, werde Jesus "nicht als bloss lehrend, sondern als *wirkende*
Kraft" gegenwärtig sein (SW IV 580).

> "Wenn nun die Lehre anerkannt seyn wird, als der heilige Geist. u. dieses all-
> gemein verbreitet ist, da wird der heilige Geist, u. Jesus in ihm, regieren. Er
> ist die verheißene Wiederkunft Jesu." (D 83)

Bei Fichtes Auffassung von Gottesherrschaft und Gegenwart Christi und
insbesondere von der *realen* Wirkmächtigkeit Jesu dürfte eine Analogie zu
den Ausführungen zur höheren, nämlich sittlichen Natur aus den "Thatsachen des Bewusstseyns" von 1810/11 vorliegen[125]: Im sittliches Wollen
wirke der sittliche Endzweck gar nicht mehr als Sittengesetz, sondern quasi
wie ein Naturgesetz; die sittliche Bestimmung werde gewissermaßen zur
(höheren) Natur des Individuums: Es *ist* eben sittlich (vgl. SW II 675). Ebenso beruht offensichtlich die Vorstellung der realen Herrschaft Christi darauf, daß der christliche Geist die gesamte Kultur und Lebenswelt in allen
ihren Bereichen so durchdringt und prägt, daß das Christentum gleichsam
zur Natur wird. Das Christentum werde "Aether" und "Luft" des gesellschaftlichen Lebens, sein "*unsichtbares* LebensPrincip" (D 80). Das hat im
übrigen zur Folge, daß die *besondere* christliche Gemeinschaft, die Kirche,
sich in die sittlich-kulturelle Gesamtgemeinschaft, wie Fichte sagt: den
Staat, auflöst[126]:

> "Es muß einen ZeitPunkt geben, da die Kirche aufhört etwas für sich zu
> seyn, u. aufgenommen wird in den Staat." (D 79; vgl. SW VII 609)

Nach Fichtes Einschätzung hat dieser geschichtliche Prozeß bereits mit der
Reformation begonnen (vgl. D 79; SW VII 609). Mit dieser Perspektive einer Entwicklung des Christentums von einer besonderen Sozialgestalt hin
zu einer die Gesamtkultur bestimmenden Allgemeinheit ist Fichte ein Vor-

---

[125] S.o. S.39.

[126] Wollte man diesen Vorgang durch ein Bild illustrieren, böte es sich an, unter Bezugnahme auf Mt 5, 13 an das Salz zu denken, das sich in die Suppe hinein auflöst und deren
Geschmack wesentlich bestimmt.

läufer jener Theorie des Verhältnisses von Christentum, Kirche und Staat, die im 19. Jh. besonders durch *Richard Rothe* prominent geworden ist.[127]

7. *Die Trinitätslehre.* Fichtes Interpretation des heiligen Geistes als des allgemeinen menschlichen Verstandes dient ihm zugleich als Beitrag zum Verständnis der kirchlich-christlichen Lehre von der Dreieinigkeit Gottes (vgl. ausdrücklich SW IV 567). Die Verhandlung dieses historisch-dogmatischen Lehrstücks verteilt sich bei Fichte auf zwei unterschiedliche Zusammenhänge: Er thematisiert die Trinitätslehre einmal im Anschluß an seine Ausführungen zu Jesus als dem Stifter des Christentums (vgl. SW IV 550-554) und zum anderen eben im Zusammenhang mit der Lehre vom heiligen Geist (vgl. SW IV 567-569). In dieser Verteilung kommt bereits zum Ausdruck, daß es sich bei der Lehre von der Dreieinigkeit Gottes um ein Produkt der synthetischen Einheitsleistung des philosophisch-theologischen Begreifens handelt. Dies gilt ebenso bereits von der Fichte vorgegebenen Lehrfassung - was Fichte selbst weiß (vgl. SW IV 551) - wie für seine eigene Rekonstruktion dieser Lehre.

Wie Fichte richtig sieht, läßt sich die orthodox-kirchliche Fassung der Trinitätslehre mit ihrer Formulierung der Homousie von Vater, Sohn und Geist nicht einfach auf die neutestamentlichen Schriften zurückführen: Die Gottheit Christi werde nur an einer einzigen Stelle bei Paulus ausgesagt; dabei dürfte Fichte ganz sicher an Rö 9, 5 gedacht haben[128]. Ansonsten aber formuliere das Neue Testament deutlich die Subordination des Sohnes und des Geistes unter den Vater (vgl. SW IV 550f). Der fehlende neutestamentliche Beleg trinitätstheologischer Aussagen kann aber nach Fichte kein Argument gegen die Trinitätslehre sein; der Christ sei an eine simple Reproduktion biblischer Aussagen nicht einfach gebunden. Die Kirchenväter haben vielmehr durchaus das Recht gehabt, die Konsequenzen aus der Bot-

---

[127] Vgl. R. Rothe, Die Anfänge der Christlichen Kirche und ihrer Verfassung. Ein geschichtlicher Versuch, Bd. 1, Wittenberg 1837, bes. S.1-138; ders., Theologische Ethik, Bd. 1-3, Wittenberg 1845-1848, bes. Bd. 2, S. 100-169; dazu Hirsch, Theologie [Anm. 14], Bd. V, S.166-170. Rothes Auffassung ist allerdings stärker von Hegel und von - offensichtlich gegen dessen eigene Intentionen - Schleiermacher inspiriert als von Fichte.

[128] So hat schon der Herausgeber der Erstausgabe der "Staatslehre" von 1820 (s.o. Anm. 117) vermutet und entsprechend in einer Anmerkung auf diese Römerbriefstelle verwiesen; vgl. SW IV 550 (erste Anmerkung). - Mehrheitlich versteht die heutige neutestamentliche Exegese die Gottesaussage in Rö 9, 5 - sofern sie sie nicht überhaupt als sekundäre Glosse ausscheidet - nicht als Apposition zu Christus, sondern als syntaktisch eigenständigen Satz.

schaft Jesu zu ziehen, auf dem Wege der Spekulation die ontologischen Implikate der Lehre Jesu offenzulegen und so die Lehre von der Dreieinigkeit auszubilden (vgl. SW IV 551). Sie verdankt sich also der zusammenfassenden theologischen Reflexion.

Die orthodox-kirchliche Fassung dieser Lehre muß freilich aus ihren eigenen geistesgeschichtlichen Voraussetzungen verstanden werden. Mag sie von diesen Voraussetzungen her zu ihrer Zeit durchaus wahr gewesen sein, was Fichte ihr ausdrücklich zugesteht (vgl. SW IV 551), so kann sie nach seiner Einschätzung gegenwärtig nicht einfach wiederholt werden. Abgekoppelt von ihrem eigenen philosophisch-theologischen Denkhorizont und zur ewigen Wahrheit erhoben, werde sie geradezu "Unsinn" (SW IV 551. 553), weil sich die Denkvoraussetzungen geändert haben. Die klassische Trinitätslehre verdankt sich nach Fichte einem philosophischen Reflexionsdefizit, das erst mit der Ausarbeitung der Transzendentalphilosophie beseitigt wird. Dieses Defizit besteht in der fehlenden Unterscheidung von Sein und Erscheinung und der diese Unterscheidung begründenden Einsicht in die Produktivität des Begriffs:

> "Mannigfaltigkeit, wäre es auch nur *Zweiheit*, ist nur im Begriffe, der die Einheit und das Zusammenfassen derselben ausmacht, ohne welches sie nicht ist, mithin nur im Bilde und der schon fertigen Erscheinung. Jenseits der Erscheinung, und mit völliger Abstraction von ihrem Gesetze, ist nur absolute Einfachheit. Wer darum sagen würde, Gott jenseits seiner Erscheinung, der Gegenstand des die Erscheinung schlechthin vernichtenden Gedankens, sey ein Mehrfaches, der würde absoluten Unsinn aussprechen, den reinen Widerspruch in der höchsten Potenz [...]." (SW IV 551)

Dies entspricht ganz der transzendental-idealistischen Gotteslehre, die Fichte in seiner WL entfaltet hat. Von ihr aus muß Fichte eine Gott selbst immanente Dreifachheit ablehnen.[129] Die Trinitätstheologie ist für ihn ausschließlich als ökonomische denkbar, als Lehre der "Dreiheit im *erscheinenden* Gotte" (SW IV 567; kursive Hervorhebung vom Verfasser). Fichte glaubt sich darin sogar in Einklang mit der eigentlichen Intention der altkirchlichen Trinitätslehre. Das Problem, auf das diese Lehre in der konkreten geschichtlichen polemischen Situation antwortet, ist nach Fichtes Interpretation nämlich gerade die *Einheit* Gottes *angesichts der Offenbarungsdreiheit*: Die Dreiheit sei unstrittig gewesen; die zu lösende Aufgabe sei die Beantwortung der Frage gewesen, wie denn nun die Einheit Gottes trotzdem

---

[129] Darin unterscheidet sich Fichte einmal mehr von Hegel.

gedacht werden könne (vgl. SW IV 553). Dieses Problem, die Einheit Gottes zu bewahren, kann eben erst die transzendentalphilosophische Theorie des Absoluten in adäquater Weise lösen. In ihr kommt daher für Fichte die Intention der altkirchlichen Trinitätslehre angemessen zur Geltung.

In der Beschränkung auf eine ökonomische Trinität erhält die kirchliche Dreieinigkeitslehre für Fichte allerdings einen vernünftig rekonstruierbaren Sinn. Die "Lehre von der Dreieinigkeit" sei - "von dem sich offenbarenden Gotte verstanden" - "dem gebildeten Verstande klar und offenbar" (SW IV 553f): Der *Vater* sei das "der Spaltung der Individualität Vorhergehende in der Erscheinung" (SW IV 552), das "Absolute in der Erscheinung" (SW IV 569)[130]. Das vor der Individuation gedachte Absolute der Erscheinung kann nur das absolute Leben im Sinne des das Schema Gottes schematisierenden Lebens, die sich selbst erschlossene Vernunft als Prinzip sein. Der *Sohn* bilde die "Steigerung" der Erscheinung "zur Anschauung des Reichs Gottes" (SW IV 552), "zum Bilde der übersinnlichen Welt" (SW IV 569). Er ist die Individuation des absoluten Vernunftlebens in der Gestalt eines faktisch durch dieses Leben bestimmten Selbstbewußtseins (vgl. SW IV 537f).[131] Der *Geist* schließlich stelle "die Vereinigung der beiden" und "die Anwendung des ersten auf das letzte" dar (SW IV 552). Die Formulierungen zum Geist sind freilich klärungsbedürftig. Schon sprachlich ist unklar, was mit "beiden" und dem "ersten" und "letzte[n]" gemeint ist. Klarheit dürfte hier Fichtes Parallelformulierung schaffen, der Geist sei "die Anerkennung und Auffindung dieser Welt [nämlich: der übersinnlichen] durch das natürliche Licht des Verstandes" (SW IV 569). Legt man dies zugrunde, erschließt sich ein guter Sinn: "Anwendung des ersten auf das letzte" heißt Anwendung der reflexiven Vernunft auf die faktische Anschauung des Gottesreichs. Der Geist stellt so das Genetischwerden, Begreifen dieser Anschauung aufgrund der ihrer selbst erschlossenen Vernunft dar.

---

[130] SW IV 569 liest: "der *Vater*, das Natürliche, Absolute in der Erscheinung". Was hier "das Natürliche" bedeuten soll, ist unklar. Zu vermuten wäre stattdessen die Lesart 'das Übernatürliche'.

[131] Der genaue Sinn dieser Formulierung kann erst deutlich werden, wenn wir Fichtes Rekonstruktion des geschichtlichen Selbstbewußtseins Jesu verstehen (s.u. S.147ff).

III. Die Christologie als Kernstück der geschichtsphilosophischen Theorie des Christentums

Bei unserer Interpretation zu Fichtes materialer Rekonstruktion des geschichtlichen Phänomens des Christentums haben wir seine Ausführungen zum Stifter des Christentums, Jesus von Nazareth, und zu den entsprechenden christlichen Lehrstücken der Christologie und Soteriologie (vgl. SW IV 536-550) bisher ausgelassen. Das Vorgehen, Fichtes Verhandlung der christologischen Thematik aus dem Zusammenhang der übrigen Interpretationen christlicher Begriffe herauszulösen, wird durch dreierlei gerechtfertigt. Erstens kommt dem Selbstbewußtsein Jesu in der Logik der Thematik eine besondere Stellung zu: Das Christentum mit seinem neuen Selbst-, Gottes- und Wirklichkeitsverständnis, das seinen Ausdruck im Begriff des Himmelreichs findet, einschließlich der daraus entwickelbaren einzelnen Vorstellungen, Begriffe und Lehrstücke verdankt sich in Fichtes Perspektive einzig und allein Jesus von Nazareth als seinem Stifter. Da es in Fichtes Theorie des Christentums um die Frage nach der geschichtlichen Verwirklichung wahren sittlich-religiösen Bewußtseins geht, liegt die Rekonstruktion des geschichtlichen Bewußtseins Jesu logisch auf einer anderen Ebene als das Verstehen des Wesens des Christentums und seiner historisch-dogmatischen Inhalte. Mit dem Bewußtsein Jesu geht es um Existenz (oder Nichtexistenz) des wahren Bewußtseins selbst; es stellt gleichsam das Plus (oder Minus) vor der Klammer dar, in der das materiale Christentum steht. Zweitens stellen die christologischen Ausführungen Fichtes das Verbindungsglied dar zwischen der Rekonstruktion des geschichtlichen Phänomens des Christentums und der geschichtsphilosophischen Rahmentheorie, in der diese Rekonstruktion steht. Dies findet seinen Ausdruck in Fichtes spekulativem Christusbegriff. Er bildet das eigentliche Zentrum der geschichtsphilosophischen Theorie des Christentums. Drittens schließlich tritt gerade an der Christologie Fichtes der Zusammenhang von historischer und spekulativer Dimension innerhalb der Rekonstruktion des Christentums plastisch zutage. Die Christologie ist daher paradigmatisch für die spezielle *Theorie* des Christentums bei Fichte.

a) Die Rekonstruktion des geschichtlichen Selbstbewußtseins Jesu

1. Das Selbstbewußtsein Jesu als Prinzip. Die "Grundansicht des Christenthums", die "rein geistige Welt", die ihren Ausdruck im Begriff des Himmelreichs findet, "war durchaus *neu* in der Zeit, vorher unerhört" (SW IV 535). Sie läßt sich, so Fichte, nicht noch einmal historisch ableiten. Das Christentum ist historisches *Prinzip* (vgl. D 60) auch in diesem Sinne. Denn Prinzipsein heißt nach Fichtes Ausführungen im Einleitungsteil der "Staatslehre" Anfangenkönnen (vgl. SW IV 383f). Fichte versteht seine Aussage, daß das Christentum mit der Botschaft des Himmelreichs einen absoluten Anfangspunkt setzt, selbst als ein empirisch-historisches Urteil: Bestritten werden könnte sie nur durch den historischen Nachweis "aus irgend einer vorchristlichen Aeusserung" (SW IV 536). In diesem Zusammenhang lehnt Fichte eine christliche Interpretation alttestamentlicher Texte ausdrücklich ab; Exegeten, die so verfahren, daß sie in diese Texte immer schon einen christlichen Sinn enthalten sehen, wüßten gar nicht, was Geschichte eigentlich sei: ein Werden von Neuem (vgl. SW IV 536).

Da die Vorstellung vom Himmelreich historisch unableitbar ist, verdankt sie sich einzig und allein dem Selbstbewußtsein Jesu selbst:

> "[...] Jesus hatte es nicht von einem anderen gehört oder überliefert bekommen, sondern es rein *in sich selbst angeschaut*, - wie wir mit gutem Fug postulieren. Rein *durch Anschauung und Begriff seiner selbst* war er dazu gekommen." (SW IV 536)

Postulatorisch ist diese Aussage offensichtlich deshalb, weil sie selbst kein empirisch-historisches Urteil sein kann. Dazu müßte es eindeutige Selbstaussagen Jesu über sein eigenes Selbstbewußtsein geben. Die Aussage stellt bereits eine Folgerung aus einem historischen Urteil dar; sie rekonstruiert die Bedingung, die ein historisches Faktum impliziert. Dieses Verfahren einer theoretischen Nachkonstruktion wendet Fichte - sich dessen selbst bewußt (vgl. SW IV 536) - auch im weiteren Verlauf seiner Erörterung des Selbstbewußtseins Jesu immer wieder an.

2. Selbstbewußtsein und Berufungsbewußtsein. Jesus also sei durch Anschauung und Begriff seiner selbst zur Idee des Himmelreichs gekommen. Ein solches "*Verstehen* seiner selbst, *genetische* Erkenntniss" setzt normalerweise "ein Bild jenes Seyn" voraus, das verstanden und reflektiert wird (SW IV 536). Im Falle Jesu aber sei ein solches Bild eines Seins eben nicht vorhanden gewesen. Das vorausgesetzte Bild des Himmelreichs konnte weder durch sinnliche Erfahrung noch durch die Mitteilung eines anderen an Jesu Bewußtsein gebracht werden (vgl. SW IV 537). Dem Bild des Himmelreichs muß "ein Wirkliches im unmittelbaren Bewusstseyn" Jesu selbst zugrundegelegen haben (SW IV 537). Ihm sei es "eben evident" gewesen (D 65); er sei ein "praktisches Genie" (SW IV 537).

> "Er war unmittelbar, ohne ihm bewusste Freiheit, durch sein Daseyn Bürger des Himmelreichs; sein Wille ging auf, und war gefangen in einem höheren Willen, er war dessen Werkzeug, und so wurde er seiner sich bewusst." (SW IV 537)

Die sittlich-religiöse Identität Jesu ist damit einerseits charakterisiert durch Unmittelbarkeit. Andererseits kann es bei dieser Unmittelbarkeit nicht einfach sein Bewenden haben; sonst hätte es niemals zur Ausbildung der Idee des Himmelreichs durch Jesus kommen können:

> "Nun aber würde er, dieses sein Seyn anschauend, sich begriffen haben als eben *getrieben*, damit gut, und sein Begriff wäre zu Ende: keinesweges aber, als getrieben durch das Absolute, Uebernatürliche, Gott. Also - seine Willenbestimmtheit musste zugleich den klaren Begriff ihrer selbst, ihren Exponenten mit sich bringen [...]." (SW IV 537)

Dies war, so Fichte, nur möglich, wenn es die Bestimmung des Willens Jesu gewesen sei, "*Stifter* des Himmelreichs" (SW IV 538) zu sein (vgl. SW IV 537f). Denn nur ein *Handeln* nach dem Begriff ermöglichte es Jesus, einen Begriff des Bewußtseins seines Seins zu entwickeln (vgl. SW IV 538); und nur unter dieser Voraussetzung konnte Jesus sein Sein als Gottesverhältnis verstehen:

> "[...] jenes Verhältniss der Menschen zu Gott war ihm gewiss durch nichts anderes, als durch seinen *unmittelbar* gewissen Beruf, ein solches Verhältniss zu *realisiren*, und der Stifter des Himmelreichs zu werden." (SW IV 538; zweite Hervorhebung vom Vf.)

Jesus "war durch sein *Seyn*, wie er alle *machen* wollte" (SW IV 538) - aber der Impuls, andere nach seinem eigenen Sein machen zu wollen, gestattet es ihm erst, sein Sein als solches, nämlich als Gottesverhältnis zu begreifen. Das Bewußtsein seiner *Berufung* verbürgt ihm Wissen und Gewißheit des

Himmelreichs (vgl. SW IV 538. 539. 542).[132] Denn ein Verhältnis zu Gott zu haben ist nichts anderes als "Bürger" des Himmelreichs (SW IV 542) zu sein. Das Berufungsbewußtsein stiftet aber auch lediglich die Klarheit über Jesu Verhältnis, das Verhältnis *als solches*, nicht das Sein dieses Verhältnisses selbst: Das Bild des Verhältnisses von Mensch und Gott war in Jesus realisiert; sein eigenes Gottesverhältnis ist das Exempel, nach dem er das Verhältnis anderer gestalten wollte (vgl. SW IV 540).

3. *Sohnesbewußtsein und soteriologische Würde.* Aus der Reflexion auf die Möglichkeitsbedingung des Berufungsbewußtsein Jesu entwickelt Fichte weitere Grundaussagen über den inneren Werdegang und das Selbstbewußtsein Jesu: Soll das Bewußtsein Jesu, Stifter des Himmelreichs zu sein, *als solches* möglich sein, müsse dem "ein Zustand der Unklarheit" vorausgegangen sein; danach habe dann eine "Revolution in Jesu Verstande stattgefunden, die zum "Durchbruche der Klarheit über sich selbst" geführt habe. Anders wäre "jenes Selbstbegreifen" gar nicht möglich gewesen (SW IV 540). In diesem zum Durchbruch gekommenen Begreifen seiner selbst habe Jesus sich dann als "der *erste* [...] und der einzige geborene, der eingeborene Bürger und Sohn" verstehen müssen (SW IV 542f). Man ist nach Fichte - "durch den Zusammenhang genöthigt" (SW IV 542) - gezwungen, Jesus selbst das Bewußtsein seiner Exklusivität zuzuschreiben. Diese Nötigung ergibt sich für Fichte als Implikat des Berufungsbewußtseins Jesu (vgl. SW IV 542). Man könnte in diesem Sinne sagen, daß Jesus selbst nach Fichte ein Messiasbewußtsein gehabt haben muß. Ob Jesus freilich auch den Titel des Messias auf sich angewendet habe, steht nach Fichtes Einschätzung historisch dahin (vgl. SW VII 607). Das Bewußtsein der exklusiven und exzeptionellen Bedeutung findet seinen Ausdruck eben in der Applikation des Sohn-Gottes-Titels auf sich selbst. Das *Sohnesbewußtsein* Jesu ergibt sich so als weiteres Postulat aus Fichtes historischer Ausgangsthese von der gänzlichen Neuartigkeit der Idee des Himmelreichs (vgl. SW IV 542f). Im Sohnesbewußtsein bringt sich die Einsicht Jesu in die Einzigartigkeit seiner selbst zur Geltung.

---

[132] Vgl. Paulus, Person Jesu bei Fichte [Anm. 13], S.92. Im Hinblick auf Fichtes Verständnis des Berufungsbewußtseins Jesu ist es unglücklich, wenn Hans Walter Schütte formuliert, im Unterschied zur genetischen Durchdringung des Bewußtseins in der WL erlebe Jesus "das Göttliche als Gnade ohne Warum und Wozu" (Schütte, Lagarde und Fichte [Anm. 13], S.114). Ein Wozu liegt nach Fichte gerade in Jesu Begreifen seiner selbst.

Das Bewußtsein dieser Einzigartigkeit besteht in der Einsicht in die besondere Funktion, die sich aus dem Berufungsbewußtsein, Stifter des Himmelreichs zu sein, ergibt:

> "[...] alle, die in das Himmelreich kommen, gelangen dazu nur durch ihn, das durch ihn hergegebene Bild." (SW IV 542)

Diese Einsicht müsse Jesus selbst gehabt haben (vgl. SW IV 542); und sie habe sich nach Fichtes Urteil "auch in der nachfolgenden Geschichte bestätigt" (SW IV 544):

> "Alle nachfolgende Entwickelung der Freiheit hat sich gegründet, und ist bedingt gewesen durch das Vorhandenseyn jenes Evangelii [...]." (SW IV 544)

In der in seinem einzigartigen Sein begründeten exzeptionellen historischen Bedeutung, Vermittler eines schlechthin neuen Selbst- und Gottesverständnisses zu sein, besteht für Fichte Jesu soteriologische Würde. Er ist Heilsbringer in dem Sinne, daß in ihm erstmals das angemessene sittlich-religiöse Gottesverhältnis, die Teilhabe am Himmelreich, realisiert ist und dieses Gottesverhältnis durch Jesu Lehre in das Bewußtsein der Menschheit gebracht wird. Anders als in diesem Sinne einer Stiftung neuen Selbstverständnisses kann die Versöhnungstat Jesu nicht verstanden werden. Dies führt bei Fichte zu einer expliziten Kritik des kirchlich-christlichen Verständnisses der Heilsbedeutung Christi: Das Heil, die "*Seligkeit*", erlange man ausschließlich durch den "Tod der Selbstheit" und die "Wiedergeburt" zum sittlich-religiösen Lebensvollzug (SW IV 545). Dies sei möglich, auch ohne daß man wisse, wem die Möglichkeit dieses Selbstvollzugs historisch zu verdanken ist. Die Anerkenntnis Jesu als des Sohnes Gottes ist keine Bedingung zur Erlangung des Heils (vgl. SW IV 544f). Entsprechend habe Jesus Glauben an sich selbst nur - dies aber auch tatsächlich - in dem Sinne gefordert, daß man seiner Berufung und seiner Botschaft vom Himmelreich Glauben schenke (vgl. SW IV 546; D 65). Dies aber sei "wegen des gänzlich unbekannten und unerhörten Inhalts der Botschaft" in sich schon "eine ungeheuere Forderung" gewesen (SW IV 546). Jesus habe dann auch nur bei wenigen Glauben gefunden (vgl. SW IV 546).

4. Das Wunderproblem. Im Zusammenhang mit der Glaubensthematik kommt Fichte auf die neutestamentlichen Wundergeschichten zu sprechen (vgl. SW IV 546-548; D 65). Diese Erörterungen sind für Fichtes Gesamtdeutung Jesu nicht unerheblich. An ihnen zeigt sich exemplarisch noch einmal die epochale Bedeutung Jesu als geschichtlicher Wendemarke von der Alten

Welt zur Neuen Welt des Christentums: Jesus ist nach Fichte der Stifter des Himmelreichs; die Teilhabe am Himmelreich versteht Jesus selbst, so Fichte, als Gottesverhältnis im sittlich-religiösen Lebensvollzug. Dem sittlich-religiösen Gottesverhältnis ist einzig und allein die eigene freie Einsicht das angemessene Medium, die Menschen zu diesem Gottesverhältnis zu bringen. Wunder sind als Mittel der Beglaubigung unangemessen; die Autorisierung "durch Zeichen und Wunder" entspreche ganz der Alten Welt mit ihrem Prinzip eines willkürlich das gegebene Sein setzenden und ordnenden Gott dieser Welt (SW IV 546).

> "Gott ist der Herr des Geistigen, nicht des Sinnlichen, das ihn gar nichts angeht. Zeichen und Wunder mag der Fürst der Welt thun, [...] des himmlischen Vaters ist dies durchaus unwürdig. In seinem Reiche soll innerhalb dieser Sinnenwelt nichts geändert werden, ausser durch Freiheit unter dem göttlichen Pflichtgebote [...]." (SW IV 547)

Da Jesus ganz diese Anschauung des geistigen Reiches gehabt und gestiftet haben soll, werden jetzt die Wundergeschichten, die von Jesus erzählt werden, für Fichte zum Problem: Sie drohen seiner Gesamtdeutung Jesu zu widersprechen. Man spürt deutlich eine gewisse Ratlosigkeit bei Fichtes Bemühungen, mit den Wundern Jesu fertigzuwerden: Im "Diarium" behilft er sich mit der Vermutung, Jesus habe "wohl nur bloß aus Mitleid" durch Wunder geholfen (D 65); in der "Staatslehre" versucht Fichte, die widersprüchlichen Aussagen Jesu - "wirkliche Berufung auf seine Wunder, als Beweise seiner Göttlichkeit" einerseits und "ganz unzweideutige Strafreden über den irdischen Sinn, der Wunder fordere" andererseits (SW IV 547) - auf "zwei Epochen" im Leben Jesu zu verteilen (SW IV 548); die Wunder stammen dann nach Fichtes Auffassung offensichtlich aus dem ersten Lebensabschnitt, in dem Jesus sich noch nicht völlig klar über sich selbst gewesen ist (vgl. SW IV 547f). Eigentliche Wunder habe Jesus aber ohnehin nicht vollbracht (vgl. SW IV 548). Woran Fichte dann aber bei den Wundern denkt, auf die Jesus sich in seiner ersten Lebensepoche berufen habe, kann man nur vermuten. Wahrscheinlich hat Fichte vor allem Heilungen im Blick; dafür spricht jedenfalls der Hinweis aus dem "Diarium", daß Jesus aus Mitleid *geholfen* habe (vgl. D 65). Die Heilungen könnte Fichte dann möglicherweise analog zu Heilungsphänomenen durch Hypnose und Magnetisieren verstanden haben, mit denen Fichte sich ebenfalls im Jahr 1813 beschäftigt hat.[133]

Daß Fichte sich überhaupt so mit den Wundergeschichten herumschlägt und sie nicht einfach als ungeschichtlich abtun will, das hat seinen Grund in seinem Interesse an der historischen Identifizierbarkeit Jesu, für die die Zuverlässigkeit der neutestamentlichen Quellen, jedenfalls in groben Zügen, unabdingbar ist. Dieses Interesse wird allerdings erst verständlich aus Fichtes spekulativem Christusbegriff.

b) Der spekulative Christusbegriff: Die geschichtsphilosophische Bedeutung des geschichtlichen Jesus

1. Die geschichtlich-zufällige Bedeutung Jesu. In Fichtes Kritik an der kirchlichen Fassung der soteriologischen Bedeutung Jesu zeigt sich eine doppelte Bewegung. Auf der einen Seite lehnt Fichte eine metaphysische Heilsbedeutung Jesu, als eines besonderen Mittels zum Heil, ab. Auf der anderen Seite formuliert er selbst die heilsvermittelnde Funktion Jesu, nämlich im Sinne einer geschichtlichen Bedingung, unter der die Verwirklichung gegenwärtigen heilen Gottesverhältnisses steht.[134] Diese doppelte Bewegung findet ihren prägnanten Ausdruck in einer Äußerung aus dem "Diarium" von 1813:

> "Bestreben die Person Jesu wegzubringen. [...] Historisch soll sie wieder aufgenommen werden." (D 77)

Die Verwirklichung sittlich-religiösen Gottesverhältnisses bedarf eines Bildes dieses Verhältnisses, des Himmelreichs. Ein solches Bild war eben, so Fichte, vor Jesus nirgend vorhanden. Ein solches Bild gegeben zu haben, darin besteht Jesu heilsvermittelnde Bedeutung. Man brauche aber, um das Heil zu erlangen, nicht zu wissen, wem man die Kenntnis des Weges dazu verdanke, wenn diese Kenntnis im Zuge der Wirkungsgeschichte Jesu gegenwärtig in der "Umgebung allenthalben vorhanden ist" (SW IV 544).

> "Den Weg zur Seligkeit muss man *gehen*: das ists: die Geschichte, wie er entdeckt und geebnet worden, ist wohl sonst gut, aber zum Gehen hilft sie nichts." (SW IV 545)

---

[133] Vgl. das "Tagebuch über den animalischen Magnetismus", SW XI 295-344.
[134] S.o. S.137ff.

Das Selbstbewußtsein Jesu wird für die christlich geprägte Lebenswelt zur *zufälligen* geschichtlichen Bedingung ihrer Möglichkeit. Faktisch freilich bestimmt das Bewußtsein Jesu das gesamte kulturelle Milieu:

"Wie wir uns stellen mögen, in den Boden der christlichen Zeit hinein sind wir gesetzt, durch seine Einflüsse ist das factische Grundseyn bestimmt [...]." (SW IV 544)

Fichte erfüllt also seine programmatische Äußerung aus dem "Diarium" genau: Historisch ist Jesus die Bedingung des Heils, des sittlich-religiösen Gottesverhältnisses.

2. *Die geschichtsphilosophisch-notwendige Bedeutung Jesu: Der Christus.* Freilich liegt in Fichtes Auffassung schon ein Moment, das die Zufälligkeit der geschichtlichen Bedingtheit sprengt: Ein Bild des Himmelreichs ist nach Fichte nämlich *nötig*, damit es in anderen Wirklichkeit werden kann. Das sittlich-religiöse Gottesverhältnis muß bereits realisiert sein, damit es realisiert werden kann. Dieses Verhältnis entspricht ja genau dem *Sein* Jesu, zu dem er alle *machen* wollte (vgl. SW IV 538). Mag das in Jesus realisierte Gottesverhältnis für seine gegenwärtige individuelle Realisierung zufällig sein, in der Gesamtperspektive des kulturgeschichtlichen Bildungsprozesses kommt ihm nach Fichte offensichtlich eine *notwendige* Bedingungsfunktion zu: Es sei, so Fichte, wahr, daß es "nothwendig einen Sohn Gottes" gebe (SW IV 544).

Die Einsicht in diese Notwendigkeit findet ihren Ausdruck in Fichtes Fassung des *Christusbegriffs*: Die Verwirklichung des Reiches Gottes, des die gesamte kulturelle Lebenswirklichkeit bestimmenden gesamtgesellschaftlichen sittlich-religiösen Selbstvollzugs setze die "erste Erscheinung des Begriffes" dieses Reiches "in der *Form eines Christus*" voraus (SW IV 543; kursive Hervorhebung vom Vf.).

"Ein Christus lag schlechthin nothwendig und nach ihrem inneren Gesetze in der Erscheinung: sie gesetzt, ist Er gesetzt." (SW IV 550)

Der Christustitel wird bei Fichte zum spekulativ-apriorischen Begriff einer für die Entwicklung wahren menschlichen Selbstverständnisses notwendigen Person (vgl. SW IV 541). In ihm wird durch die spekulative Einsicht in die Notwendigkeit die *geschichtsphilosophische* Bedeutung des geschichtlichen Ereignisses, das mit dem Namen Jesus von Nazareth verknüpft ist und das in der Eröffnung eines neuen Selbst-, Gottes- und Wirklichkeitsverständnisses besteht, auf den Begriff gebracht. Das historische Urteil, daß die Idee des

Himmelreichs vor Jesus nirgend vorhanden gewesen sei, wird im Christusbegriff in den Rahmen der Geschichtsphilosophie gestellt und auf seine spekulativen Implikate hin durchleuchtet.

Der Gehalt des Begriffs eines Christus stimmt für Fichte überein mit
dem, was die neutestamentlichen Erzählungen von Jesus berichten (vgl. SW
IV 541). In Jesus also ist der Christusbegriff geschichtliche Realität. Umgekehrt läßt sich für uns daraus der Gehalt des Christusbegriffs bei Fichte erheben: Der Christus ist diejenige Person, in der der sittlich-religiöse Selbstvollzug wirklich ist, und zwar so, daß diese Wirklichkeit sich dem unmittelbaren Dasein dieser Person selbst verdankt, ohne erst durch Freiheit gemacht zu sein (vgl. SW IV 537).

3. Die Begründung der Notwendigkeit des Christus. Von einer dem Begriff
des Christus entsprechenden Person behauptet Fichte, daß sie notwendig in
der Erscheinung und ihrem Gesetz begründet liege (vgl. SW IV 550) und
daß sie sich "schlechthin nothwendig nach dem Gesetze *a priori*" ableiten
lasse (SW IV 541). Diese Notwendigkeit beruht darauf, daß nur der Gedanke einer dem Christusbegriff entsprechenden Person eine Aporie in der
Konstitution des sittlich-religiösen Lebensvollzugs löst (vgl. SW IV 541):
Der sittlich-religiöse Vollzug ist ein Freiheitsverhältnis, weil er ein übersinn-
liches Verhältnis ist. Diese Einsicht entspricht ja ganz dem, was Fichte in
der WL ausführlich auseinandergesetzt hat. Nun bräuchte die Freiheit, die
selbst bestimmbar ist, ein Bild der Bestimmung durch das Übersinnliche.
Dieses Bild der Bestimmung durch das Übersinnliche könnte nur wieder einem Verhältnis zum Übersinnlichen, als einem Freiheitsverhältnis entsprun-
gen sein. Diese Freiheit setzt aber wiederum das Bild seiner Bestimmung
voraus: Es entsteht ein endloser Zirkel:

> "[...] die Freiheit setzt voraus das Bild, und das Bild setzt voraus die Frei-
> heit." (SW IV 541)

Dieser Zirkel läßt sich nur durch die Existenz einer dem Christusbegriff
entsprechenden Person auflösen:

> "Dieser Cirkel löst sich nur so, dass das Bild einmal *Sache*, Realität sey,
> schlechthin ursprünglich und grundanfangend in einer Person sich verwirkli-
> che. Dies nun bei Jesus." (SW IV 541)

Bereits an früherer Stelle innerhalb der "Staatslehre" hat Fichte die Problem-
stellung mit der Gefahr eines unendlichen Voraussetzungsregresses in
analoger Weise dargelegt (vgl. SW IV 464f). Auch die Lösung ist völlig

parallel: Soll der sittliche Selbstvollzug trotz der drohenden Begründungsite-
ration dennoch möglich sein, muß es mindestens einen Menschen geben,
der in unmittelbarer und ursprünglicher Identität den sittlich-religiösen Lebensvollzug repräsentiert:

> "Ein Anfang der sittlichen Welt setzt einen Willen, der qualitativ in seiner ei-
> genen Anschauung sittlich ist, ohne durch eigene Freiheit sich dazu gemacht
> zu haben, - durch sein blosses Daseyn, durch seine Geburt [...]." (SW IV 465)

Notwendig also ist der Christus, soll es zur sittlich-religiösen Bestimmung der Freiheit kommen. Dann aber ist auch klar, wieso die Existenz eines dem Christusbegriff entsprechenden Menschen "schlechthin nothwendig" durch die Erscheinung und ihr Gesetz begründet und gesetzt sei (SW
IV 550): Erscheinung kann ja nur heißen: Erscheinung des Absoluten, absolute Erscheinung. Der Begriff der Erscheinung besagt: Das Absolute kann
als solches erscheinen. Als solches erscheint es im wirklichen Leben nur im
sittlich-religiösen Lebensvollzug. Dieser muß also möglich sein zufolge des
Begriffs der absoluten Erscheinung. Soweit reichen die Einsichten aus Fichtes WL. Jetzt setzt das Neue ein: Der sittlich-religiöse Lebensvollzug ist
möglich nur unter der Bedingung eines Christus. Folglich muß ein Christus
notwendig einmal wirklich werden, sein oder geworden sein zufolge des Begriffs der absoluten Erscheinung. M.a.W.: Fichte überträgt offenkundig seine ganze Theorie der Reflexibilität der absoluten Erscheinung auf die Geschichte. Dies eben geschieht in seiner spekulativen, nämlich: geschichtsphilosophischen Christologie.

   4. Die historische Identifizierung des Christus: Jesus. Daß der Christusbegriff
Realität in einem identifizierbaren Individuum tatsächlich geworden ist,
läßt sich für Fichte nur im Rückschluß von der empirisch erfaßbaren "factischen Entwickelung des Menschengeschlechts" aus erschließen (SW IV 541):
Wahrer sittlich-religiöser Selbstvollzug ist - jedenfalls als Einsicht und Theorie in der Gestalt einer WL - wirklich geworden. Da diese Wirklichkeit nur
möglich sein kann, wenn die dem Christusbegriff entsprechende Person bereits den Prozeß dieses Vollzugs initiiert hat, muß sie bereits geschichtliche
Wirklichkeit geworden sein. Ihre Identifizierung ist dann natürlich eine empirische historische Aufgabe. Mit Jesus von Nazareth gelingt nach Fichte
eine solche historische Identifizierung: Die im Christusbegriff gedachte notwendige Person stimme mit dem überein, was die neutestamentlichen Er-

zählungen über Jesus berichten (vgl. SW IV 541).[135] Die Feststellung der
geschichtlichen Realisierung des Christus verdankt sich also historischer Ur-
teilsbildung. Spekulativer Erkenntnis hingegen entspringt die Verknüpfung
von historischer Beurteilung des faktischen Geschichtszustandes und historisch identifizierbarer geschichtlicher Realität des Christus: Der Schluß von
dem geschichtlichen Ist-Zustand auf die Erfüllung der Bedingung für diesen
Zustand beruht auf dem Gedanken notwendiger Verknüpfung.

c) Die christologische Konzeption der Geschichtsphilosophie

1. Jesus Christus als Epochenwende. Mit der spekulativen Einsicht in die Notwendigkeit eines Christus und der historischen Identifizierung des Christus
mit dem Menschen Jesus von Nazareth wird Fichtes Theorie des Christentums allererst zur geschichtsphilosophischen. In einem Schlage damit wird
die geschichtsphilosophische Theorie des Christentums mit ihrem Zentrum
in der Christologie zur christologisch konzipierten Geschichtsphilosophie:
Jesus als der Christus ist "die eigentliche Hauptperson" in der Geschichte
(SW IV 541), der "Grund- und Einheitspunct der Geschichte, zu welchem
alles Vorhergegangene sich als Vorbereitung, und alles Künftige sich als Entwickelung verhält" (SW IV 550). Der Stifter des Christentums markiert die
entscheidende geschichtliche Epochenwende.[136] Geschichtsphilosophische
Dignität aber kommt dieser Epochenwende für Fichte deshalb zu, weil mit
ihr die spekulative Möglichkeitsbedingung der geschichtlichen Konstitution
für ein seinem - in der WL entwickelten und begründeten - Begriff entsprechendes sittlich-religiöses Gottesverhältnis historisch identifizierbare geschichtliche Wirklichkeit geworden ist: die einmalige individuelle Realität
eines solchen Gottesverhältnisses.

*2. Die Theorie der Urgeschlechter und die Frage der Einheitlichkeit der ge-
schichtsphilosophischen Konzeption der "Staatslehre".* Die problemlösende An-
forderung an die Christologie und ihre Leistungsfähigkeit im Hinblick auf

---

[135] Hier wird der Grund für das Interesse Fichtes an der historischen Identifizierbarkeit
Jesu in den neutestamentlichen Texten deutlich, das wir oben im Zusammenhang der
Wunderthematik notiert haben (s.o. S.150-152).

[136] Vgl. Paulus, Person Jesu bei Fichte [Anm. 13], S.85; Hirsch, Christentum und Geschichte [Anm. 13], S.54-58.

die geschichtsphilosophische Fragestellung nach der geschichtlichen Konstitution des sittlich-religiösen Gottesverhältnisses läßt sich noch einmal verdeutlichen an einem Alternativmodell, das Fichte innerhalb der "Staatslehre" selbst durchspielt. Mit diesem Alternativmodell steht zugleich die Geschlossenheit und Einheitlichkeit der geschichtsphilosophischen Konzeption
der "Staatslehre" zur Diskussion. Es handelt sich dabei um das seltsam an-
mutende Mythologem der zwei Urgeschlechter (vgl. SW IV 470ff)[137]: Soll
es zur Verwirklichung sittlich bestimmter Freiheit kommen - das Ausgangs-
problem auch der spekulativen Christologie -, müsse es ein menschliches
Urgeschlecht unmittelbarer Sittlichkeit geben; dies sei die "ursprüngliche
Menschheit, die qualitativ sittlich ist" (SW IV 470); ihr Charakteristikum ist
"das *angeborene* Sittliche" (SW IV 473). Dieses Menschengeschlecht bildet
eine "Unschuldswelt" (SW IV 476), in der es einer Verwirklichung der Sittlichkeit durch Freiheit, einer Erziehung nicht erst bedarf; dieses Geschlecht
sei vielmehr aufgrund seiner unmittelbaren sittlichen Identität eine "ursprüngliche, erste erziehende Gesellschaft" (SW IV 470). Beruht die sittliche
Identität nicht auf Erziehung, wie bei allen folgenden Geschlechtern, so sei
sie offensichtlich durch *Offenbarung* hergestellt (vgl. SW IV 486). Die Unmittelbarkeit, mit der dieses Urgeschlecht sittlich ist, verhindert nun das eigentliche Bewußtsein der Sittlichkeit und damit Freiheit. Soll das Sittliche
als solches sichtbar sein, bedürfe es eines zweiten Urgeschlechts "ohne diese
ursprünglich sittliche Einrichtung, also mit Freiheit und Bildbarkeit" und
"*ohne Offenbarung*" (SW IV 486). Der Antagonismus der beiden Geschlech-
ter und ihrer antithetischen Prinzipien, unmittelbare Sittlichkeit und unbe-
stimmte, bestimmbare Freiheit, ermöglicht dann nach Fichte einen Geschichtsprozeß, in dem es durch das wechselseitige Befruchten von sittlicher
Bestimmtheit und freier Bestimmbarkeit schließlich zur Realisation sittlicher Freiheit oder freier Sittlichkeit kommt (vgl. SW IV 493). Den beiden

---

[137] Der Idee eines durch göttliche Offenbarung erzogenen Urvolks und eines Volks der
Freien und Wilden hat Fichte sich verschiedentlich in seinen Schriften bedient, so in
den "Vorlesungen über Logik und Metaphysik" aus dem Sommersemester 1797 (vgl.
GA IV/1, S.303), in den "Grundzügen des gegenwärtigen Zeitalters" von 1804/05 (vgl.
SW VII 132ff) und schließlich eben in der "Staatslehre" von 1813 (vgl. SW IV 470ff).
Vgl. Widmann, Fichte [Anm. 37], S.192-194. 219-221; H. Verweyen, Offenbarung und
autonome Vernunft nach J.G. Fichte, in: Erneuerung der Transzendentalphilosophie,
FS R. Lauth zum 60. Geburtstag, hg. v. K. Hammacher u. A. Mues, Stuttgart / Bad
Canstatt 1979, S.436-455, bes. S.444ff. 451ff.

Prinzipien korrespondieren als subjektive Erkenntnismodi *Glaube* und *Verstand*; innerhalb dieses Fichteschen Schemas bedeutet Glaube allein die Negation der Freiheit, Verstand allein die Auflösung der sittlichen Bestimmung; entsprechend der Aussöhnung der beiden Prinzipien von sittlicher Bestimmung und freier Bestimmbarkeit kommt es dann nach Fichte im Geschichtsprozeß zur Auflösung auch des Gegensatzes von Glauben und Verstand (vgl. SW IV 490-495).

Man hat darauf hingewiesen, daß zwischen der Annahme eines ursprünglich-sittlichen Urgeschlechts durch Offenbarung und der christologischen Theorie innerhalb der "Staatslehre" eine Spannung besteht.[138] In der Tat spielt das Theorem des Urgeschlechtes durch Offenbarung innerhalb der Theorie des Christentums der "Staatslehre" keine Rolle mehr. Daß Fichte mit der Theorie des Christentums innerhalb der "Staatslehre" noch einmal neu einsetzt, spricht vielmehr dafür, daß die Theorie zweier Urvölker das geschichtlich verstandene Konstitutionsproblem offensichtlich nicht zufriedenstellend löst. Dies läßt sich auch tatsächlich einsichtig machen. Zum einen gilt, was Hansjürgen Verweyen kritisch bemerkt:

> "Verteilt man die beiden Grundmodi endlicher Vernunft auf zwei verschiedene Ursprungsgeschlechter, so konstruiert man ja nicht nur eine abstruse Geschichtshypothese, sondern trägt dadurch gar nichts zur Antwort auf die Frage nach der realen Konstitution der endlichen Vernunft bei. Wie hat man sich überhaupt ein 'Bild des Sittlichen' [...] als Willensbestimmung der Mitglieder des 'Normalvolks' ohne Äußerung von Spontaneität zu denken; wie die Rezeption dieses Bildes durch das Volk der Freien ohne vorausgehende Rezeptivität, d.h. ein bereits gegebenes Stehen in der Objektivierung von Freiheit an konkreten Zwecken oder 'Bildern' der Freiheit?"[139]

Zum anderen: Fichte hat in seiner Rekonstruktion des Selbstbewußtseins Jesu darauf hingewiesen, daß erst das klare Begreifen seiner selbst die Bestimmung seines Willens als Bestimmung durch das Übersinnliche, Gott oder das Absolute erkennbar werden läßt (vgl. SW IV 537).[140] Bedingung dieses Begriffs seiner eigenen Willensbestimmung ist sein Berufungsbewußtsein. Dies impliziert zugleich mit dem Impuls, *handeln* zu sollen nach seiner Willensbestimmung, ein Moment der Freiheit, des Selbstverhältnisses. Das Urgeschlecht durch Offenbarung mag demgegenüber zwar ein Bild der

---

[138] Vgl. Verweyen, Offenbarung und autonome Vernunft [Anm. 137], S.451f.
[139] Verweyen, Offenbarung und autonome Vernunft [Anm. 137], S.454.
[140] S.o. S.147-149.

sittlichen Bestimmung für andere abgeben; es vermag aber erstens nicht, seine sittliche Bestimmung *als solche* zu begreifen. Es müßte dazu entsprechend dem Berufungsbewußtsein Jesu ein Bewußtsein seiner Aufgabe haben. Dies aber scheint unmöglich zu sein, wenn dem Urgeschlecht jedes Moment der Freiheit fehlen soll. Es könnte also gar nicht zum wirklichen Bewußtsein eines angemessenen Gottesverhältnisses kommen. Zweitens kann das ursprünglich sittliche Urgeschlecht aufgrund des fehlenden Berufsbewußtseins andere auch nicht nach seinem eigenen Sein machen wollen. Es kommt in diesem Sinne nicht zur *Erziehung des Menschengeschlechts* (vgl. SW IV 440) durch das Urvolk. Es steht seinem eigenen unmittelbaren Sittlichsein gerade wegen dessen Selbstverständlichkeit ebenso unverständlich gegenüber wie dem Freisein des anderen Urgeschlechts. Sein eigenes Sein geht so ganz im Glauben ohne jedes Moment des Verstehens auf. Damit ist es nicht in der Lage, das Urgeschlecht der Freien bei dessen Verstandesbewußtsein abzuholen. Umgekehrt ist für das Verstandesbewußtsein der Freien der Glaube der Sittlichen ein undurchdringliches Äußerliches: Das Bild der sittlichen Bestimmung, das das Urgeschlecht aus Offenbarung abgeben soll, kann nicht als mögliche Bestimmung ihres Bewußtseins angesehen werden. Glaube und Verstand stehen einander unversöhnt gegenüber. Es ist nicht einzusehen, wie es über die Antithetik von Glauben und Verstand hinweg überhaupt zur gegenseitigen Befruchtung kommen sollte. Gerade um des Gedankens der Ermöglichung einer Erziehung des Menschengeschlechtes willen hat Fichte aber den Gedanken des Urvolkes durch Offenbarung eingeführt (vgl. SW IV 469f). Das menschheitsgeschichtliche Erziehungsproblem ist genau das bereits beschriebene Begründungsproblem sittlich-religiösen Vollzugs: Ein erstes, nicht von anderen - ihrerseits bereits erzogenen - Menschen, sondern durch Offenbarung erzogenes erziehendes Geschlecht soll ja genau den unendlichen Zirkel der geschichtlichen Konstitution von Sittlichkeit lösen: Erziehung zur Sittlichkeit setzt bereits erzogene Sittliche voraus, die ihrerseits bereits von anderen dazu erzogen sein müssen usf.

Dieses menschheitsgeschichtliche Erziehungsproblem scheint mit der Konstruktion zweier Urgeschlechter theoretisch nicht zu bewältigen zu sein. Im weiteren Verlauf der "Staatslehre" rückt dann entsprechend - anstelle des Urgeschlechts aus Offenbarung - der Christus in die Rolle des den Erziehungs-

prozeß initierenden ersten nichterzogenen Erziehers.[141] Da nun aber
schon Fichtes *prinzipielle* Überlegungen zu einem solchen Erzieher des Menschengeschlechts (vgl. SW IV 448-458. 464f), die Fichte innerhalb der "Staatslehre" noch vor der Theorie der Urgeschlechter (vgl. SW IV 470ff) und vor
der Theorie des Christentums (vgl. SW IV 521ff) anstellt, in den sprachlichen Formulierungen ganz deutlich auf die spätere Interpretation des geschichtlichen Jesus hinweisen (vgl. SW IV 458. 465)[142], wird man Fichte
zumindest die *Intention* einer einheitlich christologisch konzipierten Geschichtsphilosophie unterstellen dürfen.

3. *Die christologische Lösung des geschichtsphilosophischen Problems einer Erziehung des Menschengeschlechts.* Die Lösung der geschichtsphilosophischen
Fragestellung nach der Erziehung des Menschengeschlechts scheitert in der
Theorie der beiden Urgeschlechter daran, daß wegen der unversöhnlich antithetischen Verteilung von Glauben und Verstand auf zwei schlechthin verschiedene Instanzen eigentliche Erziehung unmöglich wird. Dazu bedürfte
es eben einer erziehenden Instanz, die zugleich mit dem Gehalt der Erziehung ein klares Bewußtsein ihrer Erziehungsaufgabe besäße. Das wiederum
heißt nichts anderes, als daß diese erziehende Instanz Glauben und Verstand
von vornherein nicht als schlechthinnige Gegensätze aufeinander beziehen
darf, sondern vielmehr ihren im Glauben ihr gewissen Gehalt als Aufgabe
des Verstehens begreift. Dies ist nun für Fichte genau beim Christentum
der Fall. Es begreift sich selbst als Bildungsinstanz der Menschheit: Das
Christentum sei "Lehre"; Lehre impliziert "die Aufgabe zu bilden den Verstand der Menschen" (SW IV 525). Das Christentum sei "eine Sache des Verstandes, der klaren Einsicht, und zwar des individuellen Verstandes eines
jeden Christen" (SW IV 524). Das folgt für Fichte aus dem christlichen Verständnis der Gleichheit aller vor Gott und der daraus resultierenden Entsündigung und Versöhnung: Das Gottesverhältnis realisiert sich als individu-

---

[141] Im Hinblick auf den Christus als einen ersten nichterzogenen Erzieher könnte man -
mit Verweis auf das berühmte "erste unbewegte Bewegende" des Aristoteles (Metaphysik Λ 1073a 27) - geradezu von einem Christusbeweis bei Fichte sprechen.

[142] An beiden Stellen (SW IV 458. 465) geht es um eine individuelle Identität, nicht um
ein Kollektivum. SW IV 458 spielt deutlich auf traditionell christliche Aussagen über
Jesus an. Vom Lehrer, Philosophen oder Propheten der Menschheit heißt es: "[...]
welch Zeichen und Wunder wird er thun? Dass er die *Todten* lebendig mache [...]." -
Die Formulierung SW IV 465 hat fast wörtliche Parallelen in den Ausführungen zu
Jesus in SW IV 537.

elles, von dem kein Mensch ausgeschlossen sei (vgl. SW IV 523f)[143]; es beruhe nicht mehr - wie in der Alten Welt - auf Autoritätsglauben und blinder Ergebung in den Willen der Willkürgottheit[144], sondern als "unmittelbare Einsicht eines Jeden" (SW IV 525). Ermöglicht wird das christliche
Selbstverständnis als lehrende, bildende und erziehende Instanz durch das
Berufsbewußtsein Jesu selbst. Jesus selbst ist "Verkündiger" (SW VII 606);
dies impliziert für Fichte, daß er sich selbst als Lehrer verstanden habe (vgl.
SW VII 580f). Jesus ist der Erzieher der Menschheit, weil in ihm der Glaube selbst sich an das Verstehen wendet. Die geschichtsphilosophische Fragestellung der Erziehung des Menschengeschlechts findet in der zugleich spekulativ und historisch betriebenen Rekonstruktion des geschichtlichen Jesus
als des Christus ihre Antwort. Fichtes Geschichtsphilosophie ist christologisch konzipiert.

---

[143] S.o. S.136f.
[144] S.o. S.130f.

IV. Die Geschichtsphilosophie und ihre Bedeutung für die WL

Fichtes Theorie des Christentums stellt eine spezifische Konzeption von Geschichtsphilosophie dar. Diese Konzeption von Geschichtsphilosophie hat selbst konstitutive Bedeutung für Fichtes Verständnis von Philosophie als transzendentalphilosophischer Gottes- und Wissenslehre. In der Geschichtsphilosophie nämlich durchdringt sich die WL selbst in dreifacher Hinsicht: Sie bringt sich erstens selbst auf den Begriff, indem sie sich selbstkritisch auf ihre Kompetenz genetischen Verstehens des geschichtlich bereits realisierten faktischen sittlich-religiösen Wahrheitsbewußtseins im Christentum beschränkt (a); sie liefert zweitens die Begründung ihrer spezifischen Kompetenz genetischen Verstehens gegenüber der Faktizität des sittlich-religiösen Bewußtseins, indem sie diese Kompetenz als Verwirklichung dessen einsichtig macht, was bereits in der faktischen Realisation der christlichen sittlich-religiösen Gewißheit angelegt ist (b); und sie vergewissert sich schließlich drittens der Angemessenheit ihres eigenen Selbstverständnisses als theoretisch-abstrahierender Reflexion und Rekonstruktion der Vernunft, indem sie sich in der Geschichtsphilosophie der Realität dessen vergewissert, das ihr ihrem Selbstverständnis entsprechend zugrundeliegen soll: der Vernunft selbst als Wirklichkeit (c).

a) Christentum und WL

Die geschichtsphilosophische Theorie des Christentums und die ihr entsprechende christologische Konzeption der Geschichtsphilosophie haben Folgen für das Selbstverständnis der WL: Die Idee des Himmelreichs, der rein geistigen, übersinnlichen Welt ist nach Fichtes Urteil vor Jesus nirgendwo vorhanden gewesen, das Bewußtsein dieser Idee verdankt sich einzig dem Bewußtsein Jesu von sich selbst (vgl. SW IV 535f); alle "nachfolgende Entwikkelung der Freiheit" sei "gegründet" und "bedingt" durch das christliche

Evangelium der Freiheit und Gleichheit; auf dem "Boden der christlichen Zeit" steht nach Fichtes Einschätzung die gesamte Kultur; dies gelte ausdrücklich auch für die "Philosophie" (SW IV 544); auch die Einsicht der WL setze "einen Jesus in der Zeit" voraus (SW IV 539). Die WL versteht sich selbst als geschichtlich bedingt durch das Christentum und seinen Stifter. Das historische Urteil der faktischen geschichtlichen Bedingtheit der Einsicht der WL durch das Christentum und seinen Stifter wird in der spekulativen, nämlich geschichtsphilosophischen Christologie zur Einsicht in die prinzipiell-notwendige Bedingungsfunktion des Christentums.

Mit dieser Einsicht begreift sich die WL selbst hinsichtlich ihrer Funktion im geschichtlichen Zusammenhang: Sie ist die "Exposition des vorausgegebenen Christenthums", dessen "wissenschaftlicher Begriff" (SW IV 530). Die WL stellt damit die geschichtliche Synthese von absolutem *Vernunftgehalt*, für dessen geschichtliche Bewußtseinseröffnung der Name *Jesus Christus* steht, und absoluter *Verstandesform*, für deren geschichtliche Entdeckung der Name *Sokrates*[145] steht, dar (vgl. SW IV 570; D 74; SW VII 608). WL ist Anwendung der sokratischen Verstandesreflexion auf das christliche Selbst-, Gottes- und Wirklichkeitsverständnis:

"Es ist die Verstandesaufgabe seit Christus, das Christentum genetisch, d.i. verständlich zu machen: das nemlich an ihm, was wahrhaft metaphysisch ist." (D 73; vgl. SW VII 606f)

Mit diesem funktionalen Selbstverständnis stellt sich die WL einerseits selbst in den Dienst des Christentums. Denn durch die Überführung des christlichen Bewußtseins in die Gestalt der genetischen Verstandeseinsicht wird die Gewißheit aus der Abhängigkeit der faktischen Evidenz des Glaubens befreit und so verfügbar, weil demonstrierbar gemacht (vgl. SW IV 589). Auf dem Wege begrifflich-argumentativer Vermittlung wird das christliche Selbst-, Gottes- und Wirklichkeitsverständnis zum verfügbaren geistigen Besitz gemacht.[146] Diese Bedeutung der WL für die Evidenzform des

---

[145] Zu Sokrates vgl. SW IV 505. 569f; D 73-75; SW VII 602. 608.

[146] Die Einsicht, daß das religiöse Wahrheitsbewußtsein durch die genetische Einsicht der WL aus der zufälligen Bedingung der faktischen Evidenz befreit und so zum sicheren verfügbaren Besitz gemacht wird, findet sich innerhalb der Spätphilosophie bereits angedeutet in einer beiläufigen Bemerkung aus der "Transscendentalen Logik" von 1812 (vgl. SW IX 398 = Tr.Log. S.258): Aus einem Gegenstand des Glaubens in der Religion werde die übersinnliche Welt in der WL zu einer Welt des Sehens; dadurch wird prinzipiell zugänglich, was in der Religion nur sporadisch und von dem Einfluß des

Christentums ist schon deutlich geworden in Fichtes Interpretation der christlichen Verheißung des heiligen Geistes[147]: Der natürliche allgemeine Verstand macht das dem Bewußtsein Jesu entsprechende Wahrheitsbewußtsein "durch die Einsicht seiner Gesetzmässigkeit (aus dem Gesetze *a priori*) klar, verständlich"; er "verkläre so Jesus, indem aus anderen, von ihm und seinem Zeugnisse ganz unabhängigen Gründen erhelle, daß Jesus die Wahrheit gesagt habe" (SW IV 569). Fichte versteht die WL als die Erfüllung der Verheißung des heiligen Geistes als des Zeugen Jesu außerhalb seiner selbst (vgl. SW IV 569).

Damit kommt andererseits auch der Anspruch der WL, der in ihrem funktionalen Selbstverständnis liegt, zur Geltung:

> "Nur das Princip der W.L. macht das Xstenthum verständlich-. Nur aus ihr begreift sich, wie die Ergebung des Willens in Gott das wahre Leben, und Realität ganz allein sey." (D 67)

Das Christentum sei "durchaus verständlich", nämlich: "durch Wissenschaftslehre" (SW IV 530). Fichte begreift sich selbst daher als "wahrhaft Stifter einer neuen Zeit: der Zeit der *Klarheit*" (SW VII 581). Dieses eigene Epochenbewußtsein beruht natürlich darauf, daß in der WL die vollständige Reflexion des ursprünglichen Verstandes vollzogen wird. Die Selbsteinschätzung Fichtes aus den Vorarbeiten zur "Staatslehre" findet in dieser selbst dann eine gewisse Selbstkorrektur: Die Geschichte ist für Fichte hinsichtlich ihrer geschichtsphilosophisch rekonstruierbaren Epochen mit dem Christentum tatsächlich vollendet (vgl. SW IV 528). Die durch die WL selbst begründete Zeit der Klarheit hat keinen eigenen Epochenstatus, sondern ist Moment der Christentumsgeschichte. Damit ist bei Fichte ein Schwanken hinsichtlich der geschichtsphilosophischen Epochengrenzen innerhalb der Entwicklung seiner Geschichtsphilosophie zu einem gewissen Abschluß gekommen.[148] Die Selbsteinordnung der WL als Moment der Christentumsgeschichte und ihr funktionales Selbstverständnis als wissenschaftlicher

---

Bewußtseins unabhängig in das sinnlich bestimmte Bewußtsein hereinbreche. Im Gegensatz zu Fichtes Ausführungen von 1813 ist seine Auffassung 1812 aber noch gänzlich ungeschichtlich: Die Religion habe "von jeher" (!) diese übersinnliche Welt gekannt und vorgestellt.

[147] S.o. S.139ff.

[148] Darauf werden wir unten (S.199ff) noch einmal näher zu sprechen kommen. Zur Forschungsliteratur zu Programm und Entwicklung der geschichtsphilosophischen Konzeption Fichtes s.u. Anm. 172.

Begriff des Christentums sind freilich *erstens* nur dadurch möglich, daß für Fichte das Christentum selbst bereits den Gegensatz von Glauben und Verstand zur Auflösung bringen *will* und ihn zur Auflösung bringen *kann*, weil in ihm die Wahrheit geschichtlich zur Erscheinung gekommen ist: Es ist Glaube, der sich an die selbsteigene Einsicht jedes Menschen wendet (vgl. SW IV 523-525); im Christentum seien Glaube und Verstand "daßelbe" (D 75). Und es ist Glaube, der durch den Verstand bestätigt wird, weil er die Wahrheit ist (vgl. SW IV 571; D 76).[149] Gleichwohl behält der Verstand auch eine christentumskritische Funktion: Bestätigt wird der christliche Glaube nur in dem, "was wahrhaft metaphysisch" an ihm ist (D 73; vgl. SW VII 606f). Die Verstandesreflexion befördert das Wahre des christlichen Glaubens zur Klarheit und reinigt ihn so zugleich von seinen zeitbedingten Entstellungen.[150] Fichte hat dieses Verfahren in seinen negativ-kritischen wie konstruktiven Momenten ja genau durchgespielt in der Rekonstruktion des dogmatischen Inhalts des Christentums.[151]

Dabei beansprucht Fichte, mit seiner konstruktiven Interpretation den ursprünglichen Sinn des Christentums selbst zu treffen. Vorausgesetzt wird von Fichte, daß dieser ursprüngliche Sinn des Christentums in exklusiver Weise mit der Lehre Jesu von Nazareth identisch ist. Was in der Verstandesreflexion ausgeschieden wird, sind für ihn bereits spätere Mißverständnisse der Lehre Jesu innerhalb seiner Gemeinde. Die negativ-kritischen Erörterungen Fichtes beziehen sich ja fast ausschließlich auf die kirchliche Lehrbildung. Darüber, wie es innerhalb der Gemeinde bzw. Kirche zu den Mißverständnissen und abweichenden Auffassungen der Lehre Jesu kommen kann, finden sich innerhalb der "Staatslehre" keine prinzipiellen Überlegungen. In der "Sittenlehre" von 1812 hat Fichte dazu bereits eine theoretische Erklärung aus der Wirkung der Gemeinschaft entwickelt: Der Unterschied von ursprünglicher Lehre eines Stifters und dem Symbol seiner Gemeinde

---

[149] Zum Thema Glaube und Verstand vgl. Hirsch, Theologie [Anm. 14], Bd. IV, S.404-406; R. Lauth, Der Begriff der Geschichte nach Fichte, PhJb 72, 1964/65, S.353-384, hier: S.365-367.

[150] Dem zugleich konstruktiv- wie negativ-kritischen Zug des Christentumsverständnisses Fichtes entsprechend, hat Hans Walter Schütte Fichte zutreffend charakterisiert als den "Vertreter einer Form des Christentums, die zwischen einer Bestreitung desselben und einer kirchlichen Repristination einen dritten eigenen Weg geht" (Schütte, Lagarde und Fichte [Anm. 13], S.123).

[151] S.o. S.133-145.

erklärt sich für Fichte daraus, daß sich die Interpersonalität der Gemeinde auf die Formulierung des Symbols auswirkt: Der kleinste und niedrigste gemeinsame Nenner an Einsichtsfähigkeit bestimmt Standard und Gestalt der gemeinsamen Lehrauffassung (vgl. SW XI 105f).

Die Art, in der Fichte das Drängen auf eigene Einsicht zum Charakteristikum des Christentums selbst macht und in der er christlichen Gehalt und sokratische Verstandesreflexion aufeinander bezieht, haben im übrigen zwei Konsequenzen hinsichtlich seiner Einschätzung und Beurteilung der Entwicklung der geschichtlichen Formen des Christentums: Zum einen kommt für Fichte die dem Christentum immanente Affinität zur eigenen Einsicht und entsprechend auch die vorbehaltlose Anerkennung der Anwendung sokratischer Verstandesreflexion auf das Christentum unter den zeitgenössischen Formen des Christentums nur im *Protestantismus* angemessen zum Ausdruck (vgl. D 79; SW VII 609). Zum anderen erwartet Fichte im Zuge der immer stärkeren Durchdringung des christlichen Gehaltes mit der Verstandeseinsicht und der daraus resultierenden Reinigung des kirchlichen Christentums von allen dem Wesen des ursprünglichen Christentums gegenüber sekundären, unwesentlichen oder gar irrtümlich-abweichenden Momenten die allmähliche geschichtliche Ausbildung eines einfachen, reinen und gelehrten Christentums (vgl. SW VII 555-557).

Die Selbsteinordnung der WL als Moment der Christentumsgeschichte und ihr funktionales Selbstverständnis gegenüber dem Christentum sind *zweitens* auch nur möglich, weil sich in der WL der Verstand *selbst* begreift. In Sokrates habe sich der Verstand historisch erstmalig begriffen als selbständige Erkenntnisquelle (vgl. D 75; SW IV 570). Erst in der Ausbildung der Transzendentalphilosophie durch Kant sei die sokratische Verstandesreflexion auf den Verstand selbst angewendet worden; die Verstandeskunst erkannte sich selbst und lernte so, den Verstand von anderer Erkenntnis zu unterscheiden (vgl. SW IV 570). Seine eigene WL versteht Fichte schließlich, wie wir gesehen haben, als die vollständige Selbstreflexion des absoluten Verstandes in Vollendung. Mit seiner Selbstreflexion leistet der Verstand seinen Teil an der Auflösung des Gegensatzes von Glaube und Verstand. Dies besteht in der kritischen Selbstbegrenzung seiner Kompetenz gegenüber dem Glauben:

"Nicht bis ans Ende hindurchgedrungener Verstand nur befeindet den Glauben, durch einen anderen *Glauben*, an die Zulänglichkeit des Verstandes nemlich, die er doch nicht einsieht [...]. Der Verstand ist nie erschaffend, sondern, wie es das Wort bezeichnet, ein Ursprüngliches verstehend." (SW IV 494)

Die genetische Einsicht, der Verstand, setzt das zu Verstehende voraus; "das genetisch zu erfassende" müsse "historisch gegeben seyn" (D 61).[152] Für das Verhältnis von WL und Christentum heißt das: Die genetische Einsicht der WL muß "den *Hauptsatz*, die Grundevidenz" des christlichen Selbst-, Gottes- und Wirklichkeitsverständnisses voraussetzen (SW VII 607; vgl. D 73).

> "Das Reich der Himmel, die übersinnliche Welt kann zuerst und ursprünglich nur gefunden werden in der *Gewissheit* innerer Anschauung, wie in dieser eben die Person Christi durchaus aufging." (SW VII 607)

Der Verstand bedürfe des faktischen Bildes des Himmelreichs, das er "nie gefunden haben würde" (SW IV 569) - diese Einsicht entspricht ja genau dem im spekulativen Christusbegriff Gedachten. So begreift die WL im Begreifen ihrer selbst auch noch die notwendig-prinzipielle Priorität des Christentums ihr selbst gegenüber. In der geschichtsphilosophischen Theorie des Christentums und der ihr entsprechenden christologischen Konzeption der Geschichtsphilosophie bringt die WL sich selbst auf den Begriff: Sie sei "ein *formaler* Begriff, gar kein Urtheil" (SW VII 581). Zur Erläuterung dieses Satzes mag man auf die "Transscendentale Logik" von 1812 verweisen (vgl. SW IX 272f. 276f = Tr.Log. S.144f. 148): Im Urteil werden nach Fichte ein in der Anschauung gegebener Gegenstand, das Bild eines Bildes, und ein Begriff, das Bild eines Wesens, aufeinander bezogen. Dementsprechend hätte also die WL am Christentum erst die Anschauung, die sie selbst als Begriff braucht, um nicht leer, das Christentum an der WL den Begriff, den es braucht, um nicht blind zu sein. Freilich erst wenn der Verstand, der Begriff, sich selbst seiner unhintergehbaren Angewiesenheit auf die vorauszusetzende Anschauung, das christliche Selbstverständnis, bewußt wird, also erst mit der vollendeten Selbstreflexion des Verstandes, findet der durch das Christentum ermöglichte und initiierte Prozeß der Versöhnung von Glaube

---

[152] Die Einsicht, daß der genetische Verstand den Glauben voraussetzen muß, findet sich bereits vor den Ausführungen zum Christentum von 1813 in der Schlußpassage der "Sittenlehre" von 1812 (vgl. SW XI 102-118, bes. 103-106. 114f). Diese Erörterungen Fichtes lesen sich teilweise wie ein vorläufiges Programm, das in der geschichtsphilosophischen Theorie des Christentums von 1813 dann seine Durchführung und materiale Füllung erhält. S.u. S.169ff.

und Verstand seine Vollendung. Dies eben leistet nach Fichtes Selbsteinschätzung die WL als die realisierte Selbstreflexion der Begriffsform des absoluten Wissens.

b) Offenbarung und Philosophie: Geschichtsphilosophie als Theorie der Vermittlung zur philosophisch-theo-logischen Kompetenz

Die Einsicht der WL, daß sie ein formaler Begriff, kein Urteil sei, läßt sich
verstehen als kritische Selbstwahrnehmung ihrer eigenen Leistungsfähigkeit.
In der geschichtsphilosophischen Theorie des Christentums thematisiert die
WL ihre eigene strukturelle Abhängigkeit von der faktischen Gewißheit des
sittlich-religiösen Bewußtseins.[153] Sie artikuliert die Einsicht ihrer Abhängigkeit als Theorie von Offenbarung. Ihrem Selbstbegriff als genetischer
Wissenschaft entsprechend bringt sie diese Offenbarungstheorie so zur Darstellung, daß dabei die Notwendigkeit von Offenbarung begriffen wird.

Indem man die geschichtsphilosophische Theorie des Christentums als
kritische Selbstbegrenzung der Kompetenz der WL versteht, hat man freilich das Verhältnis von Christentum und WL, Offenbarung und Philosophie, und folglich auch die Leistung und Bedeutung der Geschichtsphilosophie für die WL selbst noch nicht vollständig und hinreichend erfaßt. Die
geschichtsphilosophische Explikation einer prinzipiell-notwendigen Begrün-
dungs- und Ermöglichungsfunktion des Christentums als Offenbarung kann
nicht einfach als einliniges und einseitiges Bedingungsverhältnis gelesen werden. Dabei bliebe verborgen, daß das Verhältnis von Bedingung, Glaube,
und Bedingtem, Verstand, nicht auf die einfache Durchsetzung des Glaubens gegen das philosophische Verstehen, sondern auf die Aussöhnung beider zuläuft und daß sich diese Aussöhnung wesentlich der Offenbarung
selbst verdankt. In der geschichtsphilosophischen Theorie des Christentums
expliziert die WL folglich nicht bloß ihre kritische Selbstbegrenzung, sondern zugleich die Ermöglichung ihrer Leistungsfähigkeit. Das Bedingungsverhältnis von Christentum und WL, Offenbarung und Philosophie, Glaube und Verstand, weist also vielmehr die Struktur einer die Notwendigkeit
der Bedingung selbst aufhebenden Vermittlung auf, in der die Offenbarung,

---

[153] S.o. S.58f. 120.

das Christentum, sich selbst zu Selbständigkeit und Unabhängigkeit philoso-phisch-theo-logischer Erkenntnis überschreitet. In dieser Selbstüberschrei-tung kommt das Christentum gerade zu sich selbst, indem es sein Wesen als Religion der Freiheit verwirklicht.

Um diese differenzierte und komplizierte Struktur des Verhältnisses von Christentum und WL, Offenbarung und Philosophie, zu verdeutlichen und zu profilieren, ziehen wir zur Interpretation zunächst Fichtes Vorlesung zur Sittenlehre aus dem Jahre 1812 heran (vgl. SW XI 1-118). Innerhalb die-ser Vorlesung findet sich nämlich bereits eine prinzipiell-theoretische Erörte-rung über das Verhältnis von Offenbarung und Philosophie (vgl. SW XI 102-118), die einerseits schon wesentliche Elemente der geschichtsphilosophi-schen Theorie des Christentums von 1813 vorwegnimmt, andererseits aber noch mit einigen Mängeln und Unausgeglichenheiten behaftet ist, die die Verhältnisbestimmung von Offenbarung und Philosophie als widersprüch-lich erscheinen lassen. Ein Vergleich mit den Schriften von 1813 erlaubt es dann, genau anzugeben, durch welchen Mangel an nicht konsequent zum Ende gebrachter Reflexion dieser Schein eines Widerspruchs entsteht, und ermöglicht so, die angemessene theoretische Durchdringung der Vermitt-lung von Offenbarung und Philosophie in der Geschichtsphilosophie von 1813 zur Darstellung zu bringen.

Der Status der Erörterung in der Sittenlehre von 1812 ist schwankend: Der Offenbarungsbegriff wird einerseits abstrakt-allgemein verwendet; ande-rerseits finden sich immer auch Konkretionen im Hinblick auf das Christen-tum (vgl. SW XI 106. 112. 113. 117). In der mangelnden Eindeutigkeit, in der Fichte hier das Verhältnis von prinzipiellen Einsichten zu Bedeutung und Begriff von Offenbarung und historisch-identifizierenden Aussagen über das Christentum beläßt, besteht die Schwäche gegenüber der ge-schichtsphilosophischen Theorie von 1813.

Daß man Fichtes Ausführungen freilich auch dort, wo sie in Gestalt ab-strakter allgemeiner Gedanken auftreten, als immer schon auf das Christen-tum gemünzt wird lesen dürfen, geht aus dem Kontext hervor, in dem Fichte seine Erörterung vorträgt: Dies geschieht im Schlußteil der Vorle-sung (vgl. SW XI 102-118), den Fichte ausdrücklich als "Anhang" zur ei-gentlichen Sittenlehre charakterisiert und mit dem er "einem Zeitbedürfnis-se" zu entsprechen hoffe (SW XI 102). Aus dem Ende dieses Anhangs ist er-sichtlich, warum Fichte seine Ausführungen als "besonders zeitgemäß" einschätzt (SW XI 117): Er sieht sich zu ihnen veranlaßt durch das Erstarken einer reaktionären Theologie, die sich in ungebührlicher Weise auf kirchliche Autorität beruft, und zwar - was ganz offenkundig Fichtes besonderes Mißfallen erregt - auch im Bereich des Protestantismus (vgl. SW XI 117).[154]

In dieser theologiegeschichtlichen Situation bringen Fichtes Überlegungen ihre Zeitgemäßheit in doppelter Richtung zum Ausdruck: Zum einen dienen sie der Kompetenzerklärung und -begründung der Philosophie als "Richterin" in Glaubenssachen (SW XI 115; vgl. SW XI 114. 116. 117). Diese Kompetenzerklärung beruht auf dem Verständnis der Vernunft, das Fichte als Gottes ewiges Wort polemisch gegen die Berufung auf die formale Autorität der Bibel expliziert (vgl. SW XI 117). Die "Lehre der Philosophie über das Uebersinnliche" sei entsprechend "der reine lautere Glaube" (SW XI 116); sie enthalte "den Inhalt aller möglichen Offenbarung in ihrer organischen Vollständigkeit und genetischen Klarheit" (SW XI 114). Mit diesem Zug will Fichte sozusagen das Recht der Aufklärung und das "Zeitalter der Kritik"[155] gegen kirchlich-theologische Restaurationsversuche programmatisch verteidigen.

Zum anderen aber zielen Fichtes Erörterungen gerade darauf ab, dem theologischen Gegner den Begriff der Offenbarung nicht zu überlassen, sondern ein eigenes, vernünftiges Verständnis von Offenbarung konstruktiv entgegenzusetzen. Zur Einführung des Offenbarungsbegriffs knüpft Fichte an die Einsicht der "Sittenlehre" an, daß das Ziel sittlichen Handelns die Verwirklichung einer sittlichen Weltordnung sei (vgl. SW XI 73), der unmittelbar nächstliegende Zweck, um dieses Ziel zu erreichen, aber die Sittlichkeit aller Menschen, also die Bildung zu sittlichem Bewußtsein sei (vgl. SW XI 78). Diese Bewußtseinsbildung setze nun als interpersonale sittliche Interaktion ein "gemeinschaftliches Grundbewußtsein" aller Beteiligten voraus (SW XI 103, Sperrung beseitigt), das sich in der überkommen Sitte ausdrücke und hinsichtlich seiner Überzeugungen im Symbol der moralischen Gemeinschaft, der Kirche, repräsentiert sei (vgl. SW XI 104). Das Symbol ist für Fichte die Formulierung der gemeinsamen sittlich-religiösen Grund-

---

[154] Darüber, woran und an welche Theologen Fichte hierbei gedacht hat, läßt sich bei der gegenwärtigen Quellenlage nichts mit Sicherheit sagen.

[155] Kant, KrV A XI, Werke III S.13.

überzeugung. Stellt man nun die Frage nach dem Zustandekommen dieses Symbols, so könne man offensichtlich nur feststellen, *daß* das sittlich-religiöse Selbstverständnis, das sich im Symbol zum Ausdruck bringt, "eben irgend wo in der Welt" durchbreche zum Bewußtsein (SW XI 105). Für dieses Geschehen nun verwendet Fichte den Begriff Offenbarung:

> "Dies geschieht, so gewiß es ein ursprüngliches Durchbrechen ist, dessen, was in der Welt noch nirgends vorhanden ist, auf eine unbegreifliche, an kein vorheriges Glied anknüpfende Weise; *genialisch*, als *Offenbarung*." (SW XI 105)

Eine historische Identifizierung eines diesem Verständnis von Offenbarung entsprechenden Phänomens nimmt Fichte nicht explizit vor; er redet nur idealtypisch von dem "erste[n] Mittheiler" des sittlichen Grundbewußtseins (SW XI 106). Allerdings läßt Fichte auch keinen Zweifel daran, daß der Begriff der Offenbarung auf die Erscheinung Jesu von Nazareth anwendbar ist: Der "Stifter unserer christlichen Religion" sei "aus allem Zusammenhange des natürlichen Fortganges der Bildung mit seiner Vorwelt und Nachwelt herausgerissen" (SW XI 113); sein sittlich-religiöses Selbstbewußtsein trägt folglich das charakteristische Merkmal, das für Fichtes Verständnis von Offenbarung wesentlich ist: die entwicklungsgeschichtliche Unableitbarkeit. Es ist derselbe Gedanke, der sich dann wieder in den Texten von 1813 findet. Zu einer Würdigung der exklusiv-besonderen Bedeutung Jesu aber kommt es in der Sittenlehre von 1812 noch nicht. Jesu Bewußtsein und Selbstverständnis werden vielmehr lediglich als *ein* Fall von Offenbarung unter anderen in Anschlag gebracht (vgl. SW XI 106. 113).

Von seinem Begriff von Offenbarung aus bestimmt Fichte nun das Verhältnis von Offenbarung und Philosophie grundsätzlich im Sinne einer materialen Übereinstimmung und formalen Unterscheidung: Beide haben "denselben Inhalt" (SW XI 114); sie sind aber unterschieden hinsichtlich des Erkenntnismodus (vgl. SW XI 113f). Offenbarung beruhe auf unmittelbarer Gewißheit, für die Fichte die Begriffe "Glaube" (SW XI 115) oder "Gefühl"[156] (SW XI 114) verwendet. Philosophie bestehe in der genetischen Einsicht, der "Sehe", wie Fichte sagt (SW XI 114).

Aus der materialen Übereinstimmung mit der Offenbarung und dem der Philosophie eigentümlichen Erkenntnismodus folgt, daß die Philosophie den Inhalt der Offenbarung "auf anderem Wege" finde (SW XI 113). Da nun der Erkenntnismodus es der Philosophie gestattet, auf dem Wege der genetischen Einsicht den Inhalt zum produzierbaren Besitz zu haben, ohne von irgendeiner Faktizität der Gewißheit des Inhalts abhängig zu sein, ist die Philosophie sozusagen autark gegenüber einer möglichen Offenbarung. Diese hat für die philosophische Einsicht offensichtlich keinerlei konstitutive Bedeutung. Die Übereinstimmung beider trägt für die Philosophie selbst deshalb lediglich den Charakter eines *nachträglichen* Wiedererkennens ihres Wissens in der Offenbarung (vgl. SW XI 113). Dieses Wiedererkennen drückt sich dann in der Anerkenntnis der geschichtlichen Priorität der Offenbarung und folglich in der Einsicht aus, daß auch die Philosophie "auf dem *factischen* Boden der Offenbarung" ruhe (SW XI 116, kursive Hervorhebung vom Vf.). Liest man diese Gedankengänge Fichtes über das Verhältnis von Offenbarung und Philosophie in der Applikation auf das Christentum, bleiben sie hinter den Einsichten Fichtes zum Verhältnis von WL und Christentum aus den Texten von 1813 zurück. Denn dort formuliert Fichte gerade die prinzipielle Fundierungsbedeutung des Christentums für die WL, die darin besteht, die sittlich-religiöse Grundevidenz geschichtlich verwirklicht zu haben, die allererst das Anschauungsobjekt bereitstellt, das in der WL seinen genetischen Begriff erhält.

Daneben finden sich nun aber auch in der Sittenlehre von 1812 Überlegungen, die den Gedanken der *Notwendigkeit* der Offenbarung als Voraussetzung philosophischer Einsicht andeuten. Grundsätzlich liegt bereits der Einführung des Offenbarungsbegriffs überhaupt die Einsicht zugrunde, daß der Offenbarung eine notwendige Bedeutung für die geschichtliche Genese sittlich-religiösen Bewußtseins zukomme. Denn diese Einführung vollzieht sich

---

[156] Man wird wohl nicht fehlgehen, in der Verwendung des Gefühlsbegriffs eine Bezugnahme auf Fichtes Berliner Kollegen aus der Theologischen Fakultät, Schleiermacher, zu sehen. Diese Bezugnahme ist allerdings zweideutig: Sie gibt Schleiermacher einerseits recht darin, daß das Gefühl wesentlich für das religiöse Bewußtsein ist, und verbindet damit zugleich den Überbietungsansspruch, die Grundform des religiösen Bewußtseins mit der Überführung in die genetische Einsicht der Philosophie hinter sich lassen zu können.

ja in der Gestalt eines Nachweises, daß das Zustandekommen eines geschichtlichen Ausgangspunktes für das - gemeinschaftliches sittliches Handeln ermöglichende - gemeinsame sittliche Grundbewußtsein nur als unab-
leitbarer Durchbruch zum sittlichen Selbstverständnis, also als Offenbarung
gedacht werden könne. Die Frage ist nur, ob dieser Nachweis so weit geht,
die Notwendigkeit von Offenbarung auch für die philosophische Einsicht
zu begründen. Nach Fichtes grundsätzlicher Bestimmung des Verhältnisses
von Offenbarung und Philosophie scheint das nicht der Fall zu sein. Für
die philosophische Einsicht ist Offenbarung eigentlich überflüssig, denn sie
gewinnt ja nach Fichte den Inhalt, den sie als denselben der Offenbarung
nachträglich wiedererkennt, auf anderem und eben eigenständigem Wege,
ohne dabei von der Offenbarung abhängig zu sein.

Gleichwohl weitet Fichte die Einsicht in die geschichtliche Vermittlungs-
funktion von Offenbarung auch auf die Philosophie selbst aus: Die Philosophie setze nämlich den sittlichen Glauben voraus (vgl. SW XI 115). Dabei
wird diese Voraussetzung von Fichte ausdrücklich als notwendig behauptet:
Die Philosophie *müsse* schon das Objekt haben, das sie in der ihr eigentümlichen genetischen Klarheit begreifen wolle (vgl. SW XI 115). Mit dem sittlichen Glauben aber muß die philosophische Einsicht zugleich Offenbarung
voraussetzen:

> "Aber der sittliche Glaube kommt in das faktische Dasein nur durch Offen-
> barung, Inspiration. Alle Philosophie darum, obwohl sie in Absicht der
> Form weghebt durchaus über alle Kirche, geht dennoch ihrem faktischen
> Sein nach aus von der Kirche und ihrem Princip, der Offenbarung." (SW XI
> 115)

Da die Philosophie den sittlichen Glauben als Objekt ihres Verstehens
notwendig voraussetzen, der sittliche Glaube aber seinem geschichtlichen
Ursprung nach im Modus von Offenbarung erscheinen müsse, ist es verständlich und nur konsequent, daß Fichte - trotz der beanspruchten prinzipiellen Selbständigkeit und Unabhängigkeit der Philosophie - deren Kompetenz zugleich auf das *Verstehen* von Offenbarung einschränken kann (vgl.
SW XI 113). Bezeichnenderweise steht diese Einschränkung nicht mehr im
Kontext abstrakt-allgemeiner Erörterung zum Offenbarungsbegriff; sie findet vielmehr schon in ausdrücklicher Applikation und Konkretion auf das
Christentum bzw. genauer: auf die Lehre Jesu als Urgestalt des Christentums statt (vgl. SW XI 113). In diesem Zusammenhang stellt sich dann
schon die höchst bedeutsame Formulierung ein, die auch in der geschichts-

philosophischen Theorie von 1813 für das Verhältnis von Christentum und WL signifikant ist (vgl. SW IV 569): Das eigenständige philosophische Verstehen trifft in der Lehre Jesu auf eine Wahrheit, die das Verstehen "selbst nicht *erfinden*" konnte (SW XI 113, kursive Hervorhebung vom Vf.).

Fichte kommt in der Sittenlehre von 1812 also nahe heran an die geschichtsphilosophische Einsicht von 1813, daß die Philosophie selbst der geschichtlichen Bedingung unterliegt, ermöglicht zu sein durch ein Selbstverständnis, das, um sie allererst zu ermöglichen, in der Gestalt faktischer Gewißheit, also im Modus der Offenbarung, auftreten muß. Dabei aber produziert die Art und Weise, in der Fichte 1812 das Verhältnis von Offenbarung und Philosophie bestimmt, einen scheinbaren Widerspruch: Unausgeglichen stehen nebeneinander die beanspruchte Selbständigkeit, Autarkie, der Philosophie gegenüber der Offenbarung und der Gedanke der Notwendigkeit der Offenbarung. Dem entsprechen die widersprüchlichen Aussagen einer lediglich faktisch-zufälligen und einer notwendigen Bedeutung von Offenbarung.

Hinter dieser Widersprüchlichkeit läßt sich freilich Fichtes eigentliche Intention seiner Theorie von Offenbarung und Philosophie noch erkennen. Die Einsicht, daß die Philosophie den sittlichen Glauben notwendig voraussetze, soll erstens überhaupt philosophische Einsicht in ihrer Selbständigkeit nicht negieren; und sie soll zweitens so verstanden werden, daß die notwendige Voraussetzung, der Glaube, dabei nicht als *perennierende* notwendige Bedingung philosophischer Einsicht erscheint: Der sittliche Glaube sei zwar die notwendige Voraussetzung der WL, er entwickele sich aber aus sich selbst zum genetisch-philosophischen Begreifen, zum Verstehen seiner selbst (vgl. SW XI 115), d.h. zu seiner Selbstaufhebung *als* Glaube.

Genau an diesem Punkt aber liegt die Wurzel der scheinbaren Widersprüchlichkeit in der Verhältnisbestimmung von Offenbarung und Philosophie in der Sittenlehre von 1812: Die Einsicht in die Selbstaufhebung des sittlichen Glaubens verschwindet wieder, wo Fichte die geschichtliche Genese sittlichen Glaubens mit dem Rekurs auf geschichtliche Offenbarung klärt. Daß sich die philosophische Kompetenz der Offenbarung selbst verdankt - nämlich ihrer Tendenz zu ihrer Selbstaufhebung - kommt nicht zur Sprache (vgl. SW XI 113f). Möglicherweise erklärt sich dies so, daß Fichte in dem polemischen Kontext seiner Überlegungen darin ein zu weites Zugeständnis an seine theologischen Gegner befürchtet, das den Anspruch auf die Selbständigkeit philosophischer Erkenntnis gefährden könnte. Jedenfalls

wird in der Konsequenz die Selbständigkeit der Philosophie *unmittelbar* in
Anspruch genommen. Daß diese Selbständigkeit vielmehr einem geschichtlichen Prozeß der Vermittlung durch die Offenbarung entspringt, bleibt sozusagen hinter der Unmittelbarkeit verborgen, mit der diese Selbständigkeit
beansprucht wird. Dadurch aber entsteht eben der Schein eines Widerspruchs von Notwendigkeit der Offenbarung für die philosophische Erkenntnis und deren Autarkie gegenüber der Offenbarung. Die gegensätzlichen Aussagen stehen unvermittelt nebeneinander. Es ist nicht erkennbar,
daß die Selbständigkeit der Philosophie das Resultat einer geschichtlichen
Genese ist, in der die Voraussetzung, die Offenbarung, sich selbst aus einer
notwendigen zu einer zufälligen Bedingung entwickelt.

Hier haben erst die geschichtsphilosophischen Überlegungen von 1813
für Klarheit gesorgt, weil Fichte in ihnen die angemessene theoretische
Durchdringung des Vermittlungsverhältnisses von Offenbarung und Philosophie, Christentum und WL, gelingt. Dabei nimmt diese theoretische
Durchdringung nichts von den gegensätzlichen Spitzen der "Sittenlehre"
von 1812 zurück, sondern bringt ihren bloß scheinbaren Widerspruch zur
Auflösung.

Die beschriebenen entgegengesetzten Aussagen von 1812 weisen zunächst
auffallende Parallelen auch noch in den geschichtsphilosophischen Überlegungen von 1813 auf: Auch hier steht der geschichtsphilosophischen Einsicht in die Notwendigkeit eines Christus der Gedanke gegenüber, daß das
Selbst-, Gottes- und Wirklichkeitsverständnis Jesu von Nazareth in der gegenwärtigen Kultur zur *zufälligen* Bedingung wird (vgl. vor allem SW IV
544f).[157] Auch hier tut die geschichtsphilosophische Einsicht in die prinzipiell-notwendige Bedeutung des Christentums für die WL deren Anspruch
keinen Abbruch, die Wahrheit der christlichen Gewißheit unabhängig von
der Autorität der Offenbarung zu begründen (vgl. SW IV 569)[158]. Es dürfte ein Mißverständnis sein, wollte man die spekulative Christologie als Ver-
zichterklärung der WL auf ihre Selbständigkeit gegenüber der Offenbarung
verstehen: Indem die WL sich als der genetische Begriff des Christentums
und damit als dessen Bestätigungsinstanz versteht, beansprucht sie zugleich,
kritische Norm des wahrhaft Metaphysischen am Christentum zu sein (vgl.

---

[157] S.o. S.152f.
[158] S.o. S.163f.

D 73; VII 606f)[159]. Dies aber ist denkbar nur, wenn sie mit ihrer Leistungsfähigkeit nach wie vor den Anspruch der Selbständigkeit auch gegenüber
dem Christentum als der Offenbarung verbindet.

Die Selbständigkeit philosophischer Einsicht wird nun aber nicht mehr
unmittelbar in Anschlag gebracht. Fichte denkt die Leistungsfähigkeit der
WL vielmehr erstens als *Befähigung* und bezieht zweitens diese Befähigung
zur philosophischen Kompetenz konsequent auf ihre Ermöglichung durch
das Christentum, die Offenbarung, selbst. Die Leistung der WL wird nicht
von der Offenbarung und ihr gegenüber isoliert, sondern in ihrer Herkunft
von der Offenbarung, dem Christentum, thematisiert: Die Notwendigkeit
von Offenbarung wird gerade so gedacht, daß sie die vernünftige Einsicht
der WL nicht negiert, sondern ermöglicht. Das Christentum wende sich
eben an die selbsteigene Einsicht eines jeden (vgl. SW IV 523-525); im Christentum seien Glaube und Verstand ein und dasselbe (vgl. D 75); die Verheißung des heiligen Geistes interpretiert Fichte explizit als proleptische Bezugnahme des Christentums selbst auf den Vorgang der Umprägung zur
philosophischen Einsicht (vgl. SW IV 569)[160]. In der geschichtsphilosophischen Theorie des Christentums thematisiert also die WL ihre strukturelle
Abhängigkeit von der Faktizität sittlich-religiöser Gewißheit zugleich so,
daß die Überführung der Faktizität in die genetische Form des Begreifens
als in der Offenbarung selbst - nämlich in ihrem Freiheitsmoment - prinzipiell angelegt verstanden wird.[161] Als Offenbarung kann historisch nur das
Phänomen identifiziert werden, das die faktische Gewißheit der Einheit von
Selbstbestimmung und Beziehung zum Absoluten, Gottesverhältnis, darstellt: die Religion der Freiheit.

Indem die unableitbare Faktizität sittlich-religiöser Gewißheit, Offenbarung, gerade als Ermöglichung begriffen wird, diese Faktizität in Richtung
auf ihre genetisch-durchdrungene Umformungsgestalt zu verlassen, denkt
Fichte die Offenbarung im Modell einer sich selbst aufhebenden Bedingung
und das Verhältnis von Philosophie und Offenbarung im Modell einer

---

[159] S.o. S.165.

[160] S.o. S.139-143. 164f.

[161] Wohlgemerkt: Die Überführung in die genetische Form ist im Christentum als der Offenbarung nur *prinzipiell* angelegt. Den historischen Ursprung der Form genetisch-phi-
losophischer Einsicht sieht Fichte ja nicht im Christentum, sondern in der sokratischen Reflexion.

durch jeweilige Selbstaufhebung vermittelten Einheit. Der sittlich-religiöse Glaube bzw. die Offenbarung oder das Christentum setzen aus sich selbst ihre Befreiung aus der Unableitbarkeit zur Form philosophisch-ableitbarer Erkenntnis heraus. Um es in einem Bild zu verdeutlichen: Das Christentum ist als notwendige Bedingung das Sprungbrett, ohne das es unmöglich wäre, die Ebene philosophischer Kompetenz zu erreichen; auf dieser Ebene angelangt, braucht man das Sprungbrett nicht weiterhin zu benutzen.[162] Das der philosophischen Einsicht einwohnende Drängen nach vollkommener Klarheit aber wird dahingehen, sich selbst auch darüber zu verständigen, wie es zu ihrer eigenen Leistungsfähigkeit gekommen ist. In der Antwort auf diese Frage nach ihrer Genese wird die philosophische Einsicht auf Christentum als dem Sprungbrett verweisen, das die notwendige Bedingung ihrer selbst ist.

Die WL wird aufgrund des Christentums in den Stand gesetzt, gegenwärtig ihre Theorie des Absoluten, Theo-Logie, so vorzutragen, daß sie auf dem Wege genetischer Deduktion dabei genau das ergibt, was der Offenbarung, dem Christentum, entspricht: der sittlich-religiöse Selbstvollzug als die Gestalt, in der das Absolute im Leben und unter dessen Bedingungen erscheint. Und die WL vermag dies, ohne dabei explizit auf das Christentum als Offenbarung zurückgreifen zu müssen. Insofern trägt der Vergleich mit dem Christentum für die WL *gegenwärtig* den Charakter einer nachträglichen Feststellung ihrer Übereinstimmung. Indem die WL aber auf ihre eigene Bedingung reflektiert, entdeckt sie ihr Angewiesensein auf die geschichtlich vorgegebene Verwirklichung einer solchen Gewißheit, in der dasjenige im Bewußtsein erscheint, was die WL allererst in den Stand setzt, genetisch-begriffliche Theorie des Absoluten zu sein: das Selbstbewußtsein der Vernunft in der Gestalt, in der es im Leben einzig erscheinen kann, als Verwirklichung sittlich-religiöser Gottesbeziehung.

---

[162] Insofern Fichte das Christentum als sich selbst aufhebende Bedingung denkt, wird man Hartmut Rosenau zustimmen können, wenn er für die Christologie der "Staatslehre" von 1813 von einer "episodischen Christologie" spricht (vgl. H. Rosenau, Die Differenz im christologischen Denken Schellings, Frankfurt a.M. / Bern / New York 1985, S.44). Man muß freilich dabei immer bedenken, daß das Modell der Selbstaufhebung die Einsicht in die Notwendigkeit der Bedingung voraussetzt. Die episodische Christologie kann nicht von der geschichtsphilosophischen Explikation der Notwendigkeit des Christus isoliert werden.

Die geschichtsphilosophische Theorie des Christentums geht also entsprechend nicht darin auf, Ausdruck kritischer Selbstbegrenzung der philosophischen Leistungsfähigkeit zu sein. Sie ist vielmehr ebenso Theorie der Ermöglichung und Ermächtigung philosophischer Kompetenz gegenüber der Offenbarung. Das Verhältnis von Christentum (Offenbarung) und WL (Philosophie) weist bei Fichte die differenzierte und komplizierte Struktur wechselseitiger Vermittlung auf: Die WL bringt aus sich selbst die Einsicht in die Aufhebung ihrer Kompetenz im Hinblick auf ihren eigenen Anfang und Ursprung hervor; das Christentum setzt aus sich selbst seine eigene Aufhebung in die philosophische Einsicht heraus. Indem die geschichtsphilosophische Theorie des Christentums *sowohl* Beschränkung *und* Ermächtigung philosophischer Leistungsfähigkeit *als auch* die Unüberbietbarkeit der Wahrheit von Offenbarung *und* deren selbstüberschreitende Tendenz zum Thema hat, wird sie zur Theorie der Vermittlung von Offenbarung (Christentum) und Philosophie (WL) zur philosophisch-theo-logischen Kompetenz oder zur wissenschaftlich-kultivierten Gestalt eines gebildeten Christentums. Die Geschichtsphilosophie ist Theorie des neuzeitlichen Christentums und der christlichen Neuzeit. In der geschichtlichen Ausbildung seiner neuzeitlichen Gestalt und der ihr inhärenten philosophisch-theo-logischen Kompetenz kommt das Christentum erst zu seiner Selbstvollendung als Religion der Freiheit. In der Selbstreflexion ihrer eigenen Vermitteltheit zu ihrer selbständigen Leistungsfähigkeit bringt sich die WL auf den Begriff: genetische Klarheit des erscheinenden absoluten Lebens zu sein.

c) Die Geschichtsphilosophie als Vergewisserung und
Verwirklichung der Transzendentalphilosophie

Die geschichtsphilosophische Theorie des Christentums ist konstitutiv für die WL, weil sich die WL in ihr auf den Begriff bringt, indem sie sich selbst als genetisches Begreifen faktischer Gewißheit versteht, und weil sie sich hinsichtlich der Ermöglichung ihres Vermögens, ihrer Freiheit und Selbständigkeit, begreift. Mit dieser Einsicht kommt man dem letzten Sinn und der prinzipiellen Bedeutung der Geschichtsphilosophie für die WL überhaupt schon ganz nahe: Es geht in der Geschichtsphilosophie um die Verwirklichung des Begriffs der WL und zugleich um die Probe aufs Exempel für die Angemessenheit dieses Begriffs ihrer selbst. Dieses Anliegen erschließt sich, wenn man Fichtes Interesse an historischer Identifizierbarkeit bedenkt: In diesem Interesse bekundet sich das Drängen philosophisch-theologischer Reflexion nach Vergewisserung der Realität des von und in ihr Gedachten. In dieser Vergewisserung vergewissert sich die Reflexion zugleich ihres Begriffs: bloße Reflexion zu sein.

Dieses Anliegen der Geschichtsphilosophie Fichtes soll abschließend aufgezeigt werden. Dazu müssen verschiedene Fäden der geschichtsphilosophischen Überlegungen Fichtes aus dem Jahre 1813 aufgenommen und auf ihre gemeinsame Grundthematik hin beleuchtet werden.

1. Spekulativer Christusbegriff und historische Identifikation. Zunächst muß daran erinnert werden, was wir oben (S.165f) bereits festgehalten haben: Im Gedanken der Notwendigkeit eines Christus überträgt Fichte offenkundig seine Theorie der Reflexibilität der absoluten Erscheinung auf die Geschichte. Dies eben geschieht in seiner spekulativen, nämlich: geschichtsphilosophischen Christologie. Mit der historischen Identifikation des Christus mit dem geschichtlichen Jesus soll der Nachweis erbracht werden, daß das, was als transzendentale Bedingung im spekulativen Christusbegriff gedacht wird, tatsächlich Realität geworden ist. Damit aber wird zugleich festgestellt, daß dem, was als Reflexibilität der absoluten Erscheinung gedacht wird, selbst Realität zukommt.

2. Die Weltepochen als historische und geschichtsphilosophische Kategorien. Die christologische Konzeption der Geschichtsphilosophie hat zur Folge, daß die beiden Weltepochen, Alte und Neue Welt, ihrerseits zu geschichtsphilosophischen Kategorien werden. Geschichtsphilosophisch heißt: Die historisch rekonstruierbaren Phänomene, die Religion und Kultur der Antike und das Christentum, werden auf ihren teleologischen Sinn hin interpretiert: Die Alte Welt erhält mit ihrem Autoritätsglauben an den Willkürgott für Fichte die philosophisch einsehbare Bedeutung, die Bedingung der Sichtbarkeit eines sittlichen religiösen Freiheitsverhältnisses zu sein (vgl. SW IV 521). Ein solches angemessenes Selbst- und Gottesverständnis wäre ohne das Gegenbild des religiösen Verhältnisses der Alten Welt *als solches* nicht möglich. Wie in der spekulativen Christologie liegt hier wiederum eine Übertragung der Theorie der Reflexibilität auf die Geschichte vor: Die Epochen lassen sich als die notwendig zu denkenden Bedingungen des angemessenen sittlich-religiösen Gottesverhältnisses, in dem das Absolute als solches im Le-

ben erscheint, identifizieren. Ihre konkrete historische Identifizierbarkeit sichert und belegt die Realität des in der Theorie der Reflexibilität Gedachten: Das sicherschlossene Vernunftleben realisiert tatsächlich im Leben die
Bedingungen seines eigenen freien Nachvollzugs.

3. *Der Gedanke einer göttlichen Weltregierung.* Für Fichte besteht das empirisch Gegebene einerseits in der Sinnenwelt und andererseits in der Mannigfaltigkeit von Individuen; beides macht die transzendentale Möglichkeitsbedingung dafür aus, daß das Bild Gottes als solches im wirklichen Leben
realisiert werden kann; alles andere sei nicht gegeben, sondern solle erst
durch Freiheit verwirklicht werden (vgl. SW IV 459). Die Geschichte liegt
nach Fichte nun "in der Mitte zwischen dem absolut Gegebenen und dem
Producte absoluter Freiheit" (SW IV 460), zwischen Naturwelt und Frei-
heitswelt (vgl. SW IV 461f). Die Geschichte mache eigentlich "die Sphäre
der Freiheitsproducte" aus (SW IV 462). Sie sei nicht mehr Natur, aber
noch nicht eine durch die freie Einsicht nach dem Sittengesetz bestimmte
Welt (vgl. SW IV 462f), sondern die Erweiterung der natürlichen Welt
durch die *unsittliche* Freiheit (vgl. SW IV 464). Wiederum läßt sich auch
dieser Welt unsittlicher Freiheit philosophisch eine notwendige Bedeutung
abgewinnen: Sie sei die Sichtbarkeit der *sittlichen* Freiheit (vgl. SW IV 463).
So gibt es nach Fichte eine teleologische Sinnhaftigkeit selbst noch des Ge-
setzlosen und Widersittlichen an der Geschichte.[163]

Die Gefährdung der Verwirklichung sittlich-religiösen Lebensvollzugs
durch die Unsittlichkeit führt Fichte zu der Frage eines Weltplans und einer göttlichen Weltregierung zur sittlichen Erziehung des Menschengeschlechts (vgl. SW IV 465-473; SW VII 587-595). Da für Fichtes Gottesbegriff ein zeitliches Eingreifen und besonderes Handeln Gottes und ein entsprechend mit einem diskursiven Verstand ausgestatteter Gott undenkbar
sind (vgl. SW IV 472. 468), bejaht er den Gedanken einer göttlichen Weltregierung nur in dem Sinne, daß es eine von der Freiheit unabhängige ursprüngliche sittliche Natur geben müsse, die den Prozeß der Verwirklichung der ihrer selbst bewußten und also freien Sittlichkeit ermöglicht und
in Gang setzt und die Sittlichwerdung gegenüber der Gefährdung durch die
Unsittlichkeit garantiert (vgl. SW IV 468-470). Es müsse "eine *sittliche*

---

[163] Vgl. Hirsch, Theologie [Anm. 14], Bd. IV, S.398-400; Lauth, Begriff der Geschichte
[Anm. 149], S.367f.

Grundlage der Welt" geben, "wie es giebt eine *natürliche*" (SW IV 472). Aus dem Gedanken der sittlichen Natur entwickelt Fichte dann seine Theorie des ursprünglich sittlichen Urvolks.

Deutlich liegt im Begriff der Notwendigkeit einer sittlichen Natur abermals eine Parallele zu Fichtes Erörterungen über die Notwendigkeit eines Christus und zur geschichtsphilosophischen Theorie der Weltepochen vor: Die sittliche Natur wird auf eine göttliche Weltregierung in dem Sinne zurückgeführt, als die Lehre von der Reflexibilität der absoluten Erscheinung so auf die menschheitsgeschichtliche Entwicklung bezogen wird, daß das absolute Vernunftleben, die sich erscheinende Vernunft oder das schematisierende Leben als wirkliche Realisierungsinstanz verstanden wird, die tatsächlich alle Bedingungen verwirklicht, damit es geschichtlich zum sittlich-religiösen Freiheitsvollzug kommen kann.

> "Gottes Erscheinen ist kein Probiren und Versuchen. Es *ist* schlechthin, und durch sein Seyn ist die ewige Entwickelung gesetzt, *mithin alle Bedingungen desselben*." (SW IV 471; kursive Hervorhebung vom Vf.)

Fichte dürfte entsprechend seine Urvolkthese als empirisch-historische Hypothese über die wirkliche vor- und urgeschichtliche Menschheit verstanden haben. Den Gedanken der göttlichen Weltregierung hat Fichte nicht expressis verbis auch auf die geschichtliche Verwirklichung eines dem Christusbegriff entsprechenden Menschen angewendet. Gleichwohl ist der Hinweis auf diesen Gedanken deutlich genug: Jesu "ganzes Daseyn ist das grösste Wunder im ganzen Verlaufe der Schöpfung" (SW IV 548).

4. Der Sinn der Geschichtsphilosophie: Die Realität des absoluten Vernunftlebens. Wir sind jetzt in der Lage, die Bedeutung und den Sinn der Geschichtsphilosophie für die WL zu überblicken und zusammenzufassen. Der spekulative Gedanke der Notwendigkeit eines Christus und die historische Identifizierbarkeit mit dem Menschen Jesus, die geschichtsphilosophische Rekonstruktion des teleologischen Sinns der Geschichtsepochen und ihre historische Identifizierbarkeit, schließlich der Gedanke der Notwendigkeit einer sittlichen Natur und ihre historische Identifizierbarkeit in der menschlichen Vor- und Urgeschichte - dies alles hat einen gemeinsamen Grundgedanken und verbindet ein gemeinschaftliches Anliegen: Es geht um den Nachweis, daß das der Reflexion der WL als zugrundeliegend gedachte sich selbst erschlossene absolute Wissen, das bildende Prinzip, das Vernunftleben, selbst Realität *unabhängig* von seinem reflektierten Nachvollzug in der WL besitzt. Es geht darum, das Vernunftleben als eine wirkende, produzierende Realisierungsinstanz auszuweisen, die die Bedingungen ihres freien Nachvollzugs selbst tatsächlich verwirklicht. An diesen Verwirklichungen läßt sich die Wirklichkeit des Vernunftlebens ablesen.[164] Die Geschichtsphilosophie verfährt daher bei Fichte zugleich spekulativ und historisch: Die historische Rekonstruktion führt den Nachweis der *Realisation* der Bedingungen des Vernunftlebens, die spekulativ-teleologische Rekonstruktion erweist die historisch identifizierte Realität als die Realisation *des Vernunftlebens*. In der Geschichtsphilosophie vergewissert sich die WL so ihres eigenen Begriffs, bloße Nachkonstruktion des absoluten Verstandes zu sein, und verwirklicht sich selbst. Die immanenten Probleme der Geschichtsphilosophie werden erst in der Theorie des Christentums mit ihrem Zentrum in der Christologie gelöst. Sie stellt daher die Verwirklichung und Vergewisserung der transzendentalphilosophischen WL Fichtes dar.

Das Anliegen der Geschichtsphilosophie Fichtes, das Vernunftleben bereits als solches - d.h. unabhängig von dessen Verwirklichung in der Reflexionsgestalt sich selbst klaren Bewußtseins vernünftiger Individuen - als Realisierungsinstanz zu denken, findet seinen plastischen Ausdruck im Gedanken eines providentiellen göttlichen Weltplanes. In diesem Zusammenhang thematisiert Fichte explizit die Realität des Vernunftlebens (vgl. SW VII 589): Ausgehend von seinem Geschichtsbegriff als Erweiterung der natürlichen Welt durch die unsittliche, d.h. willkürliche und insofern eben auch *unverständliche* Freiheit, erwägt Fichte die Möglichkeit einer zweckhaften, intendierten Rationalität der augenscheinlich unbegreiflichen geschichtlichen Faktizität und formuliert - in freilich vorsichtiger Weise - den Gedanken eines *absoluten Verstandes*:

> "Aber ist in diesem Elemente des Unbegreiflichen, Unverstandenen, nicht zugleich ein Weltplan, drum allerdings eine Vorsehung und ein Verstand? Welches ist denn das Gesetz der Weltfacten [...]? Diese Frage liegt sehr tief: bisher habe ich durch Ignoriren und Absprechen mir geholfen! Ich dürfte da allerdings einen tiefen, eigentlich *absoluten* Verstand bekommen [...]. Was ich daher als absolut factisch gesetzt habe, möchte doch durch einen *Verstand* gesetzt seyn." (SW VII 586; vgl. SW VII 594)

---

[164] Schon Emil Lask hat erkannt, daß beim späten Fichte der letzten Lebensjahre die "*unmittelbare Wirklichkeit als Verwirklichung von Werten*" verstanden werde (E. Lask, Fichtes Idealismus und die Geschichte, [1902], anastatischer Neudruck, Tübingen 1914, S.211). Vgl. auch Gogarten, Fichte [Anm. 13], S.82f.

Was die Entwicklung Fichtes anbelangt, so hat man zurecht darauf hingewiesen, daß dieser Gedanke eines die Faktizität realiter bestimmenden Verstandes ein Novum gegenüber Fichtes früherer Position darstellt, den absoluten Verstand als bloßes Ideal zu denken.[165] Man darf dabei freilich nicht
übersehen, daß auch dieser Gedanke der Realität des absoluten Verstandes
noetisch durch die Idealität des sittlichen Bewußtseins vermittelt bleibt:
Plausibilität hat dieser Gedanke nur unter der Bedingung einer unterstellten
Sinnhaftigkeit der geschichtlich-zufälligen Faktizität. Diese Unterstellung
aber ist nicht der Faktizität als solcher abzugewinnen; sie verdankt sich vielmehr der Evidenz der sittlichen Gewißheit (vgl. SW VII 587).

Der Gedanke der Realität des Vernunftlebens impliziert die Unterscheidung zweier Realisierungsformen der Vernunft: die des überindividuellen
realisierungsmächtigen Vernunftlebens und seiner individuellen selbstbezüg-
lichen Realisierungsgestalt. Diese Unterscheidung gibt Fichte zugleich ein
griffiges Modell an die Hand, den Richtungssinn der geschichtlichen Entwicklung zu interpretieren und präzise zu formulieren: Der Geschichtsprozeß ist der Übergang von der einen zur anderen Form der Vernunftrealisation und damit Potenzierung und Extensivierung des Vernunftbewußtseins:

"Man kann den Prozeß bei der geistigen Mittheilung so ausdrücken: die neue
Erkenntnisse entwickelnde Kraft ist aus der Hand der allgemeinen geistigen
Kraft gänzlich hingegeben an die individuelle geistige Kraft. Man kann nun
überhaupt die Formel aufstellen: jene geistige Kraft geht aus der Nicht-Frei-
heit über zur Freiheit, *bricht durch* zur Freiheit, d.i. zur Besinnung, zur
Einsicht über sich selbst. Der Fortgang der Geschichte ist eben dieser Durchbruch jener geistigen bildenden Kraft, übrigens ganz denselben Weg neh-
mend." (SW XI 302f)[166]

Mit diesem geschichtsphilosophischen Interpretationsmodell Fichtes bestä-
tigt sich dann auch unsere Interpretation, daß Fichte Offenbarung bzw. das
Christentum als sich selbst aufhebende notwendige Bedingung vernünftiger
Einsicht denkt: Die allgemeine Vernunftkraft realisiert sich selbst, indem sie

---

[165] Vgl. Verweyen, Offenbarung und autonome Vernunft [Anm. 137], S.452 im Kontext
von S.451f; Widmann, Fichte [Anm. 37], S.216f. 247f.

[166] Das Zitat stammt aus dem ebenfalls im Jahr 1813 entstandenen "Tagebuch über den
animalischen Magnetismus" (vgl. SW XI 295-344; s. auch o. S.162). Vgl. dazu G. Schulte, "Übersinnliche" Erfahrung als transzendentalphilosophisches Problem. Zu Fichtes
"Tagebuch über den animalischen Magnetismus" von 1813, in: Der transzendentale Gedanke. Die gegenwärtige Darstellung der Philosophie Fichtes, hg. v. K. Hammacher,
Schriften zur Transzendentalphilosophie Bd. 1, Hammburg 1981, S.278-287.

mit ihrer Verwirklichung unabhängig von der individuellen Freiheit zugleich die Bedingung ihrer Aufhebung in die Form freier Einsicht schafft. In der Geschichtsphilosophie durchdringt sich die WL als Transzendentalphilosophie theoretisch im Hinblick auf ihre geschichtliche Ermöglichungsbedingung, indem sie diese Bedingung zugleich noch einmal durchdringt im Gedanken der Realität des Vernunftlebens.

5. *Der Gedanke der Realität des Vernunftlebens als Replik idealistischer Kritik an der Transzendentalphilosophie.* Möglicherweise reagiert Fichte mit seinem geschichtsphilosophischen Unternehmen, das Vernunftleben als Realität zu denken und dies durch historische Identifikation auszuweisen, auf eine Kritik, die insbesondere Hegel, in vergleichbarer Form auch Schleiermacher an der Transzendentalphilosophie Kants und Fichtes geübt haben.[167] Das Gemeinsame und Grundsätzliche dieser Kritik besteht in dem Vorwurf, die Vernunft werde bei Kant und Fichte lediglich und einseitig unter dem Begriff eines perennierenden Sollens gedacht.[168] Damit wird in der Perspektive dieser Kritik das, was der Kantisch-Fichteschen Transzendentalphilosophie als kritischer Vernunftwissenschaft zugrundeliegt, die beanspruchte Realität der Vernunft, gedanklich unterschritten. Stellvertretend sei hier nur die vermutlich schärfste Formulierung dieser Kritik aus Hegels "Phänomenologie des Geistes" zitiert:

> "Was allgemein gültig ist, ist auch allgemein geltend; was sein *soll, ist* in der Tat auch, und was nur sein *soll,* ohne zu *sein,* hat keine Wahrheit. Hieran bleibt der Instinkt der Vernunft mit Recht seinerseits hängen und läßt sich nicht durch die Gedankendinge, die nur sein *sollen* und als *Sollen* Wahrheit haben sollen, ob sie schon in keiner Erfahrung angetroffen werden, - durch die Hypothese sowenig als durch alle anderen Unsichtbarkeiten eines peren-

---

[167] Vgl. zu Hegel den vorzüglichen Aufsatz von Odo Marquard: Hegel und das Sollen, in: ders., Schwierigkeiten mit der Geschichtsphilosophie. Aufsätze, Frankfurt a.M. 1982, S.37-51 (Anmerkungsteil auf S.153-167). Dort sind in Anm. 3 (a.a.O., S.153) sorgfältig alle entsprechenden Textbelege für Hegels Kritik verbucht. - Zu Schleiermacher vgl. Michael Moxter, Güterbegriff und Handlungstheorie. Eine Studie zur Ethik Friedrich Schleiermachers, Kampen 1991, S.64-107, bes. S.86f. 88ff.

[168] Im Kontext dieser Kritik an der Kantisch-Fichteschen Transzendentalphilosophie erhielte dann übrigens auch Fichtes Kant-Kritik von 1812, eine Philosophie, deren höchstes Prinzip nur die Sittlichkeit sei, könne noch nicht zu Ende gekommen sein (vgl. SW XI 5), noch eine zusätzliche Nuance: Sie diente der Selbstdistanzierung Fichtes von jener in der Kritik als *einheitliche* Konzeption wahrgenommenen Philosophie des Sollens.

nierenden Sollens irremachen; denn die Vernunft ist eben diese Gewißheit, Realität zu haben [...]."[169]

Dieser Vorwurf mangelnder Realitätsgewißheit der Vernunft muß Fichte deshalb besonders treffen, weil dieser Vorwurf im Namen gerade *idealistischer* Kritik an der Transzendentalphilosophie formuliert ist. Er unterstellt ihr implizit Mangel an idealistischer Konsequenz und richtet sich damit auf die Kernthese Fichtes, daß der Idealismus konsequent nur als *transzendentalphilosophische* Theorie des Absoluten durchführbar ist. Diese Kritik im Namen des Idealismus verkennt dabei allerdings zweierlei: erstens, daß der Dreh- und Angelpunkt des sittlichen Vernunftbewußtseins zugleich zum Ausgangspunkt wird für eine Reflexion, die über die Sittlichkeit hinaus fortschreitet zum Verständnis der Vernunft als Erscheinung Gottes; und zweitens - und darauf kommt es uns im gegenwärtigen Zusammenhang vor allem an -, daß die ethische Orientierung des Vernunftverständnisses bei Fichte seinen guten und nachvollziehbaren Grund hat: Diese Orientierung resultiert aus dem Bemühen, in der Subjektivität des Wissens einen Bewährungsgrund für die Gewißheit der Vernunft, Realität zu haben, auszuweisen. Dieser Bewährungsgrund muß selbst ein Phänomen des Wissens sein, an dem der Anspruch der Wirklichkeit der Vernunft überhaupt aufbricht und verständlich wird. Dies findet Fichte eben im sittlichen Bewußtsein unbedingter Verbindlichkeit für Freiheit. Hier erst gelangt die Vernunft zum Bewußtsein.

Dieser Einsicht entsprechend trägt Fichte der Kritik an seiner Philosophie des Sollens so Rechnung, daß die von dieser Kritik eingeforderte Wirklichkeit der Vernunft nicht einfach in der Form einer Geschichtserzählung, sondern als Geschichtsphilosophie aufgewiesen wird. Ein deskriptives Verfahren, die Geschichte als Handlungen und Verwirklichungen der Vernunft zu beschreiben, ließe den Erkenntnisgrund eines solchen Geschichtsverständnisses nicht mehr erkennbar werden. Vielmehr bringt Fichte die Realität des Vernunftlebens zur Geltung in der bereits rekonstruierten Verschränkung von historisch-deskriptivem und spekulativ-konstruktivem Verfahren seiner Geschichtsphilosophie. Die spekulative Seite macht sichtbar, was das Verständnis der Geschichte als Realisation des Vernunftlebens überhaupt erst konstituiert: die fundamental sittliche Gewißheit, daß das, was sein *soll,*

---

[169] Hegel, Werke [Anm. 80], Bd. III, S.192f.

auch wirklich sein oder werden *muß*. Paradigmatisch kommt dies in Fichtes spekulativem Christusbegriff zum Ausdruck. Die historisch-identifizierende Deskription dient dem Interesse, dieser Geschichtsauffassung den Charakter der rein postulatorischen Konstruktion zu nehmen. Die geschichtliche Empirie wird so zur Probe aufs Exempel für die Wirklichkeit der Vernunft. Das Maß, in dem Fichte sich in seiner Geschichtsphilosophie von 1813 zu Lasten einer reinen apriorischen Konstruktion auf das Unternehmen historisch-identifizierender Rekonstruktion einläßt, dürfte im übrigen einen der entscheidenden Unterschiede zu Fichtes früheren geschichtsphilosophischen Entwürfen ausmachen.[170]

6. *Die Geschichtsphilosophie als begrifflicher Ausdruck sittlich-religiöser Gewißheit.* Mit dem Nachweis der Realität des Vernunftlebens in der christologisch konzipierten Geschichtsphilosophie wird die WL und wird damit Fichte selbst von dem Realisierungsdruck befreit.[171] Die Wahrheit macht sich selbst - dieser Satz gilt nicht mehr nur für den Erkenntnisvollzug, sondern für die Praxis, die Verwirklichung des gesamtgeschichtlichen und -gesellschaftlichen sittlich-religiösen Lebensvollzugs. Erst in der Geschichtsphilosophie findet damit die sittlich-religiöse Gewißheit ihren angemessenen begrifflichen Ausdruck. Denn erst in der geschichtsphilosophisch explizierten Realität des Vernunftlebens entspricht die begriffliche Theorie dem sittlich-religiösen Selbstverständnis: ein zum Handeln in freier Selbstbestimmung nach der Vernunft verpflichtetes *Werkzeug Gottes* (vgl. SW XI 163) zu sein, das das Vernünftig-Übersinnliche realisiert *inkraft der Realität* absoluter Selbstbestimmung. Dieses Selbstverständnis impliziert die Gewißheit, bloßes Realisierungsinstrument sich selbst realisierender absoluter Selbstbestimmung zu sein, und expliziert sich als Vorsehungsglaube, der seinen Weg sicher geht zwischen fatalistischer Suspension der sittlichen Verantwortung und unmenschlicher, nämlich: übermenschlicher, Inanspruchnahme vernünftiger Individuen. Gegen Ende und am Schluß der "Staatslehre" heißt es bezeichnend:

> "Eigentlich sind, indem ich hierdurch die Schilderung des Christenthums schliesse, mit derselben zugleich meine Vorlesungen geschlossen, und die eigentliche Aufgabe ist gelöst. Denn auf die Frage: wird es denn zu dem von uns beschriebenen Reiche der Freiheit und des eigentlichen Rechts kommen,

[170] S.u. S.199ff; bes. S.206ff.
[171] Vgl. Meckenstock, Fünffachheit [Anm. 13], S.78f.

werden die Bedingungen der Freiheit, die ja offenbar, bloss auf die Freiheit gesehen, auch nicht eintreten könnten, ganz gewiss eintreten? [...] - können wir auf diese Hoffnung ruhig sterben, können wir, falls wir zu diesem Zwecke beizutragen berufen sind, auch mit der Freudigkeit arbeiten, dass unser Werk, falls es nur in Gott gethan ist, und nicht aus uns, nicht verloren gehe? - ist die Antwort: *Ja!* Denn die Erscheinung Gottes als Erdenleben ist nichts anderes, denn jenes Reich Gottes; Gott aber erscheint nicht vergeblich, macht nicht einen mislingenden Versuch des Erscheinens; also kommt es sicher zu diesem Reiche Gottes, und kann nicht nicht zu ihm kommen." (SW IV 581f) - "Ueber die Weltereignisse können wir ruhig seyn, sogar unsere Ruhe verstehen, und über den Grund derselben Rechenschaft ablegen." (SW IV 600)

Diese Rechenschaft hat Fichte abgelegt in seiner geschichtsphilosophischen Theorie des Christentums. In ihr vergewissert sich sowohl die Transzendentalphilosophie ihres eigenen Begriffs als auch das Transzendentalphilosophie treibende endliche, individuelle Vernunftwesen seiner sittlich-religiösen Gewißheit.

V. Zu Profilierung und Würdigung der geschichtsphilosophischen Theorie des Christentums im Kontext der Entwicklungsgeschichte Fichtes

Die geschichtsphilosophische Theorie des Christentums von 1813 hat eine Vorgeschichte in Fichtes philosophischer Gesamtentwicklung. Diese Vorgeschichte mit ihren mannigfaltigen Ansätzen und Vorüberlegungen in groben Zügen nachzuzeichnen, ist durchaus sinnvoll, weil so die Konzeption von 1813 schärfere Konturen erhält.[172] Dabei versteht es sich von selbst, daß viele Einzelheiten unberücksichtigt bleiben müssen und insbesondere der genetische Gesamtzusammenhang, in dem die verschiedenen Ausführungen Fichtes jeweils stehen, nicht angemessen zur Sprache kommen kann. Es kann hier nur darum gehen, wichtige Ansatzpunkte und deren jeweilige ungelösten Probleme aufzuzeigen, die auf eine Weiterentwicklung bis zur geschichtsphilosophischen Theorie des Christentums von 1813 hindrängen. Die Verortung der Konzeption von 1813 innerhalb der Entwicklungsgeschichte gestattet es dann, ihre problemlösende Leistungsfähigkeit noch einmal zu würdigen.

---

[172] Zur Entwicklung von Geschichtsphilosophie, Theorie des Christentums und dem damit zusammenhängenden Offenbarungsbegriff bei Fichte vgl. besonders Verweyen, Offenbarung und autonome Vernunft [Anm. 137]; ferner: Hirsch, Christentum und Geschichte [Anm. 13], bes. S.40-48; Schütte, Lagarde und Fichte [Anm. 13], S.105-109; Meckenstock, Fünffachheit [Anm. 13], S.31-84; Widmann, Fichte [Anm. 37], S.178ff. 229ff; M. Kessler, Kritik aller Offenbarung. Untersuchungen zu einem Forschungsprogramm Johann Gottlieb Fichtes und zur Entstehung und Wirkung seines "Versuchs" von 1792, Tübinger Theologische Studien Bd. 26, Mainz 1986, S.24-71; W. Metz, Die Weltgeschichte beim späten Fichte, Fichte-Studien 1, 1990, S.121-131; weitere Literatur bei: Müller, Subjektivität [Anm. 13], S.456 Anm. 18.

a) Zur Vorgeschichte der geschichtsphilosophischen Theorie
des Christentums

Eine explizite philosophische Theorie der Geschichte ebenso wie des Christentums bildet Fichte erst in den Jahren 1804-1806 aus. Sofern es aber in
der Theorie von Geschichte und Christentum um die Frage nach der Bedeutung geschichtlich-positiver Religionen für die geschichtliche Konstitution eines sittlich-religiösen Selbstverständnisses und um die philosophische
Explikation eines Begriffs geschichtlicher Offenbarung geht, reicht die Vorgeschichte noch weiter zurück. Gewichtige Ansatzpunkte finden sich unter
diesem Aspekt bereits in dem "Versuch einer Kritik aller Offenbarung" von
1792 und in den Schriften der Jenaer Zeit.[173]

*1. Die abstrakt-problematische Explikation eines Begriffs von Offenbarung
von 1792.* Fichtes "Versuch einer Kritik aller Offenbarung" von 1792 stellt
seinen ersten religionsphilosophischen Entwurf auf der Grundlage der neu
gewonnenen Einsichten der Kantischen Philosophie dar.[174] Mit ihrer -
ganz unter Kantischen Prämissen arbeitenden - transzendentalen Deduktion
der Religion bietet die Schrift Fichtes erste Gestalt einer transzendentalen
Konstitutionstheorie der Religion in der vernünftigen Subjektivität auf der
Grundlage des sittlichen Autonomiebewußtseins (vgl. Versuch §§ 1-2, S.7-26
= GA I/1, S.18-36). Zugleich enthält Fichtes "Kritik" mit der Ausarbeitung
der Fragestellung nach einem vernünftigen Begriff von Offenbarung den ersten Beitrag zu einer implizit geschichtsphilosophischen Theorie über die
Bedeutung und den Beitrag geschichtlich-positiver Offenbarungsreligion für
die Gewinnung vernünftig-sittlichen Autonomiebewußtseins. Die Ausarbeitung dieser Fragestellung ist in der Erörterung des Offenbarungsbegriffs sogar der eigentliche Gegenstand der Schrift von 1792.

---

[173] Völlig unberücksichtigt bleiben hier Fichtes vorkritische Überlegungen aus der Zeit
vor seiner intensiven Beschäftigung mit der Transzendentalphilosophie Immanuel
Kants (s.u. Anm. 174); dazu vgl. R. Preul, Reflexion und Gefühl. Die Theologie Fichtes in seiner vorkantischen Zeit, TBT 18, Berlin 1969.

[174] Umstände und Bedeutung der Kantlektüre Fichtes sind oft beschrieben und erörtert
worden: Vgl. z.B. I. H. Fichte, Johann Gottlieb Fichte's Leben und litterarischer Briefwechsel, Bd. 1-2, Sulzbach 1830-1831, Bd. 1, S.139ff; Jacobs [Anm. 3], S.20-24; u.ö..

Geoffenbarte Religion liegt nach Fichte da vor, wo Gott sich außerhalb
der vernünftigen Natur unserer selbst als moralischer Gesetzgeber bekannt
gemacht habe (vgl. Versuch § 3, S.31 = GA I/1, S.39). Dem entspricht der
Begriff der Offenbarung:

> "[Offenbarung ist] eine durch die Kausalität Gottes in der Sinnenwelt be-
> wirkte Erscheinung, wodurch er sich selbst als moralischer Gesetzgeber
> ankündigt." (Versuch § 5, S.41; vgl. GA I/1, S.48)

Der Begriff der Offenbarung fungiert als kritische Norm, an der Phänomene, die mit dem Anspruch auftreten, Offenbarung zu sein, gemessen und
beurteilt werden können. Offenbarung liegt vor, wo die Erscheinung mit
dem Begriff übereinstimmt (vgl. Versuch § 5, S.41f = GA I/1, S.49). Der
Grund, einer Offenbarung göttliche Autorität und damit erst den eigentlichen Charakter einer Offenbarung zuzuschreiben, kann nur ihre "Vernunft-
mäßigkeit" sein; diese bestehe in der "Übereinstimmung nicht mit der ver-
nünftelnden, sondern mit der moralisch-gläubigen Vernunft" (Versuch § 9,
S.79; vgl. GA I/1, S.80). Im weiteren Verlauf der Untersuchung entfaltet
Fichte dann genauer die Voraussetzungen, Bedingungen und Kriterien einer
möglichen göttlichen Offenbarung.

Von Interesse ist in unserem gegenwärtigen Zusammenhang lediglich der
implizite Ansatz einer geschichtsphilosophischen Theorie möglicher Offenbarungsreligion. Dieser Ansatz besteht darin, daß Fichte eine vernünftige
Verortung von Offenbarung innerhalb des geschichtlichen Konstitutions-
prozesses von Autonomie gelingt. Das ist alles andere als selbstverständlich.
Denn grundsätzlich ist ja für Fichte die sittliche Bestimmung dem Menschen als vernünftigem Wesen eigentümlich und ihm selbst stets erschlossen
und zugänglich. Welchen vernünftigen Sinn und welche positive Funktion
eine mögliche Offenbarung als geschichtliche Ermöglichungsbedingung sittlichen Autonomiebewußtseins haben sollte, ohne gerade die vernünftige
Selbstbestimmung zu gefährden, ist nicht unmittelbar einsichtig. Nun gibt
es nach Fichte aber einen denkbaren Ort, an dem einer Offenbarungsreligion, die dem Begriff von Offenbarung entspräche, genau diese geschichtlich-
fundierende Funktion zukommen kann. Es wäre dies genau die Situation,
in der das grundsätzlich dem Menschen als vernünftigem Wesen zugängliche sittliche Bewußtsein gänzlich oder zumindest in einem solchen Maße ab-
handen gekommen ist, daß das Sittengesetz keinerlei Kausalität mehr besäße
(vgl. Versuch § 6, S.44 = GA I/1, S.52). Eine solche Situation ist innerhalb

der Fichteschen Prämissen von 1792 deshalb trotz der vernünftigen Natur
des Menschen denkbar, weil der Mensch außer unter dem Sittengesetz auch
unter dem Naturgesetz steht. Im "Widerstreit des Naturgesetzes gegen das
Sittengesetz" läßt sich nach Fichte ein Punkt denken, an dem die Sinnlichkeit so dominierend geworden ist, daß die sittliche Bestimmung seine Wirksamkeit auf das menschliche Denken und Handeln verloren hat (Versuch §
5, S.40 = GA I/1, S.47). In der Situation einer solchen Versinnlichung und
sittlichen Bedürftigkeit bedürfe es einer besonderen und dazu bestimmten
Erscheinung in der Sinnenwelt, in der Gott sich den Menschen als moralischer Gesetzgeber ankündige (vgl. Versuch § 5, S.41 = GA I/1, S.48). Eine
solche Erscheinung ist für Fichte die Offenbarungsreligion:

> "Die Menschheit kann so tief in moralischen Verfall geraten, daß sie nicht
> anders zur Sittlichkeit zurückzubringen ist, als durch die Religion, und zur
> Religion nicht anders, als durch die Sinne: eine Religion, die auf solche Men-
> schen wirken soll, kann sich auf nichts anderes gründen, als unmittelbar auf
> göttliche Autorität [...]." (Versuch § 6, S.57; vgl. GA I/1, S.62)

Mit diesen Überlegungen rückt eine mögliche Offenbarungsreligion in
die Position einer Art Krisenmanagement göttlichen Handelns für die Verwirklichung sittlichen Autonomiebewußtseins. Es zeichnet sich bereits 1792
der Ort ab, an dem später die explizite geschichtsphilosophische Theorie
des Christentums ihre Virulenz entfaltet. Dieser Ort ist der Gedanke der
Notwendigkeit von Offenbarung, die das sittlich-religiöse Selbstverständnis
allererst initiiert und ermöglicht. Freilich bleiben diese Überlegungen 1792
noch ganz abstrakt und - im logischen Sinne des Wortes - problematisch:
Abstrakt ist bereits die rein begriffliche Verwendung von Offenbarung und
geoffenbarter Religion. Die Frage nach konkret-geschichtlichen Realisierun-
gen bleibt ungestellt; Hinweise auf das Christentum finden sich nur sporadisch und ohne wirkliche Bedeutung für den Gedankengang.[175] Die historische Identifizierbarkeit von Offenbarung ist nicht von Interesse. Jedenfalls
gilt diese Aussage für die explizit vorgetragene Theorie Fichtes. Gleichwohl
dürfte für seine Offenbarungsschrift natürlich das Faktum entscheidend
sein, daß es ein geschichtlich-kulturelles Phänomen gibt, das mit dem Anspruch auftritt, Offenbarung zu sein, nämlich das Christentum. Biogra-
phisch läßt sich Fichtes "Versuch" dann verstehen als das Bemühen, seine
eigene theologische Vergangenheit und christlich-religiöse Herkunft zum er-

---

[175] Vgl. Versuch § 10, S.93; Schlußanmerkung, S.127 = GA I/1, S.94f. 122.

worbenen vernünftig-kritischen Standpunkt Kantischer Provenienz in Beziehung zu setzen.

Der auf der Ebene der explizit vorgetragenen Theorie zu konstatierende Sachverhalt eines fehlenden Interesses an historischer Identifizierbarkeit von Offenbarung hängt damit zusammen, daß auch die geschichtliche Situation, die eine Offenbarung um des Zustandekommens sittlichen Bewußtseins willen nötig machte, nur als abstrakte Möglichkeit gedacht wird. Der gesamten Erörterung kommt lediglich der Status einer *problematischen* Theorie möglicher Offenbarung zu. Sie nimmt weder auf empirisch-historische Faktizität Bezug, noch verhandelt sie das Problem der geschichtlichen Konstitution sittlich-religiösen Selbstverständnisses in fundamental-prinzipieller Hinsicht.

2. *Die Formulierung des prinzipiellen Problems einer Erziehung des Menschengeschlechts von 1796.* Ganz anders als die abstrakt-problematischen Überlegungen der Offenbarungsschrift von 1792 nehmen sich die Erörterungen aus, die Fichte in § 3 seiner "Grundlage des Naturrechts nach Principien der Wissenschaftslehre" von 1796 durchführt (vgl. SW III 30-40 = GA I/3, S.340-348). Hier kommt es innerhalb der Gesamtentwicklung Fichtes erstmalig zur Formulierung des fundamental-prinzipiellen Problems einer Erziehung des Menschengeschlechts, des Problems also, dessen charakteristische Schwierigkeit der drohende Konstitutionsregreß in gesamtgeschichtlicher Perspektive ist.[176]

Ausgangspunkt der Überlegungen Fichtes ist die Aufgabe, "zu zeigen, wie das Selbstbewusstseyn möglich sey" (SW III 30; vgl. GA I/3, S.341). Die Schwierigkeit besteht für Fichte darin, daß das Selbstbewußtsein nur als Bewußtsein seiner Wirksamkeit möglich ist, dieses wiederum nur unter der Voraussetzung des Bewußtseins eines Objekts der Wirksamkeit, dieses Objektbewußtsein aber wiederum nur unter Voraussetzung eines Bewußtseins der Wirksamkeit möglich ist (vgl. SW III 17. 30-32 = GA I/3, S.329. 340-342). Hier entsteht ein unendlicher Zirkel wechselseitiger Voraussetzung. Dieses Problem sei nur in dem Gedanken zu beheben:

> "[...] die *Wirksamkeit des Subjects* sey mit dem *Objecte* in einem und ebendemselben Momente synthetisch vereinigt; die Wirksamkeit des Subjects sey

---

[176] Auf die besondere Bedeutung von § 3 des "Naturrecht" von 1796 für Fichtes spätere geschichtsphilosophische Theorie des Christentums von 1813 hat vor allem Hansjürgen Verweyen aufmerksam gemacht: Vgl. Verweyen, Offenbarung und autonome Vernunft [Anm. 137], bes. S.442f; vgl. auch Widmann, Fichte [Anm. 37], S.101-104.

selbst das wahrgenommene und begriffene Object, das Object sey kein anderes, als diese Wirksamkeit des Subjects [...]." (SW III 32; vgl. GA I/3, S.342)

Diese Bedingung einer Wirksamkeit des Subjekts in der Form eines Objekts
ist für Fichte nur in der *Aufforderung zur Selbsttätigkeit durch ein anderes
selbsttätiges Wesen* außerhalb des Subjekts erfüllt (vgl. SW III 33. 35f. 38f =
GA I/3, S.342. 344f. 346f). In der wechselseitigen intersubjektiven "Aufforderung zur freien Selbstthätigkeit" besteht nach Fichte das Wesen der *Erziehung* (SW III 39; vgl. GA I/3, S.347). Erziehung in diesem Sinne ist also
transzendental-notwendige Bedingung für die Konstitution des Selbstbewußtseins freier Tätigkeit.

An dieser Einsicht in die Notwendigkeit von Erziehung entsteht nun die
drohende Aporie eines unendlichen Regresses. Denn realisiert sich das Bewußtsein freier Selbsttätigkeit eines individuellen Subjekts A nur unter der
Bedingung einer Aufforderung zur freien Selbsttätigkeit durch ein individuelles Subjekt B, dann muß sich dieses Subjekt B bereits seiner Selbsttätigkeit
bewußt sein. Dies aber ist nach Fichtes Gedankengang nur möglich, wenn
das Subjekt B seinerseits einer Aufforderung durch ein individuelles Subjekt
C teilhaftig geworden ist. Subjekt C muß wiederum durch ein Subjekt D
aufgefordert worden sein und so fort. Der hier drohende regressus ad infinitum ließe sich durch die Annahme beheben, es gebe ein individuelles Subjekt X, in dem das Bewußtsein vernünftiger Freiheit ohne Aufforderung
durch ein anderes Subjekt immer schon Realität ist. Diesem Subjekt X
käme die unverzichtbare Funktion eines unbewegten Bewegers, unaufgefor-
derten Aufforderers und ersten nichterzogenen Erziehers zu. Da das Selbstbewußtsein freier Vernunfttätigkeit eines solchen Subjekts X nicht innerhalb der Reihe intersubjektiver Akte erklärt werden kann, sondern vielmehr als erstes Glied einer solchen Reihe einen absoluten Anfangspunkt
setzt, der nicht aus der Kontinuität der menschlichen Erziehung begriffen
werden kann, kämen ihm Eigenschaft und Funktion einer *Offenbarung* zu.
Hansjürgen Verweyen hat deshalb aus Fichtes Überlegungen in § 3 des "Naturrecht" die Konsequenz gezogen:

"Die menschliche Vernunft kommt, dies ist jetzt nach den strengen Prinzipien der Transzendentalphilosophie erwiesen, nicht einmal zu sich selbst, es
sei denn durch Offenbarung."[177]

---

[177] Verweyen, Offenbarung und autonome Vernunft [Anm. 137], S.443.

Fichte hat dieses Problem selbst gesehen, es aber 1796 noch nicht christologisch, sondern mit einer Theorie, wenn man so will, mythisch-urgeschicht-
licher Offenbarung zu lösen versucht:

> "Alle Individuen müssen zu Menschen erzogen werden, ausserdem würden
> sie nicht Menschen. Es dringt sich hierbei jedem die Frage auf: wenn es noth-
> wendig seyn sollte, einen Ursprung des ganzen Menschengeschlechtes, und
> also ein erstes Menschenpaar anzunehmen, [...] wer erzog denn das erste
> Menschenpaar? Erzogen mussten sie werden; denn der geführte Beweis ist all-
> gemein. Ein Mensch konnte sie nicht erziehen, da sie die ersten Menschen
> seyn sollten. Also ist es nothwendig, dass sie ein anderes vernünftiges Wesen
> erzogen, das kein Mensch war [...]. Ein Geist nahm sich ihrer an [...]." (SW
> III 39; vgl. GA I/3, S.347f)

Diese Fassung einer Lösung des Offenbarungsproblems ist, soweit ich sehe,
bei Fichte singulär.[178] Die Vorstellung eines ersten Menschenpaares und
eines es erziehenden Geistes ist freilich abstrus, will man sie historisch nehmen. Dazu aber wäre man gezwungen, geht es doch darum, die Wirklichkeit sittlichen Autonomiebewußtseins in ihrer konkret-geschichtlichen Genese zu verstehen. Die Stärke der Ausführungen Fichtes von 1796 liegt ganz
eindeutig auf der Formulierung des Problems, nicht seiner Lösung. Mit der
Einsicht in das Problem des geschichtlichen Konstitutionsregresses sittlichen
Autonomiebewußtseins und der Einsicht in die transzendentale Notwendigkeit von Offenbarung erreicht Fichte ein Niveau prinzipieller Erörterung,
das er vorher nicht erreicht hat und erst in seiner geschichtsphilosophischen
Christologie und christologisch konzipierten Geschichtsphilosophie von
1813 wieder erreichen sollte.

   3. Die Bezugnahme auf geschichtlich-positive Religion in der Jenaer Zeit.
Neben der Formulierung des prinzipiellen Problems einer Erziehung des
Menschengeschlechts im "Naturrecht" von 1796 findet sich in den Schriften
der Jenaer Zeit ein weiterer Ansatz für die spätere geschichtsphilosophische
Theorie des Christentums. Dieser Ansatzpunkt besteht darin, daß Fichte
verschiedentlich auf geschichtlich-positive Religion Bezug nimmt. Inhaltlich
lassen sich innerhalb dieser Bezugnahme drei Aspekte und Themen unterscheiden.

---

[178] Bereits wenig später, in den "Vorlesungen über Logik und Metaphysik" vom Sommersemester 1797, macht Fichte dann erstmals von dem Gedanken eines durch göttliche
Offenbarung erzogenen Urvolks Gebrauch (vgl. GA IV/1, S.303).

Erstens, in seiner Ethikvorlesung vom Sommersemester 1796 (vgl. GA IV/1, S.7-148) und seiner veröffentlichten "Sittenlehre" von 1798 (vgl. SW IV 1-365 = GA I/5, S.19-317) nimmt Fichte den Gedanken der Offenbarungsschrift von 1792 wieder auf, daß in der Situation einer Gefährdung des sittlichen Bewußtseins durch die Sinnlichkeit der Religion die Funktion zukommt, dieses sittliche Bewußtsein wieder zu stärken bzw. allererst wachzurufen (vgl. SW IV 177ff = GA I/5, S.164ff). Das die Sittlichkeit gefährdende Moment interpretiert Fichte als "Trägheit", die den Menschen daran hindert, seiner vernünftig-sittlichen Bestimmung gemäß zu leben; in dieser Situation sei der Mensch offensichtlich nicht in der Lage, sich selbst "von innen" zu seiner Bestimmung zu befreien; es bedürfe einer Anregung und eines Anstoßes "von aussen" (SW IV 204; vgl. GA I/5, S.187). Diesen Anstoß von Außen biete eben die positive Religion:

> "Woher aber sollen nun diese äusseren Antriebe unter die Menschheit kommen? - Da es jedem Individuum, ohnerachtet seiner Trägheit, doch immer möglich bleibt, sich über sie zu erheben, so lässt sich füglich annehmen, dass unter der Menge der Menschen einige sich wirklich emporgehoben haben werden zur Moralität. Es wird nothwendig ein Zweck dieser seyn, auf ihre Mitmenschen einzuwirken [...].
>
> So etwas nun ist die *positive Religion;* Veranstaltungen, die vorzügliche Menschen getroffen haben, um auf andere zur Entwickelung des moralischen Sinnes zu wirken." (SW IV 205; vgl. GA I/5, S.187)

Deutlich ist hier der Gedanke vorgebildet, den Fichte später für seine Theorie des Christentums fruchtbar machen wird: Positive Religion ermöglicht das vernünftig-sittliche Selbstverständnis. Gegenüber der Offenbarungsschrift von 1792 ist Fichtes Überlegung einerseits weniger abstrakt, andererseits aber auch weniger prinzipiell: Es geht nicht um die (wenn auch problematisch bleibende) begriffliche Erörterung der Möglichkeit und Notwendigkeit von Offenbarung, sondern um die Einsicht in die vernünftige Funktion positiver Religion. Weniger abstrakt ist dies insofern, als Fichte damit den Status lediglich problematischer Erörterung in Richtung auf empirisch-historische Phänomene jedenfalls im Ansatz verläßt. Dem in der Substitution des Offenbarungsbegriffs durch den Begriff positiver Religion zum Ausdruck kommenden Drängen nach geschichtlicher Konkretion steht freilich sogleich wieder die singulare Verwendung des Terminus entgegen: Die Formulierung "*die* positive Religion" indiziert nach wie vor einen abstrakten, ahistorischen Umgang Fichtes mit der Religionsthematik.

Zweitens thematisiert Fichte - ebenfalls innerhalb seiner Ethikvorlesung von 1796 und seiner "Sittenlehre" von 1798 - die Bedeutung positiver Religion (nicht nur für das *Bewußtsein* sittlicher Bestimmung überhaupt, sondern) für den *Inhalt* des sittlichen Bewußtseins, ihre Bedeutung im Hinblick auf "das Materiale des Sittengesetzes" (SW IV 206; vgl. GA I/5, S.189). Diese Bedeutung besteht für Fichte darin, daß die geschichtlich-religiöse Gemeinschaft, die Kirche, mit der Formulierung des Glaubensbekenntnisses, des Symbols, den notwendigen Ausgangspunkt für die gemeinsame interpersonale sittliche Interaktion bereitstellt. Notwendig ist dieser Ausgangspunkt für Fichte insofern, als die sittliche Handlungsgemeinschaft einen Bestand gemeinsamer Grundüberzeugung benötigt, von dem aus gemeinsames Handeln aller sinnvoll ist. Diesen Ausgangspunkt findet Fichte eben im Symbol der geschichtlich-religiösen Gemeinschaft. Symbol bedeutet den prägnanten Ausdruck gemeinsamen sittlich-religiösen Bewußtseins. Es dient als inhaltlich seinerseits sittlich qualifizierte Ausgangsbasis für den weiteren intersubjektiven Diskurs, dessen Ziel die quantitative und qualitative Potenzierung sittlichen Bewußtseins ist. Die Kirche wird so zur moralischen Gemeinschaft, von der aus die Moralisierung der Gesamtgesellschaft auf dem Wege der Bewußtseinsbildung ihren Ausgangspunkt nimmt (vgl. SW IV 241f = GA I/5, S.217-219).[179]

Der Gedanke einerseits der Kirche als sittlicher Bildungsinstanz, die einen Erziehungsprozeß geschichtlich initiiert, und andererseits des Symbols als notwendiger Voraussetzung des Bildungs- und Erziehungsprozesses weisen schon auf Elemente der späteren Theorie des Christentums hin. Allerdings werden die Überlegungen in der Jenaer Zeit (erstens) noch nicht auf den wirklichen Gehalt einer geschichtlich-positiven Religion und des Bewußtseins ihrer sittlich-religiösen Gemeinschaft hin konkretisiert. Obwohl es Fichte ausdrücklich um den Beitrag positiver Religion zum Bewußtwerden des Inhalts, des Materialen des Sittlichen geht (vgl. SW IV 206 = GA I/5, S.189), ist Fichtes einzige Auskunft, das Wesentliche eines jeden möglichen Symbols sei die Einsicht in das Übersinnliche überhaupt (vgl. SW IV 242 = GA I/5, S.218), dürftig und bleibt weit hinter dem zurück, was nach der Deutung von 1813 das Christentum für den Gehalt des sittlichen Selbstver-

---

[179] Vgl. H. Verweyen, Kirche und Staat in der Philosophie J.G. Fichtes, PhJb 81, 1974 S.298-313, bes. S.303-306.

ständnisses bedeutet. Die Jenaer Ausführungen verharren weitgehend in einer dem Konkreten geschichtlicher Religion gegenüber spröden Haltung. Sie sind aber (zweitens) auch nicht prinzipiell genug. Fichtes Einsicht in die Notwendigkeit von Offenbarung aus dem "Naturrecht" von 1796 bleibt seltsamerweise isoliert gegenüber den Erörterungen zur Bedeutung positiver Religion. In diesen fehlt bezeichnenderweise der Offenbarungsbegriff völlig. Es gelingt Fichte zwar, dem durch positive Religion verbürgten Grundbestand allgemeiner sittlich-religiöser Überzeugung einen vernünftigen Sinn für die geschichtliche Konstitution sittlicher Interpersonalität zuzuweisen. Dies kann ihm aber nur gelingen, weil er den Mangel und das Fehlen an gemeinschaftlich-intersubjektiver Intention sittlichen Handelns voraussetzt. Diese Voraussetzung kann aber von Fichtes eigenen Prämissen her nicht prinzipieller Natur sein: Es ist nicht einzusehen, wieso eine Pluralität von Subjekten, die als solche alle an der einen Vernunft partizipieren, nicht auch ursprünglich in ihrer sittlichen Intention übereinstimmen können soll. Fichtes Einsicht in die Initiativfunktion des Symbols kann folglich ihrerseits keinen prinzipiellen Status haben. Der geschichtliche Prozeß, in dem sich menschliches sittlich-religiöses Selbstbewußtsein ausbildet, bleibt für das Zusichselbstkommen der Vernunft im sittlichen Autonomiebewußtsein äußerlich und zufällig.

Drittens schließlich nimmt Fichte innerhalb seiner Jenaer Schaffenszeit hier und da Bezug auf traditionelle Vorstellungen und Begriffe biblisch-christlicher Religion. So charakterisiert er in seinen "Vorlesungen über Logik und Metaphysik"[180] die wahre, nämlich vernünftig-sittliche Religion als "gänzliche Ergebung in den Willen Gottes" (GA IV/1, S.162) und illustriert diese Charakteristik dann durch die dem Wesen wahrer, sittlicher Religion einzig angemessenen Gebetsformulierungen, die ganz deutlich biblisch-christliche Tradition aufnehmen:

---

[180] Die "Vorlesungen über Logik und Metaphysik" hat Fichte regelmäßig vom Wintersemester 1794/95 bis zum Wintersemester 1798/99, mit Ausnahme des Sommersemesters 1795, in Jena gehalten (vgl. die editorischen Hinweise GA IV/1, S.151). Es handelt sich hierbei um kommentierende Ausführungen Fichtes, denen er das folgende Lehrbuch zugrundegelegt hat: E. Platner, Philosophische Aphorismen nebst einigen Anleitungen zur philosophischen Geschichte, ganz neue Ausarbeitung, erster Theil, Leipzig 1793 (vgl. die editorischen Hinweise GA II/4, S.4).

"Das Gebet des Gerechten ist: Herr, dein Wille geschehe." (GA IV/1, S.162)
- "Nicht mein, sondern Dein Wille geschehe. Nicht wie ich will, sondern wie
Du willst." (GA IV/1, S.434)

Eindeutig bezieht Fichte sich hierbei auf die Bitte des Vater Unser[181] und
auf das Gebet Jesu in Gethsemane[182].

Ähnliche Bezüge finden sich dann in den Schriften zum Atheismusstreit
(vgl. SW V 175-396; GA I/5, S.347-357. 415-453; GA I/6, S.27-89). In ihnen
bildet Fichte schon ein bestimmtes Verhältnis zur biblisch-christlichen Tradition aus, das dann auch später für Fichtes Christentumsverständnis von
Bedeutung sein wird. Dieses Verhältnis findet seinen Ausdruck in der Überzeugung, daß die wesentlichen Vorstellungen und Begriffe der christlichen
Religion einer vernünftigen Interpretation und Rekonstruktion sowohl be-
dürftig als auch fähig sind. Fichte ist davon überzeugt, daß seine religionsphilosophischen Ausführungen mit dem Christentum übereinstimmen und
es allererst in seiner vollen Wahrheit zur Geltung bringen (vgl. SW V 213.
222. 223. 230 = GA I/5, S.432. 440. 445f). Dieses Programm einer vernünf-
tig-moralischen Interpretation biblisch-christlicher Begriffe findet aber in
den Schriften zum Atheismusstreit auffälliger- und seltsamerweise keinerlei
Anwendung auf das spätere Kernstück der geschichtsphilosophischen Christentumstheorie, auf die Christologie. Durchgeführt hat Fichte seinen Inter-
pretationsansatz, freilich auch nur im Vorübergehen, auf die Begriffe "Wiedergeburt", "Ertödtung des Fleisches", "Absterben der Welt", "Leben im
Himmel" (SW V 213. 230; vgl. GA I/5, S.432. 446), sowie auf Gottesbegriff
und Gottesverhältnis (vgl. SW V 223f = GA I/5, S.440f). Im Kontext der
Auseinandersetzung um den Atheismusvorwurf dürften solche Rückgriffe
und Bezugnahmen auf die biblisch-christliche Tradition weitgehend einer Le-
gitimations- und Verteidigungsstrategie dienen, mit der Fichte sich selbst als
Vertreter und Repräsentant derjenigen religiösen Tradition ausweisen will,
in deren Namen seine Gegner ihn befeinden.

Insgesamt bleibt die Thematisierung der positiven Religion im allgemeinen und des Christentums als einer bestimmten positiven Religion in der
Jenaer Zeit sporadisch und peripher. Die Frage nach der Bedeutung geschichtlich-positiver Religion für die historische Genese eines angemessenen

---

[181] Vgl. Mt 6, 10.
[182] Vgl. Mt 26, 39 parr..

sittlich-religiösen Selbstverständnisses und der interpretativ-rekonstruierende
Zugang zur christlich-religiösen Tradition sind freilich in bescheidenen Ansätzen vorhanden.

   4. *Geschichtsphilosophie und Theorie des Christentums in den Jahren 1804
bis 1811.* In den Jahren seit 1804 kommt es bei Fichte zu einer intensivierten Thematisierung des Christentums. Diese Thematisierung steht dabei
unter dem doppelten Interesse nach Konkretisierung einerseits und Prinzip-
alisierung andererseits: Das Christentum wird in einem bis dahin unerreich-
ten Maß als historisch identifizierbares konkret-geschichtliches Phänomen
in den Blick gerückt; gleichzeitig wird es in den Kontext einer expliziten
philosophischen Theorie von Geschichte gestellt.

   (α) Die WL von 1804. Fichte hat seine WL im Jahre 1804 gleich dreimal
in jeweils völlig neu erarbeiteten Fassungen vorgetragen. Innerhalb des ersten Vortrags[183] ist erstmalig ein geschichtsphilosophisches Konzept angedeutet, das in seiner Grundform für alle weiteren Überlegungen Fichtes gül-
tig geblieben ist. In diesem Entwurf finden auch das Christentum und insbesondere sein Stifter, Jesus von Nazareth, ihre erste geschichtsphilosophische Verortung. Es handelt sich um ein zweigliedriges Geschichtsschema,
dessen Epochen sich konstituieren durch die unterschiedlichen Modi, in denen das Bewußtsein durch das Absolute bestimmt wird. In der ersten Epoche manifestiere sich das Absolute in der Form der Unmittelbarkeit für das
Bewußtsein; dies sei die "Form der alten Welt" (WL[1] 1804, S.17 = GA II/7,
S.82). Unmittelbarkeit versteht Fichte aber gerade als Negation von Wissen;
ihr ermangelt das Moment der Selbstdurchsichtigkeit. Das "Princip der
zweiten WeltEpoche" sei demgegenüber genau "*Wissen*, Durchschauen" und
also "Freiheit und Selbständigkeit" (WL[1] 1804, S.18 = GA II/7, S.82). Innerhalb dieses zweigliedrigen Epochenschemas gilt Jesus nun, neben den alt-
testamentlichen Propheten, als *der* Repräsentant der Alten Welt. Dies findet
für Fichte seinen Ausdruck darin, daß in der neutestamentlich-christlichen
Tradition der Logos in unmittelbarer Identität von der individuellen Person
Jesus ausgesagt werde (vgl. WL[1] 1804, S.17 = GA II/7, S.82). Damit stehen
Jesus und das christliche Bewußtsein bei Fichte in einem zwiespältigen
Licht: In ihnen findet sich das Bewußtsein zwar durch das Absolute be-

---

[183] Dieser Vortrag fand wahrscheinlich vom 17. Januar bis zum 29. März statt; vgl. WL[1]
     1804, S.XIVf.

stimmt, aber in einer dieser Bestimmtheit noch nicht angemessenen Form. Die fehlende Selbstdurchsichtigkeit des Gottesverhältnisses birgt in sich die latente Gefahr autoritärer Doktrination, der das Christentum mit seinem Schrift- und Wortprinzip in der Zeit nach Jesus dann auch erlegen sei (vgl. WL[1] 1804, S.17 = GA II/7, S.82).

Bleibende Gültigkeit für die weitere Entwicklung Fichtes kommt den Ausführungen aus der WL von 1804 in zweierlei Hinsicht zu: Alle weiteren geschichtsphilosophischen Konzepte Fichtes sind erstens an einer grundsätzlichen Zweifachheit von Epochen orientiert; zweitens ist für die Charakterisierung der Epochen und die Bestimmung der Epochengrenze das Verhältnis zum Unbedingten, das Gottesverhältnis, von entscheidender Bedeutung. Gemeinsamkeit und Unterschiede zur geschichtsphilosophischen Theorie des Christentums von 1813 sind offenkundig: Die Gemeinsamkeit erschöpft sich in der Zweigliedrigkeit von Geschichtsepochen. Das Christentum - und zwar einschließlich des Selbstbewußtseins Jesu - gilt auffälligerweise als repräsentativ für die alte Zeit. Die Epochenwende besteht stattdessen in der Ausbildung einer sich selbst vollkommen durchsichtigen Wissensform. Da Fichte beansprucht, mit seiner WL eine solche selbstreflexive Durchdringung des Wissens geleistet zu haben, dürften für ihn Epochenwende und die Formulierung und Ausarbeitung der WL zusammenfallen.[184] Wichtig ist dabei, daß für die Bestimmung der Epochenwende der veränderte Erkenntnismodus allesentscheidend ist. Die Einsicht in eine geschichtliche, geschweige denn geschichtsphilosophisch-prinzipielle Bedeutung des Christentums für die Ausbildung von Autonomiebewußtsein läßt sich dem Konzept Fichtes aus der WL von 1804 nicht entnehmen. Ja, mehr noch: Das angedeutete geschichtsphilosophische Konzept scheint - entgegen allen Ansätzen bei Fichte seit 1792 - dem Christentum als geschichtlicher Religion geradezu eine negative Funktion für die Ausbildung vernünftigen Selbstbewußtseins zuzuweisen: Es erscheint als Geschichtsmacht, gegen die sich vernünftige Autonomie erst durchzusetzen hat.

(ß) Die "Grundzüge des gegenwärtigen Zeitalters" von 1804/05. In den Vorlesungen, die Fichte 1804/05 in Berlin hielt und 1806 unter dem Titel "Die

---

[184] Vgl. Hirsch, Christentum und Geschichte [Anm. 13], S.54 Anm. 3; Lauth, Begriff der Geschichte [Anm. 149], S.365f; Meckenstock, Fünffachheit [Anm. 13], S.51; ders., Vernünftige Einheit [Anm. 24], S.235 Anm. 1.

Grundzüge des gegenwärtigen Zeitalters" in Druck gehen ließ (vgl. SW VII 1-256 = GA I/8, S.189-396), kommt es in dreifacher Hinsicht zu Modifikationen der geschichtsphilosophischen Überlegungen Fichtes. *Erstens* entwickelt er das zweigliedrige Geschichtsschema weiter zu einem fünfgliedrigen (vgl. SW VII 7-12 = GA I/8, S.197-201)[185]: Der Unmittelbarkeit des Bewußtseins des Absoluten aus der WL von 1804 entspricht nun die "Epoche der unbedingten Herrschaft der Vernunft durch den Instinct" (SW VII 11; vgl. GA I/8, S.201); beide kommen darin überein, der Freiheit des Verhältnisses zum Absoluten zu ermangeln. Das Ziel der Geschichte wäre für Fichte erreicht, wenn die Menschen "alle ihre Verhältnisse mit Freiheit nach der Vernunft" einrichteten (vgl. SW VII 7; vgl. GA I/8, S.198). Zwischen diese beiden Epochen bewußtloser Vernunftherrschaft und freier Selbstbestimmung nach der Vernunft schiebt sich als Mittelglied eine Zeit rein negativ-kritischer Destruktivität der Vernunftbestimmung; dies sei das Zeitalter der "leeren Freiheit" (SW VII 21 = GA I/8, S.209; Hervorhebung beseitigt vom Vf.). Im Übergang der ersten Epoche zu dieser Zeit der leeren Freiheit ergibt sich als weiteres Zwischenglied eine Zeit der dogmatisch-autoritären Reaktion auf das beginnende Freiheitsbewußtsein. Auf der anderen Seite kommt es beim Übergang von der Epoche der leeren Freiheit zur vollendeten Realisation der Vernunftherrschaft zur vorbereitenden Geschichtsphase der Vernunftwissenschaft (vgl. SW VII 12 = GA I/8, S.201).

Dieser Entwurf einer Fünffachheit von Geschichtsepochen ist bei Fichte singulär; er stellt allerdings auch keine konzeptionelle Änderung dar, sondern ist lediglich die Explikation und Entfaltung der im zweigliedrigen Epochenschema enthaltenen Momente.[186] Der Fünffachheit liegt ein einfacher zweigliedriger Gegensatz von unbewußter und bewußter, selbstbestimmter Vernunftherrschaft zugrunde. Wichtig ist für unseren Zusammenhang zweierlei: Zum einen, auch hier ist, wie bereits in der WL von 1804, das die Epochen konstituierende Moment der jeweils veränderte Erkenntnismodus, die Form des Verhältnisses zum Absoluten. Zum anderen, Fichte kann die fünf Epochen auch mit Begriffen der christlich-dogmatischen Tradition benennen: Es sind dies der "Stand der Unschuld", der "Stand der an-

---

[185] Vgl. Meckenstock, Fünffachheit [Anm. 13], S.41-49.

[186] Vgl. ausführlich Meckenstock, Fünffachheit [Anm. 13], S.50f; schon Hirsch, Christentum und Geschichte [Anm. 13], S.45; A. Messer, Fichtes religiöse Weltanschauung, Stuttgart 1923, S.140.

hebenden Sünde", der "Stand der vollendeten Sündhaftigkeit", der "Stand der anhebenden Rechtfertigung" und der "Stand der vollendeten Rechtfertigung und Heiligung" (SW VII 11f; vgl. GA I/8, S.201). Schon daran zeigt sich, daß bei Fichtes Überlegungen insgeheim christliche Motive wirksam sind.

Diese Vermutung bestätigt sich, wenn man sich nun *zweitens* vor Augen hält, daß neben dem skizzierten zur Fünffachheit entwickelten Geschichtsschema, das an dem Gegensatz von unbewußter und bewußter Vernunftherrschaft orientiert ist, in den "Grundzügen" ein zweigliedriges Epochenschema vorhanden ist, das am Christentum als Geschichtsprinzip und Epochenwende orientiert ist.[187] Es findet seinen Ausdruck in den Bezeichnungen alte und neue Zeit; dabei ist die alte Zeit für Fichte charakterisiert durch "Wildheit", "Krieg", "Unwissenheit" und "blinder Scheu vor der Gottheit", die neue Zeit hingegen durch "Cultur", "Frieden", "Wissenschaft" und "Furchtlosigkeit" in Bezug auf das Gottesverhältnis (SW VII 49; vgl. GA I/8, S.231). Der Übergang von der einen zur anderen Epoche sei das Werk des Christentums:

> "Lediglich durch das Christenthum, und durch das ungeheure Wunder, wodurch dieses entstand und in die Welt eingeführt wurde, ist die Verwandlung [nämlich: der alten in die neue Zeit] geschehen." (SW VII 54; vgl. GA I/8, S.234)

Durch das Christentum sei eine "ganz neue Zeit" entstanden (SW VII 185 = GA I/8, S.342).

Damit muß sich *drittens* natürlich auch die Einschätzung Jesu gegenüber der Darstellung aus der WL von 1804 erheblich verändern: Aus dem Reprä-

---

[187] Vgl. Meckenstock, Fünffachheit [Anm. 13], S.50. Das Nebeneinander zweier geschichtsphilosophischer Konzepte innerhalb der "Grundzüge" wird, soweit ich sehe, forschungsgeschichtlich in angedeuteter Weise erstmals bei Emanuel Hirsch (Christentum und Geschichte [Anm. 13], S.45f) wahrgenommen und deutlich dann von Klaus Hammacher (Comment Fichte accède à l'histoire, Archives de Philosophie 25, 1962, S.388-440, bes. 434f) herausgearbeitet. Wilhelm Metz (Weltgeschichte [Anm. 172], S.122-126) versucht darüberhinaus zu zeigen, daß die beiden Geschichtsschemata jeweils für einen Teil der "Grundzüge", nämlich die Vorlesungen 1-8 einerseits und 9-16 andererseits, bestimmend sind. Wiewohl damit für den Aufbau der "Grundzüge" wichtige und richtige Beobachtungen gewonnen werden, ist doch eine eindeutige Verteilung beider Geschichtsschemata auf jeweils einen Teil der "Grundzüge" m.E. nicht möglich, findet sich doch bereits im ersten Teil (4. Vorlesung) die am Christentum als Epochenwende orientierte geschichtsphilosophische Konzeption (vgl. bes. SW VII 49-54), die nach Metz dem zweiten Teil der "Grundzüge" zugrundeliegt.

sentanten der alten Zeit wird der Inaugurator der neuen Zeit. Was für das
Christentum gilt, daß es den Übergang von der einen zur anderen Epoche
bewirkt habe, muß in besonderer Weise von seinem "erhabene[n] Stifter"
gelten (SW VII 53 = GA I/8, S.234). Charakteristisch für die durch das Bewußtsein Jesu bewirkte Epochenwende ist für Fichte die Veränderung der
Gottesvorstellung; statt von der Schrecken verbreitenden, despotischen Hei-
ligkeit ist Jesu Gottesbild von der Liebe geprägt; in dieser Veränderung besteht die eigentliche Bedeutsamkeit Jesu (vgl. SW VII 54 = GA I/8, S.234).

In den "Grundzügen des gegenwärtigen Zeitalters" also liegt Fichtes erste
explizite Fassung einer geschichtsphilosophischen Theorie des Christentums
vor, die das Christentum als Fichtes eigenes Zeitalter positiv bestimmende
Geschichtsmacht thematisiert. Unbewältigt und ungeklärt bleibt freilich das
unausgeglichene Nebeneinander zweier Geschichtsschemata mit ihren unterschiedlichen Prinzipien: Freie Vernunftrealisation und Christentum konkur-
rieren als Geschichtsprinzipien. Die Einsicht in eine prinzipiell-philosophi-
sche Bedeutung des Christentums findet sich in den "Grundzügen" noch
nicht. Der Ansatzpunkt einer Einsicht in die fundamental-prinzipielle
Funktion von Offenbarung aus dem "Naturrecht" von 1796 wird von Fichte noch nicht in seine philosophische Theorie der Geschichte integriert.

*(γ) Die weitere Auseinandersetzung mit dem Christentum in den Schriften
bis 1808.* Mit der - im Ansatz vorhandenen - Formulierung des Christentums als Geschichtsprinzips und der Reflexion auf die Bedeutung des Gottesverhältnisses und Gottesbildes Jesu für das geschichtliche Zustandekommen eines angemessenen menschlichen Gottesverständnisses sind die
"Grundzüge" allerdings schon maßgeblich und richtungsweisend für die
weitere Entwicklung bei Fichte: Daß das Christentum in die neue Zeit als
diese wesentlich bestimmende Geschichtsmacht gehört, steht für Fichte seit
den "Grundzügen" fest. Hinzuweisen ist auf Fichtes Ausführungen in "Die
Anweisung zum seligen Leben" von 1806 (vgl. SW V 484 = Anweisung
S.96) und in seinem politisch-utopischen Fragment "Die Republik der Deutschen, zu Anfang des zwei und zwanzigsten Jahrhunderts, unter ihrem fünf-
ten Reichsvogte" vom Winter 1806/07 (vgl. SW VII 534). In aller Deutlich-
keit formuliert Fichte die Zuordnung des Christentums zur neuen Ge-
schichtsepoche auch in den "Reden an die deutsche Nation" von 1808:

> "Wahre Religion, in der Form des Christenthums, war der Keim der neuen
> Welt [...]." (SW VII 354)

Entsprechend dieser Zuordnung des Christentums kommt es zu einer intensivierten Reflexion auf die geschichtliche Bedeutung Jesu für die Ausbildung eines angemessenen menschlichen Selbst- und Gottesverständnisses. Dies findet seinen Ausdruck in der interpretierenden Aneignung klassischer christologischer und soteriologischer Aussagen in der "Anweisung zum seligen Leben" (vgl. SW V 475-491. 567-574 = Anweisung S.87-103. 180-186): Wie auch 1813 bejaht Fichte das christliche Dogma der heilsvermittelnden Bedeutung Jesu als historische Aussage, daß Jesu Gottes- und Selbstbewußtsein ein angemessenes Gottesverhältnis geschichtlich erst eröffnet hat (vgl. SW V 484f = Anweisung S.96). Die Einsicht in die fundamentale Einheit von Mensch und Gott sei vor Jesus nirgends vorhanden gewesen (vgl. SW V 483f = Anweisung S.95f). Indem Jesus diese Einsicht gehabt habe, ohne sie anders als durch sich selbst erlangt zu haben, sei er, wie das christliche Dogma behaupte, "auf eine ganz vorzügliche, durchaus keinem Individuum ausser ihm zukommende Weise" der "eingeborene, und erstgeborene Sohn Gottes" (SW V 484 = Anweisung S.95f). Ganz ähnlich, wenn auch weniger ausführlich, äußert sich Fichte auch in dem politisch-utopischen Fragment "Die Republik der Deutschen" (vgl. SW VII 534).

In den Jahren 1806/07 liegen also bereits zwei der entscheidenden Einsichten der geschichtsphilosophischen Theorie des Christentums von 1813 ausgebildet vor: die Einsicht in das ausgezeichnete Sein Jesu, das in dem unmittelbaren Erschlossensein des wahren Gottesverhältnisses besteht und ihn von allen anderen Menschen unterscheidet, und die Einsicht in die geschichtliche - wenn man so will: heilsgeschichtliche - Bedeutung des Jesuanischen Gottes- und Selbstbewußtseins. Diese Einsichten führen aber im Unterschied zur Konzeption von 1813 noch nicht dazu, daß dem Christentum eine prinzipiell-geschichtsphilosophische Bedeutung für die geschichtliche Konstitution menschlichen Wahrheitsbewußtseins zuerkannt wird. Das zeigt sich exemplarisch und in ausgezeichneter Weise daran, wie Fichte in der "Anweisung zum seligen Leben" das Verhältnis von Christentum und WL bestimmt: Seine eigene Philosophie sieht er zwar in der faktischen Wirkungsgeschichte der Lehre Jesu, er versteht sie aber nicht einfach als Explikation des Christentums; der Philosoph finde vielmehr ganz unabhängig von der geschichtlichen Voraussetzung dieselbe Wahrheit, die auch im Christentum vorhanden sei (vgl. SW V 484f = Anweisung S.96). Fichte gesteht dem Christentum also lediglich eine faktische, keine prinzipielle Priorität zu. Das Verhältnis der WL zum Christentum bleibt rein äußerlich. Die materiale Übereinstimmung beider hat für die WL selbst keinerlei theoretische Relevanz (vgl. ausdrücklich SW V 485 = Anweisung S.96f).[188]

Damit bleibt auch der Zwiespalt, der sich in der geschichtsphilosophischen Theorie der "Grundzüge des gegenwärtigen Zeitalters" gezeigt hat, weiterhin ungelöst: Das Christentum ist zwar wirkmächtiges Prinzip der neuen Zeit, rückt aber nicht in die volle Position des uneingeschränkten epochemachenden Geschichtsprinzips. Fichte verbindet vielmehr nach wie vor mit seiner eigenen Leistung, das Bestimmtsein durch das Unbedingte zur Klarheit der sichselbstdurchsichtigen Theorie, zur Wissenschaft des Absoluten erhoben zu haben, ein Epochenbewußtsein. Das geht deutlich aus Fichtes Entwurf "Der Patriotismus und sein Gegentheil" aus dem Jahr 1807 hervor (vgl. SW VII 230. 233f).

(δ) Die "Fünf Vorlesungen über die Bestimmung des Gelehrten" von 1811. Entsprechend seiner Selbsteinschätzung kann Fichte noch im Jahre 1811 in den "Fünf Vorlesungen über die Bestimmung des Gelehrten" (vgl. SW XI 145-208) einen geschichtsphilosophischen Entwurf vortragen, in dem das Christentum überhaupt keine Rolle spielt, die Ausbildung wissenschaftlich durchdrungener vernünftig-sittlicher Kompetenz aber epochenkonstitutive Bedeutung hat (vgl. SW XI 164-173): Wie in allen geschichtsphilosophischen Konzeptionen Fichtes handelt es sich um ein strukturell zweigliedriges Geschichtsschema; zwei Weltalter bilden den Geschichtsverlauf (vgl. SW XI 171. 180 u.ö.). Konstitutiv für das erste Weltalter sei die unmittelbare Begeisterung für das Übersinnliche, das entsprechend wie eine Art Naturgewalt, als blinder Vernunftinstinkt herrscht (vgl. SW XI 166). Träger des Bewußtseins des Übersinnlichen, die Seher, seien in diesem Zeitalter Propheten und Wundertäter (vgl. SW XI 165-167). Konstitutiv für das zweite Weltalter sei die Aufhebung der Unmittelbarkeit der übersinnlichen Begeisterung und ihre Umformung in die Gestalt klarer Einsicht (vgl. SW XI 168 u.ö.); der blinde Vernunftinstinkt wird in die Form des Freiheitsverhältnisses überführt (vgl. SW XI 166f). Träger des Bewußtseins des Übersinnlichen werden

---

[188] Die inhaltliche Übereinstimmung von WL und Christentum bzw. Lehre Jesu dürfte hingegen sehr wohl eine pragmatische Bedeutung für Fichte besitzen, insofern dadurch die Chancen gesamtgesellschaftlicher Akzeptanz der WL (bzw. der der WL entsprechenden und entspringenden Anweisungen zur vernünftig-sittlichen Gestaltung der Gesellschaft) in einer durch das Christentum geprägten Kultur erheblich erhöht werden.

die Dichter und Künstler einerseits und die Gelehrten, die Wissenschaftler, andererseits (vgl. SW XI 167f. 171).

Deutlich liegt hier eine Parallele zur geschichtsphilosophischen Konzeption aus der ersten WL von 1804 und den "Grundzügen des gegenwärtigen Zeitalters" vor. Wird das Christentum in beiden Entwürfen widersprüchlich und gegensätzlich eingeordnet, findet es in den Gelehrten-Vorlesungen von 1811 überhaupt keine Erwähnung, geschweige denn eine geschichtstheoretische Verortung. Das ist um so auffälliger, als es Fichte in diesen Vorlesungen auch um die Explikation eines Begriffs von Religion zu tun ist (vgl. SW XI 160-164): Der - sich aus dem Verständnis von Wissenschaft als Wissen des Übersinnlichen, Unbedingten oder Gottes nahelegenden - Konsequenz, die Wissenschaft sei *die* Gestalt der Beziehung zum Göttlichen, wissenschaftlich-gelehrte Bildung folglich Bedingung und Medium eines Gottesverhältnisses überhaupt (vgl. SW XI 161), tritt Fichte mit der Unterscheidung von gelehrter und ungelehrter Religion entgegen; die ungelehrte Religion sei allen Menschen zugänglich und deshalb die allgemeine Religion (vgl. SW XI 164. 171. auch 196f). Diese Zugänglichkeit verdankt sich aber - wie Fichte ausdrücklich selbst vermerkt - einer bestimmten menschheitsgeschichtlich-kulturellen Situation, die ihrerseits bereits das Produkt und Resultat einer Bildungsgeschichte ist: Die Allgemeinheit des Gottesverhältnisses kann Fichte nur "in der allgemeinen Menschenbildung unsrer Tage" (SW XI 161), "in der gegenwärtigen Lage des Menschengeschlechts" (SW XI 171) voraussetzen. Daß sich die kulturelle Situation in ihrer geschichtlichen Genese in wesentlichen Teilen dem Christentum verdankt, dieser naheliegende Gedanke findet seltsamerweise keine Erwähnung. Die kulturhistorische Analyse bleibt abstrakt und überdies völlig isoliert gegenüber der geschichtsphilosophischen Theorie.

b) Geschichtsphilosophie und Christentum in der Spätphilosophie
   von 1813: Zusammenfassung und Würdigung

Überblickt man die im Vorangegangenen schlaglichtartig angerissenen Überlegungen Fichtes zu Begriff und Bedeutung von Offenbarung, positiver Religion, Christentum und Geschichte in ihren mannigfaltigen Ansätzen und teilweise unausgeglichenen und heterogenen gedanklichen Momenten, dann erscheint die geschichtsphilosophische Theorie des Christentums von 1813 als bemerkenswerte stringente und geschlossene Konzeption, in der ein Großteil der verschiedenen Fäden aus der Entwicklungsgeschichte Fichtescher Denkbemühungen sich zu einer konzeptionellen Einheit verknüpfen. Zweierlei sei hier noch einmal hervorgehoben.

Erstens, Fichte gelingt es, eine Reihe innerhalb seiner Entwicklungsgeschichte gegeneinander isolierter Themen zu verbinden: Apriorische geschichtstheoretische Überlegungen *und* konkret-historische Analyse der Genese gegenwärtiger Kultur, abstrakt-allgemeine Erörterung des Offenbarungsbegriffs *und* die Bezugnahme auf empirisch-historische positive Religion bilden in der geschichtsphilosophischen Theorie des Christentums von 1813 eine homogene Einheit. Insbesondere wird die transzendentalphilosophisch-prinzipielle Einsicht in die Notwendigkeit von Offenbarung für die Erziehung des Menschengeschlechts von 1796 eingebunden in eine philosophische Theorie von Geschichte, die zugleich mit dem Interesse nach historischer Identifikation verknüpft ist. Dadurch wird das 1796 formulierte prinzipielle geschichtliche Konstitutionsproblem seiner mythisch-urgeschichtlichen Lösungsgestalt entkleidet und einer - jedenfalls vom theoretischen Anspruch her - historisch verifizierbaren Lösung zugeführt. Insgesamt finden sich die isolierten Themen zusammen zu einer Geschichtsphilosophie, die zugleich spekulative und historische Strukturelemente besitzt, ihre Elemente aber gerade verbindet zu einer Einheit, deren heimliches Gesamtanliegen die Realität des Vernunftlebens ist.

Zweitens, was die explizite Geschichtsphilosophie im engeren Sinne anbelangt, so trägt Fichte 1813 ein Konzept vor, in dem schwankende Einschätzungen und Unausgeglichenheiten früherer Überlegungen beseitigt sind. Dies betrifft vor allem zwei Gesichtspunkte:

Zum einen ist das Christentum endgültig und eindeutig in den Rang des unumstrittenen Geschichtsprinzips gerückt. Als "Evangelium der Freiheit und Gleichheit" (SW IV 523) ist das Christentum das "Princip der neuen Geschichte" (SW IV 522); es ist "historisches Princip" (D 60). Das zweigliedrige Geschichtsschema mit der Unterscheidung in Alte und Neue Welt hat seine eindeutige Epochenwende in der historisch ausmachbaren geschichtlich erstmaligen Erscheinung eines angemessenen, der vernünftig-begreifenden genetischen Rekonstruktion entsprechenden Selbst-, Gottes- und Wirklichkeitsverständnisses. Diese Erscheinung wird von Fichte historisch identifiziert mit dem Selbstbewußtsein Jesu von Nazareth. Entsprechend ist Jesus der "Grund- und Einheitspunct der Geschichte" (SW IV 550), an dem die Geschichtsepochen *den* Wendepunkt schlechthin besitzen. Diese exponierte Stellung nimmt Jesus von Nazareth ein, weil er die dem spekulativen Christusbegriff entsprechende Geschichtsperson ist. Der Christus ist das Urbild sittlich-religiöser Freiheit, das ein entsprechendes Selbstverständnis bei anderen allererst ermöglicht. Dessen inhaltliches Charakteristikum ist das geglückte Selbstsein, in dem Freiheit und Gottesbeziehung so ineinander aufgehen, daß Selbstbestimmung als Bestimmtsein durch Gott und umgekehrt erscheint. Das sich diesem Selbstbewußtsein Jesu verdankende Christentum ist Religion der Freiheit. In der Religion der Freiheit kommt der Grundgegensatz von Glauben und Verstehen zu seiner geschichtlichen Auflösung. Die Geschichtsphilosophie ist christologisch konzipiert.

Zum anderen klärt sich von dieser Eindeutigkeit aus, mit der Fichte seine Geschichtsphilosophie christologisch konzipiert, auch das Verhältnis von WL und Lehre Jesu bzw. Christentum. In der "Anweisung zum seligen Leben" hat Fichte zugestanden, daß die WL *faktisch* in der Wirkungsgeschichte der Lehre Jesu stehe; die WL gelange aber prinzipiell auf eigenständigem Wege zu ihren Einsichten, die denen Jesu materialiter entsprächen. Die spekulative, nämlich geschichtsphilosophische Konzeption der Christologie von 1813 trägt nun unmittelbar die Konsequenz in sich, der Lehre Jesu eine *prinzipielle* Priorität zuzusprechen: Ist Jesus wirklich der Christus, das zur Realisation sittlich-religiösen Selbstvollzugs notwendige Urbild, ohne das es nie zu dieser Realisation kommen könnte, dann kann es auch die WL - als Theorie der Genese von Sittlichkeit und Religion als Erscheinungen der absoluten Erscheinung im Bewußtsein - nur geben, weil und insofern das sittlich-religiöse Bewußtsein in Jesus geschichtliche Wirklichkeit geworden ist.[189]

---

[189] Daß innerhalb der Entwicklung der Fichteschen Geschichtsphilosophie in der "Staatslehre" von 1813 ein Neuansatz vorliegt, wird unter den neueren Arbeiten zum Thema (s.o. Anm. 13. 16) nur von Hans-Jürgen Müller bestritten (vgl. ders., Subjektivität [Anm. 13], S.387 einschließlich Anm. 18 S.456). Hier dürfte sich Müllers Gesamtanliegen, die Einheitlichkeit der Philosophie Fichtes auch in ihrer Entwicklung herauszuarbeiten (vgl. a.a.O., S.71-90), unter der Hand vom Ziel der Interpretation zu ihrer vorausgesetzten Norm und so zum Hemmschuh gewandelt haben. Die Formulierung des Christentums als unbestrittenen Geschichtsprinzips und einmalig-exklusiver Epochenwende und die daraus resultierende Einsicht in prinzipielle Priorität und Bedeutung des

Die Eindeutigkeit und Einheitlichkeit, zu der Fichte in seiner geschichtsphilosophischen Theorie von 1813 hinsichtlich sowohl des epochemachenden Geschichtsprinzips als auch des Verhältnisses von Christentum und WL
gelangt, wird ermöglicht durch die grundlegende Entscheidung, nicht mehr
den Erkenntnismodus zum Kriterium epochemachender Gültigkeit zu machen, sondern den Erkenntnisgehalt: Die Erscheinung der Wahrheit in Gestalt faktischer Gewißheit sittlich-religiösen Bewußtseins erhält den Vorzug
vor der Auflösung und Überführung der faktischen Gewißheit in genetische
Evidenz.[190] Diese Verlagerung des Prinzips läßt sich als - um einen psy-
choanalytischen Begriff zu gebrauchen - 'verschärfte Selbstwahrnehmung'
der WL würdigen: Darin bringt sich die Einsicht in die strukturelle Abhängigkeit der WL vom sittlichen Selbstverständnis, dem Bewußtsein von
Selbstbestimmung zum Ausdruck.

Christentums für die WL lassen sich nicht auf "eine vom 'genus literarium' der jeweiligen Schrift erforderte darstellungsmäßige und illustrative Erweiterung" reduzieren
(a.a.O., S.456).

[190] Wir haben gesehen, daß Fichte diesem Vorgang - der Überführung der faktischen Gewißheit in genetische Evidenz - noch in den Vorarbeiten zur "Staatslehre" einen nochmaligen Epochenstatus zuzuschreiben geneigt war (vgl. SW VII 581); s.o. S.164.

Schluß

Fichte legt im Rahmen seiner Spätphilosophie Beiträge von hoher systematisch-theologischer Relevanz vor. Dies gilt zuallererst für die transzendental-idealistische Theorie des Absoluten, die spekulative Theo-Logie in ihrer spezifisch transzendentalphilosophischen Variante, die er in der WL vorgetragen hat. Dies gilt weiter für den Begriff von Religion, den Fichte als Einheit von Religionsbestimmung und -begründung entfaltet; diese Religionstheorie gestattet es ihm, die Wahrheit der Religion sowohl konstruktiv als auch kritisch zu bestimmen und begründen. Nicht zuletzt aber gilt die systematisch-theologische Relevanz im Hinblick auf Fichtes geschichtsphilosophische Interpretation christlicher Begriffe: Mit seinen Ausführungen zum christlichen Gottes-, Selbst- und Wirklichkeitsverständnis, zu Christologie und Soteriologie, zur Trinitätstheologie, zur Lehre von Sünde und Versöhnung, Rechtfertigungslehre, zu Pneumatologie und Eschatologie bietet Fichte sozusagen eine kurzgefaßte materiale Dogmatik. Deren Prinzip ist, daß die einzelnen Lehren und Begriffe auf das christliche Grundverständnis des sittlich-religiösen Gottesverhältnisses bezogen werden und damit durchsichtig werden auf ihre Konstitution in der vernünftigen Subjektivität. Diese Durchsicht findet ihren schärfsten Ausdruck in der Begründung des Begriffs von Religion innerhalb der genetisch-deduktiven Theorie der Reflexibilität der Erscheinung des Absoluten. Fichtes Theorie des Absoluten und seiner Erscheinung, seine Anthropo-Theo-Logie, bildet das Fundament und den Rahmen seiner geschichtsphilosophischen Theorie des Christentums.

Fichtes, wenn man so will, 'Theologie', seine Religionstheorie und Theorie des Christentums wie seine ganze Philosophie überhaupt, repräsentieren einen Typ von Theoriebildung, für den diese Einsicht in die Konstitution des Wissens von Gewußtem durch die ständige Selbstreflexion des Wissens signifikant ist. Die Selbstreflexion ruht dabei auf der Selbstgewißheit der Vernunft, die sich in pointierter Weise im sittlichen Bewußtsein von Autonomie zum Ausdruck bringt. Das sittliche Bewußtsein von Autonomie wird bei Fichte als Selbstbewußtsein der Vernunft, als ausgezeichneter Fall der Selbsterfassung, Reflexion, der sich selbst erschlossenen Vernunft begriffen. Damit drängt die Reflexion zugleich über das sittliche Phänomen hinweg zur Selbsterfassung der Vernunft als solcher, die erst im Begriff ihrer selbst als Erscheinung Gottes zum Abschluß kommt. Diese Selbsterfassung ist der Ort der Religionsbegründung. Denn im Begriff des Absoluten als vollkommener Realität von Selbstbestimmtheit kommt das Selbstbewußtsein der Vernunft zum Ausdruck und bringt sich so im Gottesbegriff selbst zur Darstellung.

Das sittliche Autonomiebewußtsein spielt denn auch sowohl für den transzendentalen Begriff von Religion wie für die Theorie der Verwirklichung dieses Begriffs im Christentum eine beherrschende Rolle: Das sittliche Bewußtsein bildet den Ausgangspunkt für die Begründung von Religion und bestimmt zugleich das Verständnis ihres Begriffs; Religion ist eo ipso sittliche Religion. Das Christentum ist das dem Begriff von Religion entsprechende geschichtliche Phänomen, weil in ihm vernünftig-freie Selbstbestimmung und Gottesbeziehung, Autonomie und Theonomie, ihrem wahren Verhältnis gemäß zueinander vermittelt sind. Das Christentum ist die Religion der Freiheit.

Als Religion der Freiheit ist das Christentum selbst die geschichtliche Realisation der Bedingung für das sittlich-vernünftige Selbstverständnis; diese Einsicht bringt die Geschichtsphilosophie auf den Begriff. Darin besteht das Spezifikum der Fichteschen Spätphilosophie, daß die theoretische Rekonstruktion der Selbsterfassung der Vernunft sich auch auf ihre eigene geschichtliche Genese ausweitet. Dies geschieht in der Ausarbeitung der geschichtsphilosophischen Fragestellung nach den Bedingungen des sittlichen Autonomiebewußtseins im kulturgeschichtlichen menschheitlichen Bildungsprozeß. In der Vergewisserung ihrer eigenen geschichtlichen Bedingungen vergewissert sich die theoretisch reflektierte vernünftige Selbsterfassung der Realität ihres eigenen Grundes.

In der Geschichtsphilosophie begreift aber die selbstreflexive Vernunft zugleich die Geschichte nicht als das ihr Fremde und Äußerliche, sondern als ihre eigene Realisation. Fichtes Theorie der Konstitution sittlich-religiösen Selbstvollzugs in der vernünftigen Subjektivität versucht beides zu vermeiden: die Skylla eines geschichtslosen apriorischen Konstruktivismus und die Charybdis einer Auslieferung an die Geschichte, deren Ende die unab-

schließbare Hermeneutik ist.[191] Die vernünftige Subjektivität unterliegt
ihrerseits geschichtlichen Bedingungen des Verstehens ihrer selbst, die sie
nicht produzieren und bereitstellen kann. Mit dieser Einsicht ist Fichte einer der Überwinder der Aufklärung und Wegbereiter des modernen, sich
wesentlich geschichtlich verstehenden Bewußtseins.[192] Aus dieser Einsicht
ergibt sich für Fichte aber kein unendlicher hermeneutischer Prozeß. Die
Selbstvergewisserung der vernünftigen Subjektivität kann vielmehr zum Abschluß gebracht werden in einer vollständigen theoretischen Nachkonstruktion der sichverstehenden Vernunft. In dieser Nachkonstruktion holt die
vernünftige Subjektivität ihre eigenen Bedingungen ein, die den Prozeß
ihrer reflexiven Selbsterfassung initiieren und ermöglichen, und liefert so
ihre eigene Selbstbegründung nach. Diese Selbstbegründung beansprucht
Fichte in der WL und der auf ihr begründeten Geschichtsphilosophie geleistet zu haben. Auf diesem Wege gelingt die Gewinnung eines archimedi-
schen Punktes - in Gestalt eines seiner selbst gewissen fundamentalen sittlich-religiösen Selbstverständnisses - gegenüber allen aus der Geschichte erwachsenden Gestalten menschlicher Selbstauslegung, die in ihrer Positivität
und Faktizität die Aufgabe hermeneutischer Bemühungen freisetzen. Unab-
schließbar und unendlich bleibt freilich auch bei Fichte der Vermittlungs-
prozeß des fundamentalen sittlich-religiösen Selbstverständnisses mit den jeweiligen konkreten geschichtlichen Situationen: Die für die Selbsterfassung
der Vernunft notwendige Beschränkung ihres absoluten Gehalts entläßt eine
unendliche Reihe von Teilblicken, die ihre Gestaltung der Synthesis von
idealem Gehalt und kultureller Weltsituation verdanken. Die eine Offenbarung Gottes konkretisiert sich als unendliche Mannigfaltigkeit von Offenbarungen:

> "In der That bleibt nemlich der unendliche Inhalt jener Freiheit, die sittliche
> Aufgabe, etwas Unbegreifliches, das Bild Gottes eben darum, weil dieser

---

[191] Zur wissenschaftstheoretischen Auseinandersetzung um Konstruktivismus und Hermeneutik vgl. kurz W. Joest, Fundamentaltheologie. Theologische Grundlagen- und
Methodenprobleme, Theologische Wissenschaft Bd. 11, zweite, durchgesehene und ergänzte Aufl., Stuttgart / Berlin / Köln / Mainz 1981, S.183f (einschlägige Literatur:
a.a.O., S.175); E. Herms, Theologie - eine Erfahrungswissenschaft, TEH 199, München
1978, S.44-48.
[192] Vgl. schon C. Lülmann, Fichtes Anschauung vom Christentum, ZPPK N.F. 113, 1898,
S.38-64, hier: S.56; Hirsch, Idealistische Philosophie [Anm. 50], S.85ff.

schlechthin unbegreiflich ist, und nur zu erleben in den Offenbarungen der Geschichte." (SW VII 581)

Fichtes Theorie der Religion und des Christentums auf der Grundlage seiner in der WL entfalteten Theorie des Absoluten bietet somit gewichtige Hinweise und Ansatzpunkte für ein Verständnis und einen Begriff von Theologie. Jenseits der Positionen einer offenbarungspositivistischen oder einer an der Hermeneutik des biblischen (bzw. neutestamentlichen) Wortgeschehens orientierten oder einer auf der Grundlage religiöser Erfahrung beruhenden und arbeitenden Theologie zeichnet sich ein mögliches theologisches Selbstverständnis ab, das sich als historisch-phänomenologische Rekonstruktion des christlich-religiösen Bewußtseins - und zwar innerhalb des weit gesteckten Rahmens einer allgemeinen Kultur- und Religionsgeschichtsschreibung -, verankert und begründet in einer spekulativen, nämlich: transzendentalphilosophischen Anthropo-Theo-Logie expliziert.[193] Was sich aus einem solchen Begriff von Theologie an Konsequenzen hinsichtlich der Binnenstrukturierung theologischer Wissenschaft und ihrer Verortung innerhalb eines Systems der Wissenschaften ergäbe, soll hier unerörtert blei-

---

[193] Die Forderung nach einer Verankerung in einer spekulativ-theo-logischen Theorie des Absoluten hat Falk Wagner verschiedentlich - mit expliziter Kritik an Schleiermachers als Theorie christlich-religiösen Bewußtseins konzipiertem Theologiebegriff - erhoben. Vgl. Wagner, Religionsphilosophie und Theorie des Absoluten [Anm. 65], bes. S.54ff; ders., Funktionalität der Theologie und Positivität der Frömmigkeit, in: Schleiermacher und die wissenschaftliche Kultur des Christentums, hg. v. G. Meckenstock in Verbindung mit J. Ringleben, TBT 51, Berlin/ New York 1991, S.291-309, bes. S.303ff. Ob Wagners Kritik an Schleiermacher zutrifft, ist hier nicht von Interesse. Die Forderung nach einer theo-logischen Grundlegung in einer Theorie des Absoluten erscheint mir berechtigt. Fichtes geschichtsphilosophische Theorie des Christentums im Rahmen seiner WL bietet dazu eben gewichtige Ansatzpunkte.

ben.[194]   Die historisch-phänomenologische   Rekonstruktion des   christ-
lich-
religiösen Bewußtseins innerhalb des Rahmens einer allgemeinen Kultur-
und Religionshistoriographie bringt diejenige faktische Gewißheit zur Darstellung, die die Theo-Logie immer schon voraussetzen muß, um ihr eigent-
liches und eigenes Geschäft treiben zu können: die Gewißheit der Selbstbestimmung, die sich als Verwirklichung des wahren Gottesverhältnisses versteht. Die transzendentalphilosophische Anthropo-Theo-Logie überführt die
faktische Gewißheit in genetische Einsicht, indem sie die Konstitution des
sittlich-religiösen Bewußtseins des Christentums in einer Theorie begreift,
die die formale Struktur des Gegenstandsbezuges dieses Bewußtseins und die
inhaltliche Ausprägung dieses Gegenstandsbezuges - nämlich: als sittliches
Freiheitsverhältnis - von dem durch das christlich-religiöse Bewußtsein
selbst intendierten und vorgestellten *Gegenstand selbst*, von Gott oder dem
Absoluten her als notwendige Erscheinungsgestalt ableitet. So findet das
sittlich-religiöse Bewußtsein des Christentums in dieser Theorie des Absoluten die Vergewisserung über seinen eigenen Grund: das sich selbst verstehende Vernunftleben als die Offenbarung Gottes.

Die unhintergehbare Voraussetzung dafür, daß die transzendentalphilosophische theo-logische Theorie sich überhaupt in dieser Weise aufklärend
und begründend auf die faktische Gewißheit des sittlich-religiösen Bewußtseins des Christentums beziehen kann, ist, daß dieses Bewußtsein historisch
so rekonstruierbar ist, daß an ihm selbst tatsächlich Vernunftgehalt ausweis-
bar ist. M.a.W.: Sachliche Voraussetzung ist, daß in diesem Bewußtsein
Wahrheit geschichtlich zur Erscheinung gekommen ist.

---

[194] Fichte äußert sich selbst dezidiert zu seinen wissenschaftstheoretischen Vorstellungen
im Hinblick auf die Theologie als universitäre Wissenschaft: vgl. SW VIII 95-204, bes.
130f. 136-140; SW XI 112-116; dazu: E. Jüngel, Das Verhältnis der theologischen Disziplinen untereinander, in: E. Jüngel / K. Rahner / M. Seitz, Die Praktische Theologie
zwischen Wissenschaft und Praxis, München 1968, S.11-45, hier: S.19-23. Fichtes Theorie der Theologie läuft auf eine Auflösung der Theologie als eigener einheitlicher Wissenschaft und ihre Eingliederung in die Philosophie einerseits und die Geschichtswis-
senschaft andererseits hinaus. Es muß allerdings beachtet werden, daß diese Entwürfe
allesamt vor der Ausarbeitung der geschichtsphilosophischen Theorie des Christentums
in ihrer Reifegestalt formuliert sind. Die Einsicht in die geschichtsphilosophisch-notwendige Bedeutung Jesu und damit des Christentums hätte hier zu neuen konzeptionellen Überlegungen führen können, für die die stärkere Zusammengehörigkeit spekulativer und historischer wissenschaftlicher Elemente bestimmend hätte sein müssen.

Der Explikation dieser Voraussetzung dient die geschichtsphilosophisch konzipierte Christologie. Ihr kommt innerhalb des hier anvisierten theologischen Programms Fichtes eine doppelte Schlüsselstellung zu: In der Christologie wird einerseits genau dasjenige geschichtliche Selbstbewußtsein thematisch, auf das die genetisch-begreifende Reflexion der theo-logischen Theorie sich bezieht. Die historisch-phänomenologische Rekonstruktion fokussiert in der Christologie. In ihr geht die theo-logische Reflexionsgestalt auf ihre eigene geschichtliche Ermöglichungsbedingung zurück. Zum anderen erweist sich die Christologie als Probierstein der Kompetenz der transzendentalphilosophischen Theorie. Diese Theorie kann sich, ihrem eigenen Selbstverständnis als vollständigem genetischen Begreifen des faktischen Bewußtseins entsprechend, nur so auf ihre geschichtliche Ermöglichungsbedingung beziehen, daß sie die Notwendigkeit ihres eigenen Angewiesenseins auf diese Bedingung einerseits, andererseits die Notwendigkeit sowohl der geschichtlichen Verwirklichung als auch der materialen Bestimmtheit eines solchen Selbstbewußtseins, das diese Theorie voraussetzen muß, begreift. Die Aufgabe, die Notwendigkeit der materialen Bestimmtheit desjenigen Selbstbewußtseins zu begreifen, das die transzendentalphilosophische Theorie als ihre eigene Ermöglichungsbedingung voraussetzen muß, nötigt diese Theorie zur spekulativen Konstruktion der Christologie, die sich zugleich als Rekonstruktion des geschichtlichen Selbstbewußtseins Jesu erweisen lassen muß. In der Christologie also ist der Ernstfall gegeben, an dem sich die für das theologische Selbstverständnis grundlegende Voraussetzung bewähren muß: die Beziehbarkeit von christlich-religiösem Bewußtsein (in seiner Urgestalt am Selbstbewußtsein Jesu) und transzendentalphilosophisch-wissenschaftlicher Theorie. Die Christologie ist das paradigmatische Zentrum des theologischen Programms.

Diesen Anforderungen entsprechend ist Fichtes Christologie als Entfaltung eines spekulativen Christusbegriffs und als historische Rekonstruktion des Selbst- und Gottesbewußtseins Jesu durchgeführt. In dieser Doppelheit kommt die dem kirchlich-theologischen Anliegen durchaus entsprechende Intention zum Ausdruck, Jesus von Nazareth als den Christus auszusagen und zu denken. Der spezifische Zug an Fichtes Versuch, Jesus als den Christus zu denken, besteht darin, einerseits im spekulativen Christusbegriff die vernünftigen Motive in der Ausbildung christologischer Aussagen durch das christlich-religiöse Bewußtsein durchsichtig zu machen, andererseits auf die

historische Identifizierbarkeit christologischer Prädikate mit dem logischen
Subjekt der Prädikationen zu insistieren. M.a.W.: Das Kerygma der christlichen Gemeinde soll sowohl hinsichtlich der transzendentalen Genese in der
vernünftigen Subjektivität als auch hinsichtlich der historischen Genese in
der geschichtlichen Wirklichkeit Jesu von Nazareth einsichtig gemacht
werden.

Gegen diesen christologischen Entwurf Fichtes hat man einwenden können, es finde eine Reduktion auf den historischen Jesus statt, ausgeklam-
mert sei hingegen alles das, was die kirchlich-theologische Tradition im Begriff des 'Vere Deus' gefaßt habe.[195] Vorsichtiger deutet sich ein ähnlicher
theologischer Vorbehalt an, wo man Fichtes Christologie als Jesulogie um-
schreiben kann.[196] Ihr Wahrheitsmoment haben solche Bedenken darin,
daß Fichtes ganzes Interesse in der Tat dem "Verkündiger" Jesus gilt (SW
VII 606). Eine andere Art der heilsgeschichtlichen und -vermittelnden Bedeutung als die einer geschichtlichen Erschließung heilen Gottes- und Selbstverhältnisses durch die Lehre Jesu, seine Verkündigung, ist für Fichte ausgeschlossen. Immerhin aber ist das Anliegen, diesen Verkündiger als den Christus und Sohn Gottes zu identifizieren (vgl. SW IV 544 u.ö.), konstitutiver
Bestandteil des christologischen Konzepts Fichtes. Freilich hat auch dieses
Anliegen nicht das Ziel, den Verkündiger zum Verkündigten zu machen. Es
dient der begrifflichen Explikation der Unableitbarkeit des Selbst- und Gottesbewußtseins Jesu und dessen einmalig-exklusiver Bedeutung. Daß Fichtes
Christologie den Vollsinn des altkirchlich-dogmatischen 'Vere Deus' nicht
erreicht, wird man unumwunden zugeben müssen.[197] Man kann sie aller-

---

[195] Vgl. Rosenau, Differenz [Anm. 162], S.43f.

[196] Vgl. X. Tilliette, Christologie et Doctrine de la Science, in: Erneuerung der Transzendentalphilosophie, FS R. Lauth zum 60. Geburtstag, hg. v. K. Hammacher u. A. Mues,
Stuttgart / Bad Canstatt 1979, S.425-435, hier: S.435.

[197] Darin schon Fichtes Christologie theologisch disqualifiziert zu sehen, muß erstens vertreten, wem kirchliche Lehrbildungen den Rang unumstößlicher Wahrheiten haben,
jede Heterodoxie gegen kirchliche Bekenntnisse also unmöglich ist; und kann zweitens
vertreten, wer die anstehenden theologischen Probleme in der Form des altkirchlichen
Dogmas für nachvollziehbar befriedigend gelöst ansieht. Erstens halte ich für unrefor-
matorisch; zweitens ist nachweislich nicht der Fall: So kann man m.E. - um nur einen,
freilich zentralen Punkt zu benennen - gerade am Gegenüber von antiochenischer und
alexandrinischer Christologie zeigen, daß die Ansprüche der Zweiheit der Naturen wie
der Einheit der Person Christi ebenso berechtigt sind, wie ihre Vereinigung aporetisch
bleibt.

dings gerade als Versuch lesen, das 'Vere Deus' unter gegenüber dem altkirchlichen christologischen Dogma veränderten Denkbedingungen wieder
zu Ehren zu bringen, indem sie die Zweinaturenlehre weder mythologisch
noch in einer an den Begriffen göttlicher und menschlicher Substanz orientierten Weise, sondern im Sinne einer durch das Bewußtsein und in dem
Bewußtsein vermittelten Einheit von Gott und Mensch zu reformulieren
unternimmt. Faßt man die Intention des 'Vere Deus, vere homo' darin, auszusagen, wer es mit dem Menschen Jesus zu tun habe, habe es mit Gott
selbst zu tun, dann läßt sich Fichtes Christologie dieser Intention in dem
Sinne subsumieren, daß das Selbst- und Gottesbewußtsein Jesu von Nazareth spezifisch so bestimmt ist, daß an ihm das wahre Verhältnis zum wahren Gott sich erschließt. Das wahre Gottes*verhältnis* tritt dabei an die Stelle
des 'Vere Deus', Gottes selbst. Die klassisch als Einheit von göttlicher und
menschlicher Natur gedachte Person Jesus Christus wird zum Individuum,
an dessen Selbstbewußtsein das wahre Gottesverhältnis als wahres menschliches Selbstverständnis und umgekehrt ablesbar ist.

In dem Bemühen, Christologie als Verschränkung von Spekulation und
historischer Rekonstruktion des Selbst- und Gottesbewußtseins Jesu zu konzipieren, erweist sich Fichtes Christologie als zugleich exemplarisch wie
individuell-exzeptionell für die neuzeitliche christologische Theoriebildung.
Dies läßt sich anhand eines kurzen Vergleichs mit wenigen herausragenden
Positionen dieser Theoriebildung exemplarisch veranschaulichen.

Mit *Kant* teilt Fichte das Bemühen, die Christologie in einem spekulativen Begriff, einer Idee, eines Christus zu verankern.[198] Dabei ist dieses Bemühen im Hinblick auf die Christologie, wie bei Fichte, so auch bei Kant,
eingebettet in das weiter gesteckte Unternehmen, traditionelle Vorstellungen und Begriffe des christlich-religiösen Bewußtseins überhaupt auf ihre
spekulativen Gehalte und Motive hin durchsichtig zu machen.[199] Die Christologie kann also auch bei Kant als paradigmatisch für die philosophische

---

[198] Vgl. zum Folgenden: Kant, RGbV 73-84, Werke VIII S.712-719.

[199] Tatsächlich durchgeführt findet sich dieses Programm bei Kant, außer für die Christologie, noch im Hinblick auf die Sünden- und Gnadenlehre sowie die Eschatologie (vgl.
Kant, RGbV 3-64. 127-222, Werke VIII S.665-705. 751-815).

Theorie des christlich-religiösen Bewußtseins gelesen werden.[200] Nach
Kant schaffe die praktische Vernunft notwendig aus sich ein "Ideal der
moralischen Vollkommenheit", ein "Urbild der sittlichen Gesinnung in
ihrer ganzen Lauterkeit"; dieses "Ideal eines Gott wohlgefälligen Menschen"
werde unter der "Idee eines Menschen" vorgestellt; das so personifizierte
Ideal sei der "Sohn Gottes".[201] In zweierlei Hinsicht unterscheidet sich
Fichte allerdings von dieser Fassung eines spekulativen Christusbegriffs bei
Kant. Zum einen tritt die Bedeutung des Gottesverhältnisses stark gegenüber der bei Kant rein sittlichen Bestimmung in den Vordergrund. Das
Gottesverhältnis ist freilich auch bei Fichte eo ipso sittlich-religiös. Zum anderen, Kant läßt die Frage der konkreten geschichtlichen Identität des Ideals
völlig offen und hält es weder für nützlich noch notwendig, anzunehmen,
dieses Ideal werde irgendwann geschichtliche Wirklichkeit oder sei es schon
geworden.[202] Demgegenüber umfaßt der spekulative Begriff des Christus
bei Fichte gerade auch den Gedanken der Notwendigkeit der geschichtlichen Verwirklichung in einer Person.[203]

Die Nähe zu *Schleiermacher* besteht zum einen darin, das 'Vere Deus' des
altkirchlichen christologischen Dogmas im Sinne eines ausgezeichneten Gottesverhältnisses Jesu zu reformulieren. Das findet bei Schleiermacher seinen
Ausdruck in der berühmten Formulierung, daß "das ihm [nämlich: Jesus
von Nazareth] einwohnende Gottesbewußtsein ein wahres Sein Gottes in
ihm war"[204]. In dem Sinne, in dem Schleiermacher hier vom "Sein" Gottes spricht, könnte der Satz auch in Fichtes "Staatslehre" von 1813 stehen.
Zum anderen repräsentieren beide, Schleiermacher wie Fichte, insgesamt einen Typ von Christologie, der seinen doppelten Bezugspunkt in der Sub-

---

[200] Zu den tiefgreifenden Intentionen und Implikationen von Kants Religionsschrift vgl.
H. Renz, Geschichtsgedanke und Christusfrage. Zur Christusanschauung Kants und deren Fortbildung durch Hegel, Studien zur Theologie und Geistesgeschichte des Neunzehnten Jahrhunderts Bd. 29, Göttingen 1977, bes. S.21-29. 31-54.

[201] Kant, RGbV 74-76, Werke VIII S.713f.

[202] Vgl. Kant, RGbV 78f, Werke VIII S.716f.

[203] Um Mißverständnisse zu vermeiden: Der Begriff umfaßt nicht die Notwendigkeit der
geschichtlichen Wirklichkeit, wohl aber den Gedanken, daß dieser Begriff notwendig
eine geschichtliche Wirklichkeit finden wird, findet oder schon gefunden hat. S.o.
S.154-156.

[204] F.D.E. Schleiermacher, Der christliche Glaube, nach den Grundsäzen der evangelischen
Kirche im Zusammenhange dargestellt, Bd. 1-2, Berlin 1821-1822, § 116, Bd. 2, S.193;
KGA I/7.2, S.27.

jektivität einerseits und der geschichtlichen Wirklichkeit Jesu andererseits hat. Mit der grundsätzlichen Orientierung an dem Bewußtsein des geschichtlichen Jesus markieren ihre christologischen Konzepte eine Alternative zu dem Unternehmen *Hegels*, Christologie ausschließlich als spekulative Rekonstruktion des vernünftigen Gehalts des christologischen Dogmas zu entfalten. Damit stehen sie überhaupt in Gegensatz zu allen christologischen Entwürfen, die lediglich am Kerygma der Gemeinde orientiert sind, ohne dieses noch einmal auf seinen Ursprung im geschichtlichen Jesus zurückzuführen. An der Art der Bezugnahme auf die Subjektivität freilich unterscheidet sich Fichte von Schleiermacher. Während Schleiermacher die christologischen Aussagen aus dem Christusverhältnis der gläubigen Subjektivität entwickelt und sie so zwar in ihrer Konstitution im christlich-religiösen Bewußtsein einsichtig macht, dabei aber die Perspektive dieses Bewußtseins nicht verläßt in Richtung auf eine spekulative Begründung der Notwendigkeit dieser christologischen Aussagen[205], ist bei Fichte genau dies konstitutiver Bestandteil der Entfaltung des spekulativen Christusbegriffs.

Mit Schleiermacher teilt Fichte allerdings auch eine bestimmte Anfälligkeit seiner Christologie. Diese Anfälligkeit entsteht aus der Bezugnahme auf das Bewußtsein des geschichtlichen Jesus von Nazareth. Gerade Fichte insistiert mit Nachdruck auf die historische Identifizierbarkeit Jesu als der dem Christusbegriff entsprechenden geschichtlichen Person, weil nur so das geschichtliche Konstitutionsproblem sittlich-religiösen Selbstverständnisses in der geschichtlich-kulturellen Lebenswirklichkeit tatsächlich gelöst ist. Dadurch setzt sich Fichtes Christologie der ständigen Kontrolle der historischen Jesus-Forschung aus und muß sich an deren Ergebnissen hinsichtlich der Konsistenz ihrer Konzeption messen lassen. Dabei steht nichts Geringeres auf dem Spiel als Fichtes geschichtsphilosophische Konzeption der Christologie selbst. Sie nämlich lebt davon, daß es gelingt, spekulativen Christusbegriff und historische Wirklichkeit zur Deckung zu bringen. Schon an den neutestamentlichen Wundergeschichten hat sich dabei aber die Widerspenstigkeit des historischen Materials für Fichtes Rekonstruktion des Bewußtseins Jesu gezeigt.[206] Schwierigkeiten solcher Art dürften sich durch

---

[205] Vgl. Wagner, Funktionalität [Anm. 193].
[206] S.o. S.150-152.

die theologiegeschichtliche Entwicklung nach Fichte erheblich verschärft
haben. Insbesondere die historische Herausarbeitung des apokalyptisch-
eschatologischen Verständnisses der Gottesherrschaft bei Jesus[207] stellt
Fichtes Christologie vor die entscheidende Frage, ob sich die Identifizierbarkeit Jesu als des Christus angesichts dieser historisch rekonstruierten Wirklichkeit aufrechterhalten läßt oder sich als bloße, wenn auch vernünftige
Fiktion erweist. Insofern könnte Fichtes Christologie in vergleichbarer Weise von der Kritik betroffen sein, die sich in dieser Frage gegen *Schleiermacher* erhoben hat:

> "Schleiermacher sucht nicht den Jesus der Geschichte, sondern den Jesus-
> Christus seiner Glaubenslehre, d.h. die historische Persönlichkeit, die zu dem
> von ihm aufgestellten Selbstbewußtsein des Erlösers paßt."[208]

In Anlehnung an diese Formulierung ließe sich der Verdacht formulieren,
auch Fichte suche nicht den geschichtlichen Jesus von Nazareth, sondern
dessen historische Konstruktion, die zu dem aufgestellten spekulativen
Christusbegriff passe.

Die hier drohende Alternative von realitätsgerechtem Geschichts- und
idealitätsgerechtem Vernunftbezug betrifft Fichtes Christologie in ihrer
materialen Durchführung. Sie desavouiert aber nicht das grundlegende konzeptionelle Anliegen dieser Christologie: auf dieser Identifizierbarkeit Jesu
als des Christus, also der Identifizierbarkeit von historisch rekonstruierter
Wirklichkeit und spekulativem Begriff, zu *bestehen*. Denn die historische
Identifizierbarkeit der dem Christusbegriff entsprechenden geschichtlichen
Person Jesus von Nazareth als des Christus ist die Probe aufs Exempel für
die einander korrelierenden Fragen, ob sich das Christentum als das ver-
nünftig-theo-logischer Theorie fähige Phänomen und ob sich die vernünftig-
theo-logische Theorie ihrem eigenen Selbstverständnis entsprechend als genetisch-begreifende Reflexion tatsächlichen Bewußtseins ausweisen lassen. So
behält die in Fichtes Christologie formulierte Aufgabe auch angesichts ver-
änderter philologischer, exegetischer, historischer und hermeneutischer Bedingungen Bestand: auch die anders, nämlich in einer der forschungsge-
schichtlichen Situation angemessenen Weise *aktuell* rekonstruierte geschicht-

---

[207] Vgl. vor allem J. Weiß, Die Predigt Jesu vom Reiche Gottes, Göttingen 1892.

[208] A. Schweitzer, Geschichte der Leben-Jesu-Forschung, 9. Aufl., Nachdruck der 7. Aufl.,
Tübingen 1984, S.101.

liche Wirklichkeit auf ihren vernünftigen Gehalt hin durchsichtig zu machen. Nur wenn dies in der Christologie paradigmatisch gelingt, erweist sich ein Selbstverständnis von Theologie als historisch-phänomenologischer Rekonstruktion des sittlich-religiösen Bewußtseins des Christentums auf der Grundlage einer transzendentalen Anthropo-Theo-Logie als geeignete wissenschaftliche Reflexionsgestalt des christlichen Bewußtseins, in welcher dieses Bewußtsein zugleich die Vergewisserung über den Grund seiner selbst erfährt.

Eine solche theo-logische Vergewisserung hat das christlich-religiöse Bewußtsein freilich nicht nötig; es ist sich seiner selbst faktisch gewiß. Theo-Logie ist nicht die conditio sine qua non der Religion. Der Drang zur Vergewisserung wird aber unumgänglich, wo das Interesse des Bewußtseins nach Klarheit und Durchdringung seiner selbst erwacht. Dieses Interesse nach Klarheit und Selbstdurchsichtigkeit steht letztlich im Dienst des christlich-religiösen Bewußtseins selbst und entspringt dessen Anspruch, nicht lediglich subjektive Gewißheit zu haben, sondern in seiner Gewißheit wahr zu sein. Diese Vergewisserung der Gewißheit, deren Reflexion, als Erscheinung des Wahren im Bewußtsein ist allemal Theorie, Wissenschaft: Wissenschaft von der Erscheinung des Absoluten, Theo-Logie als Einheit von Metaphysik und Gnoseologie.

Das Erwachen des philosophisch-theo-logischen Interesses kann und wird sich immer wieder ontogenetisch in der Entwicklungsgeschichte von Individuen ereignen.[209] Es kann sich aber auch als kollektives Geschehen von

---

[209] Das bereits *erwachte* philosophisch-theo-logische Interesse ist die conditio sine qua non, unter der die genetische Theorie allererst Überzeugungskraft erhält und so überhaupt *Gewißheit* in Gestalt genetischer Einsicht produzieren kann. Das Interesse selbst überhaupt erst herzustellen, liegt folglich gänzlich außerhalb ebenso der philosophisch-theo-logischen Kompetenz des Wissenschaftslehrers wie des interessierten Individuums: "[...] die Erscheinung ist ein absolut freies Leben, wir reden nämlich von der absoluten Erscheinung, wie sie ist aus und an Gott. [...] wenn ein individuelles Bewußtsein durchaus in der Empirie verharret, und darüber hinaus in ihm Nichts liegt, so hat in demselben die höhere Freiheit und das höhere Leben der Erscheinung sich nicht entwickelt. Wenn dagegen ein Individuum sich findet in dem sittlichen Bewußtsein; so hat sich die höhere Freiheit, das absolute Leben der Erscheinung in ihm entwickelt. Nun ist stets gefragt worden: ob diese Freiheit, wodurch die Erscheinung sich erhebt zur Sittlichkeit, die Freiheit des Menschen, des Individuum ist? Das sei fern, denn durch diese Freiheit wird das Individuum selbst gemacht und bestimmt, die Freiheit liegt höher als das Individuum, und bestimmt dasselbe. Das Ich ists nicht, was Princip seiner Freiheit ist. Nun, wenn es das Ich nicht ist, so wird es Gott sein? Dies ist die gewöhnliche An-

kulturgeschichtlicher Bedeutung vollziehen, wie es sich in Westeuropa seit der Aufklärung in der Ausbildung der Neuzeit verwirklicht hat. Der Spätphilosophie Johann Gottlieb Fichtes gebührt das Verdienst, in dieser kulturgeschichtlichen Situation einen Beitrag von hohem Niveau zur Befriedigung des neuzeitlichen Interesses des christlichen Glaubens an dem Verstehen seiner selbst geleistet zu haben - einen Beitrag, dessen besonderer Impetus nicht zuletzt darin besteht, zeigen zu wollen, daß das Interesse der neuzeitlichen Verstandeskultur dem Interesse des christlichen Glaubens selbst entspricht: In der Befriedigung des Interesses nach Verstehen durch die Ausbildung philosophisch-theo-logischer Kompetenz und in der Ausformung einer den Einsichten dieser wissenschaftlichen Kultur entsprechenden neuzeitlichen Gestalt verwirklicht sich das Christentum selbst als Religion der Freiheit.

---

sicht. Aber dies ist auch nicht wahr, denn wenn Gott Grund der Erhebung zur Sittlichkeit sein soll, so ist er auch der Grund der Nichterhebung zur Sittlichkeit, oder der Unsittlichkeit. Das läßt sich aber nicht behaupten; jeder stößt sich daran, und mit Recht. Wie steht es denn also? Gott liegt über alle Erscheinung hinaus, also auch über die Freiheit, die ja zur Erscheinung gehört; also die Erscheinung selbst ist dies Princip der Freiheit: ihr frei sich entwickelndes Leben ist es, welches im Individuum aus der Sinnlichkeit zur Sittlichkeit sich erhebt." (SW IX 414f)

Literaturverzeichnis

A. Bibliographien

Hans Michael *Baumgartner* / Wilhelm G. *Jacobs*, J.G. Fichte-Bibliographie, Stuttgart / Bad Cannstatt 1968

Sabine *Doyé*, J.G. Fichte-Bibliographie (1968-1992/93), in Zusammenarbeit mit N. Abe u.a., Fichte-Studien-Supplementa Bd.3, Amsterdam 1993

B. Quellen

I. Schriften Johann Gottlieb Fichtes

Sämmtliche Werke, hg. v. I.H. Fichte, Bd. 1-8, Berlin 1845/46, fotomechanischer Nachdruck, Berlin 1971

Nachgelassene Werke, hg. v. I.H. Fichte, Bd. 1-3, Berlin 1834/35, fotomechanischer Nachdruck, Berlin 1971

Gesamtausgabe der Bayerischen Akademie der Wissenschaften, hg. v. R. Lauth, H. Jacob u. H. Gliwitzky, Stuttgart / Bad Canstatt 1962ff

Werke. Auswahl, hg. v. F. Medicus, Bd. 1-6, Leipzig 1908ff

Die Anweisung zum seligen Leben, hg. v. H. Verweyen, Hamburg 1983

Diarium vom 4. April bis zum 15. August 1813, in: G. Meckenstock, Das Schema der Fünffachheit in J.G. Fichtes Schriften der Jahre 1804-1806, I.-Diss. Göttingen 1973, S.60-84

Die Principien der Gottes- Sitten- und Rechtslehre. Februar und März 1805, hg. v. R. Lauth, Hamburg 1986

Ueber das Verhältniß der Logik zur Philosophie oder Transscendentale Logik. Vorlesung vom Oktober bis Dezember 1812, hg. v. R. Lauth u. P.K. Schneider unter Mitarbeit von K. Hiller, Hamburg 1982

Versuch einer Kritik aller Offenbarung (1792), hg. v. H. Verweyen, Hamburg 1983

Erste Wissenschaftslehre von 1804, aus dem Nachlaß hg. v. H. Gliwitzky, Stuttgart / Berlin / Köln / Mainz 1969

Die Wissenschaftslehre. Zweiter Vortrag im Jahre 1804 vom 16. April bis 8. Juni, gereinigte Fassung hg. v. R. Lauth u. J. Widmann unter Mitarbeit v. P. Schneider, Hamburg 1986

Die Wissenschaftslehre nova methodo. Kollegnachschrift K.Chr.Fr. Krause 1798/99, hg. v. E. Fuchs, Hamburg 1982

II. Sonstige Quellen

Aristoteles, Metaphysik, hg. v. W. Jaeger, Oxford 1957

Athenäum. Eine Zeitschrift von A.W. Schlegel und F. Schlegel, Bd.1, Berlin 1798

J.G. Fichte im Gespräch. Berichte der Zeitgenossen, hg. v. E. Fuchs in Zusammenarbeit mit R. Lauth u. W. Schieche, Bd. 1-6 [in 7], Stuttgart / Bad Cannstatt 1978-1992

Georg Wilhelm Friedrich *Hegel*, Werke, hg. v. E. Moldenhauer u. K.M. Michel, Bd. 1-20, Frankfurt a.M. 1971

Friedrich Heinrich *Jacobi*, Werke, hg. v. F. Roth u. F. Köppen, Bd. 1-6, Leipzig 1812-1825, reprografischer Nachdruck, Darmstadt 1968

Immanuel *Kant*, Werkausgabe, hg. v. W. Weischedel, Bd 1-12, 3. Auflage, Frankfurt a.M. 1981

Ernst *Platner*, Philosophische Aphorismen nebst einigen Anleitungen zur philosophischen Geschichte, ganz neue Ausarbeitung, erster Theil, Leipzig 1793

Friedrich Daniel Ernst *Schleiermacher*, Kritische Gesamtausgabe, hg. v. H.-J. Birkner u.a., Berlin 1980ff

- *ders.*, Der christliche Glaube, nach den Grundsäzen der evangelischen Kirche im Zusammenhange dargestellt, Bd. 1-2, Berlin 1821-1822

- *ders.*, Kurze Darstellung des theologischen Studiums zum Behuf einleitender Vorlesungen, Berlin 1811

- *ders.*, Über die Religion. Reden an die Gebildeten unter ihren Verächtern, Berlin 1799

Richard *Rothe*, Die Anfänge der Christlichen Kirche und ihrer Verfassung. Ein geschichtlicher Versuch, Bd. 1, Wittenberg 1837

- *ders.*, Theologische Ethik, Bd. 1-3, Wittenberg 1845-1848

C. Sekundärliteratur

Michael *Brüggen*, Fichtes Wissenschaftslehre. Das System in den seit 1801/02 entstandenen Fassungen, Hamburg 1979

Friedrich *Brunstäd*, Die Idee der Religion. Prinzipien der Religionsphilosophie, Halle a.d.S. 1922

- *ders.*, Artikel "Idealismus I. Begrifflich", in: RGG² Bd. III, Sp.46-51

- *ders.*, Zur Gewißheitsfrage, Neue kirchliche Zeitschrift 36, 1925, S.6-28

- *ders.*, Reformation und Idealismus, München 1925

- *ders.*, Gesammelte Aufsätze und Schriften, hg. v. E. Gerstenmaier u. C.G. Schweitzer, Berlin 1957

Julius *Drechsler*, Fichtes Lehre vom Bild, Stuttgart 1955

Gerhard *Ebeling*, Die Evidenz des Ethischen und die Theologie, in: ders., Wort und Glaube, Bd. 2, Tübingen 1969, S.1-41

Immanuel Hermann *Fichte*, Johann Gottlieb Fichte's Leben und litterarischer Briefwechsel, Bd. 1-2, Sulzbach 1830-1831

Friedrich *Gogarten*, Fichte als religiöser Denker, Jena 1914

Friedrich Wilhelm *Graf*, Theonomie. Fallstudien zum Integrationsanspruch neuzeitlicher Theologie, Gütersloh 1987

Georg *Gurwitsch*, Fichtes System der konkreten Ethik, Tübingen 1924

Wilfried *Härle*, Sein und Gnade. Die Ontologie in Karl Barths Kirchlicher Dogmatik, TBT 27, Berlin / New York 1975

Klaus *Hammacher*, Comment Fichte accède à l'histoire, Archives de Philosophie 25, 1962, S.388-440

Eberhard *Heller*, Die Theorie der Interpersonalität im Spätwerk J.G. Fichtes - dargestellt in den "Thatsachen des Bewusstseyns" von 1810/11. Eine kritische Analyse, I.-Diss. München 1974

Dieter *Henrich*, Fichtes ursprüngliche Einsicht, Wissenschaft und Gegenwart Bd. 34, Frankfurt a.M. 1967

Eilert *Herms*, Theologie - eine Erfahrungswissenschaft, TEH 199, München 1978

Emanuel *Hirsch*, Christentum und Geschichte in Fichtes Philosophie, Tübingen 1920

- *ders.*, Die idealistische Philosophie und das Christentum, in: ders., Die idealistische Philosophie und das Christentum. Gesammelte Aufsätze, Studien des apologetischen Seminars Heft 14, Gütersloh 1926, S.36-116

- *ders.*, Fichtes Gotteslehre 1794-1802, in: ders., Die idealistische Philosophie und das Christentum, Gesammelte Aufsätze, Studien des apologetischen Seminars Heft 14, Gütersloh 1926, S.140-290

- *ders.*, Geschichte der neuern evangelischen Theologie, im Zusammenhang mit den allgemeinen Bewegungen des europäischen Denkens, Bd. 1-5, fotomechanischer Abdruck der 1964 in 3. Aufl. in Gütersloh erschienenen Ausgabe, Münster 1984

Wilhelm G. *Jacobs*, Johann Gottlieb Fichte, rowohlts monographien Bd. 336, Reinbek 1984

Wolfgang *Janke*, Fichte. Sein und Reflexion - Grundlagen der kritischen Vernunft, Berlin 1970

Wilfried *Joest*, Fundamentaltheologie. Theologische Grundlagen- und Methodenprobleme, Theologische Wissenschaft Bd. 11, zweite, durchgesehene und ergänzte Aufl., Stuttgart/ Berlin / Köln / Mainz 1981

Eberhard *Jüngel*, Das Verhältnis der theologischen Disziplinen untereinander, in: E. Jüngel / K. Rahner / M. Seitz, Die Praktische Theologie zwischen Wissenschaft und Praxis, München 1968, S.11-45

Michael *Kessler*, Kritik aller Offenbarung. Untersuchungen zu einem Forschungsprogramm Johann Gottlieb Fichtes und zur Entstehung und Wirkung seines "Versuchs" von 1792, Tübinger Theologische Studien Bd. 26, Mainz 1986

Rudolf *Köpke*, Die Gründung der königlichen Friedrich-Wilhelms-Universität zu Berlin, Berlin 1860, Neudruck Aalen 1981

Dietrich *Korsch*, Glaubensgewißheit und Selbstbewußtsein. Vier systematische Varianten über Evangelium und Gesetz, Beiträge zur historischen Theologie Bd. 76, Tübingen 1989

Emil *Lask*, Fichtes Idealismus und die Geschichte, [1902], anastatischer Neudruck, Tübingen 1914

Adolf *Lasson*, Johann Gottlieb Fichte im Verhältnis zu Kirche und Staat, Neudruck der Ausgabe Berlin 1863, Aalen 1968

Willi *Lautemann*, Interpretation und Kritik einiger Grundbegriffe der Spätphilosophie Fichtes, dargestellt an den "Einleitungsvorlesungen in die Wissenschaftslehre" von 1813, I.-Diss. Frankfurt a.M. 1970

- *ders.*, Wissenschaftslehre und genetisches Prinzip. Prinzip und Aporie in der Spätphilosophie Fichtes, Frankfurt a.M. 1972

Reinhard *Lauth*, Der Begriff der Geschichte nach Fichte, PhJb 72, 1964/65, S.353-384

- *ders.*, Die grundlegende transzendentale Position Fichtes, in: Der transzendentale Gedanke. Die gegenwärtige Darstellung der Philosophie Fichtes, hg. v. K. Hammacher, Schriften zur Transzendentalphilosophie Bd. 1, Hammburg 1981, S.18-24

- *ders.*, Fichtes Sicht der Philosophie Spinozas, in: ders., Transzendentale Entwicklungslinien von Descartes bis zu Marx und Dostojewski, Hamburg 1989, S.24-43

Max *Lenz*, Geschichte der königlichen Friedrich-Wilhelms-Universität zu Berlin, Bd. 1, Halle a.d.S. 1910

Carl *Lülmann*, Fichtes Anschauung vom Christentum, ZPPK N.F. 113, 1898, S.38-64

Odo *Marquard*, Hegel und das Sollen, in: ders., Schwierigkeiten mit der Geschichtsphilosophie. Aufsätze, Frankfurt a.M. 1982, S.37-51 (Anmerkungsteil auf S.153-167)

Günter *Meckenstock*, Das Schema der Fünffachheit in J.G. Fichtes Schriften der Jahre 1804-1806, I.-Diss. Göttingen 1973

- *ders.*, Vernünftige Einheit. Eine Untersuchung zur Wissenschaftslehre Fichtes, Frankfurt a.M. / Bern / New York 1983

- *ders.*, Religion und Geschichte bei Johann Gottlieb Fichte, in: Gott im Selbstbewußtsein der Moderne. Zum neuzeitlichen Begriff der Religion, hg. v. U. Barth u. W. Gräb, Gütersloh 1993, S.50-61

Wilhelm *Metz*, Die Weltgeschichte beim späten Fichte, Fichte-Studien 1, 1990, S.121-131

August *Messer*, Fichtes religiöse Weltanschauung, Stuttgart 1923

Michael *Moxter*, Güterbegriff und Handlungstheorie. Eine Studie zur Ethik Friedrich Schleiermachers, Kampen 1991

Hans-Jürgen *Müller*, Subjektivität als symbolisches und schematisches Bild des Absoluten. Theorie der Subjektivität und Religionsphilosophie in der Wissenschaftslehre Fichtes, Monographien zur philosophischen Forschung Bd. 199, Königstein/Ts. 1980

Otto Henning *Nebe*, Autonomie und Theonomie bei Fichte, I.-Diss. Breslau 1933, Breslau 1933

Rudolf *Paulus*, Die Bedeutung der Person Jesu bei Fichte, in: Schwäbische Heimatgabe für Th. Häring zum 70. Geburtstag, hg. v. H. Völker, Heilbronn a.N. 1918, S.83-100

Reiner *Preul*, Reflexion und Gefühl. Die Theologie Fichtes in seiner vorkantischen Zeit, TBT 18, Berlin 1969

Horst *Renz*, Geschichtsgedanke und Christusfrage. Zur Christusanschauung Kants und deren Fortbildung durch Hegel, Studien zur Theologie und Geistesgeschichte des Neunzehnten Jahrhunderts Bd. 29, Göttingen 1977

Joachim *Ringleben*, Gottes Sein, Handeln und Werden. Ein Beitrag zum Gespräch mit Wolfhart Pannenberg, in: Vernunft des Glaubens. Wissenschaftliche Theologie und kirchliche Lehre, FS W. Pannenberg, hg. v. J. Rohls u. G. Wenz, Göttingen 1988, S.457-487

Peter *Rohs*, Johann Gottlieb Fichte, München 1991

Hartmut *Rosenau*, Die Differenz im christologischen Denken Schellings, Frankfurt a.M./ Bern / New York 1985

Friedrich Alfred *Schmid*, Die Philosophie Fichtes mit Rücksicht auf die Frage nach der 'veränderten Lehre', I.-Diss., Freiburg i.B. 1904

Hans Walter *Schütte*, Lagarde und Fichte. Die verborgenen spekulativen Voraussetzungen des Christentumsverständnisses Paul de Lagardes, Gütersloh 1965

Karl *Schuhmann*, Die Grundlage der Wissenschaftslehre in ihrem Umrisse. Zu Fichtes "Wissenschaftslehren" von 1794 und 1810, Den Haag 1968

Günter *Schulte*, Die Wissenschaftslehre des späten Fichte, Philosophische Abhandlungen Bd. 38, Frankfurt a.M. 1971

- *ders.*, Fichtes Gottesbegriff, Kant-Studien 66, 1975, S.163-168

- *ders.*, Vernunft und Natur - Transzendentalphilosophie als Symptom, in: Erneuerung der Transzendentalphilosophie, FS R. Lauth zum 60. Geburtstag, hg. v. K. Hammacher u. A. Mues, Stuttgart / Bad Canstatt 1979, S.345-358

- *ders.*, "Übersinnliche" Erfahrung als transzendentalphilosophisches Problem. Zu Fichtes "Tagebuch über den animalischen Magnetismus" von 1813, in: Der transzendentale Gedanke. Die gegenwärtige Darstellung der Philosophie Fichtes, hg. v. K. Hammacher, Schriften zur Transzendentalphilosophie Bd. 1, Hammburg 1981, S.278-287

Adolf *Schurr*, Der Begriff der Erscheinung des Absoluten in Fichtes "Wissenschaftslehre vom Jahre 1810-1811", in: Der transzendentale Gedanke. Die gegenwärtige Darstellung der Philosophie Fichtes, hg. v. K. Hammacher, Schriften zur Transzendentalphilosophie Bd. 1, Hammburg 1981, S.128-140

Albert *Schweitzer*, Geschichte der Leben-Jesu-Forschung, 9. Aufl., Nachdruck der 7. Aufl., Tübingen 1984

Xavier *Tilliette*, Christologie et Doctrine de la Science, in: Erneuerung der Transzendentalphilosophie, FS R. Lauth zum 60. Geburtstag, hg. v. K. Hammacher u. A. Mues, Stuttgart / Bad Canstatt 1979, S.425-435

Hansjürgen *Verweyen*, Kirche und Staat in der Philosophie J.G. Fichtes, PhJb 81, 1974, S.298-313

- *ders.*, Offenbarung und autonome Vernunft nach J.G. Fichte, in: Erneuerung der Transzendentalphilosophie, FS R. Lauth zum 60. Geburtstag, hg. v. K. Hammacher u. A. Mues, Stuttgart / Bad Canstatt 1979, S.436-455

Falk *Wagner*, Der Gedanke der Persönlichkeit Gottes bei Fichte und Hegel, Gütersloh 1971

- *ders.*, Religionsphilosophie und Theorie des Absoluten, NZSTh 31, 1989, S.41-61

- *ders.*, Funktionalität der Theologie und Positivität der Frömmigkeit, in: Schleiermacher und die wissenschaftliche Kultur des Christentums, hg. v. G. Meckenstock in Verbindung mit J. Ringleben, TBT 51, Berlin / New York 1991, S.291-309

Johannes *Weiß*, Die Predigt Jesu vom Reiche Gottes, Göttingen 1892

Joachim *Widmann*, Johann Gottlieb Fichte. Einführung in seine Philosophie, Berlin / New York 1982

Personenregister

Baumgartner, H.M.   2

Brüggen, M.   24, 56

Brunstäd, F.   18, 21

Doyé, S.   2

Drechsler, J.   2, 23, 60

Ebeling, G.   9

Fichte, I.H.   3, 4, 189

Fichte, M.J.   7

Friedrich Wilhelm III.   1

Gogarten, F.   5, 182

Graf, F.W.   52

Gurwitsch, G.   23

Härle, W.   61

Hammacher, K.   202

Hegel, G.W.F.   24, 60, 62, 73, 79, 143, 144, 184, 185, 217

Heller, E.   30, 32, 113

Henrich, D.   87

Herms, E.   212

Herrmann, W.   10

Hirsch, E.   5, 10, 13, 48, 50, 73, 75, 87, 131, 143, 156, 165, 180, 188, 200-202, 212

Humboldt, W. v.   1

Jacobi, F.H.   77

Jacobs, W.G.   1, 2, 189

Janke, W.   48

Jesus   5, 128, 138-140, 142, 144-153, 156, 158-165, 171, 173, 174f, 181, 198, 200,202-205, 208, 213, 215-220

Joest, W.   212

Johannes   136, 139

Jüngel, E.   213

Kant, I.   8-10, 12, 18, 20-24, 40, 51, 79, 85, 91, 92, 100, 140, 166, 170, 184, 217f

Kessler, M.   188

Kierkegaard, S.   10

Köpke, R.   1

Korsch, D.   10

Lask, E.   182

Lasson, A.   5

Lautemann, W.   72, 75, 80

Lauth, R.   65, 73, 112, 117, 157, 165, 180, 200, 216

Leibniz, G.W.   18

Lenz, M.   1

Lülmann, C.   212

Marquard, O.   184

Meckenstock, G.   5, 6, 13, 123, 138, 186, 188, 200-202

Messer, A.   201

Metz, W.   188, 202

Moxter, M.   184

Müller, H.-J.   5, 188, 208

Nebe, O.H.   52

Paulus   136, 137, 143